ARCHITECTURE ET ART URBAIN

Collection dirigée par le Groupe Histoire Architecture Mentalités Urbaines

MARK K. DEMING

LA HALLE AU BLE DE PARIS
1762~1813

«Cheval de Troie» de l'abondance dans la capitale des Lumières

Préface de DANIEL RABREAU

A BRUXELLES
AUX ARCHIVES D'ARCHITECTURE MODERNE
14 RUE DEFACQZ

MCMLXXXXIV

A Véronique

REMERCIEMENTS

Je tiens à remercier tout particulièrement, pour ses conseils et l'intérêt soutenu qu'il a manifesté à la réalisation de ce travail, M Daniel Rabreau, Maître-Assistant à l'Université de Paris IV ; également, M Antoine Schnapper, Professeur à l'Université de Paris IV, qui eut à juger de cette étude sous son aspect universitaire. J'exprime aussi toute ma gratitude à Mlle Monique Mosser, C.N.R.S., dont le souci de partager sa grande connaissance des fonds d'architecture du dix-huitième siècle ne s'est jamais démenti.

Que Mme Danielle Gallet des Archives nationales, M Michel Belloni du Musée Carnavalet et Mme Françoise Boudon, C.R.H.A.M., soient de même remerciés pour leur aide désintéressée. Enfin, l'iconographie accompagnant cette publication doit beaucoup au précieux concours de (MM) Jean-Loup Charmet et Jean Musy, mais encore des Archives départementales de l'Orne, du Musée de l'Union des Arts décoratifs, du Musée des Beaux-Arts de Lille, des Archives municipales de Bordeaux et de la maison Giraudon.

PREFACE

Edme Bouchardon, «Sacrifice à Cérès», gravé par C. et retouché par E. Fessard (*BN, Cab. Est.*).

Si l'exemple des vertus avance plus les progrès de tous les élans que le plus beau dialogue, les monuments qui les consacrent, frappent davantage la classe laborieuse qui n'a pas le temps de lire.

Claude-Nicolas LEDOUX

Un fantôme méconnaissable, mais attesté par une puissante silhouette qui domine le trou des Halles: voilà l'image que le vingtième siècle finissant peut retenir de l'ancienne Halle au blé de Paris.
Je dis: peut retenir, car, hormis le cercle mesuré des amateurs du vieux Paris et des architecturomanes curieux, qui se souvient que l'actuelle Bourse de commerce occupe, avec des formes similaires mais un peu plus épaisses, l'exact emplacement d'un des édifices essentiels du Siècle des Lumières, inauguré en 1767?

L'acte monstrueux de détruire les pavillons de Baltard (plus jeunes d'un siècle) eut donc pour conséquence directe le creusement d'un gigantesque trou; accessoirement, il offrit une position intéressante à cette Bourse ronde dont on retrouve l'impact, imprévu des démolisseurs, dans la plupart des plans proposés pour l'aménagement du nouveau «quartier-jardin» du coeur de Paris. Dans un environnement aujourd'hui plastiquement nul, ou plutôt, bien qu'encore inachevé, bricolé de chichis avec un désordre prétentieux qui dispose de l'église Saint-Eustache et de la fontaine des Innocents comme d'objets de vitrine, le dôme de la Bourse, flanqué d'une haute colonne énigmatique, surgit comme une image incongrue de la mémoire. C'est à cette *image monumentale*, plus qu'à l'histoire nostalgique, qu'est consacré ce livre.

En 1983, le trou se comble peu à peu, tandis qu'à l'est du quartier *fonctionne* déjà une cavité marchande que nos édiles, soucieux d'en distinguer les qualités impérissables, ont baptisé du nom pompeux de *Forum des Halles*. On aura compris que cette métaphore *retro*, désignant une sorte de souk aux galeries enterrées sur un plan de pseudo-pyramide inversée, ce vide indescriptible, n'évoque rien des temps de l'architecture héroïque!

Une «image de marque», pas plus qu'un spot publicitaire dont le but est de vanter un produit et d'attirer à lui le consommateur, ne saurait être confondue avec une métaphore dont l'aura *symbolique* implique, au minimum, un certain degré de ressemblance/vraisemblance dans le transfert de signification d'un objet à l'autre. La Halle au blé de Paris, plus qu'aucun autre édifice du dix-huitième siècle, symbolisait précisément l'*architecture métaphorique*. Temple de Cérès, nouveau Colisée, Panthéon de la Rome moderne et, bientôt, «cheval de Troie de l'abondance dans la capitale des Lumières»: telles sont les comparaisons variées qu'ont suscitées, dans une totale assimilation de langage, ses formes, ses fonctions et ses utilisations successives ou simultanées. La richesse du programme polyvalent - fonctionnel et civique, à égalité - accentue l'originalité du chef-d'oeuvre de Le Camus de Mézières, par rapport à d'autres édifices *parlants* de la seconde moitié du dix-huitième siècle: à Paris, par exemple, l'Ecole de Chirurgie, le Théâtre de l'Odéon ou la Basilique Sainte-Geneviève (l'actuel Panthéon) du célèbre Soufflot.

On a trop mis en avant les textes des pédagogues, Boullée par exemple, ou des poètes, Ledoux (mais n'oublions pas les *Propylées* de Paris!), en gonflant artificiellement la part «utopique» de leur oeuvre. Et

il n'a pas été assez dit que le commentaire et la description d'architecture, faits par les architectes constructeurs eux-mêmes, entraient dans le processus de création, au même titre qu'un calcul de proportion, le choix d'un ordre ou d'un parti général...

Il faut l'affirmer: on ne comprendrait pas le rôle scénographique des portiques sur rue de l'Ecole de Chirurgie - nommément le Temple d'Esculape - par rapport à son amphithéâtre de dissection, si l'on ne se laissait guider par les intentions de son auteur, J. Gondoin, qui écrivit: «J'ai voulu produire un effet dont l'aspect, non seulement arrêtât, mais appelât les spectateurs». Il s'agit bien d'une vraie dramaturgie de la fonction architecturale, ce que n'implique pas l'attitude traditionnelle de contempler ou d'admirer. L'engagement du spectateur dans la volonté créatrice présuppose qu'il comprenne et agisse. A la rhétorique humaniste du Grand Siècle, qui entend persuader à la façon d'un orateur romain, le Siècle des Lumières ajoute une fine réflexion psychologique qui conditionne les *effets* de l'esthétique «à l'antique». Directement inspirés du *Traité des sensations* de Condillac, certains passages du meilleur texte théorique de l'architecte de la Halle au blé, intitulé *Le génie de l'architecture, ou l'analogie de cet art avec nos sensations* (1780), illustrent une évidente volonté de *moraliser* davantage l'art monumental. Nul ne conteste au dix-huitième siècle que l'art soit un *langage*. Et, lorsque Boullée, mais aussi De Wailly, Le Camus, Gondoin ou Ledoux, rapproche l'architecture de la peinture, il ne fait que développer une vieille idée, déjà parfaitement exposée par Boffrand dans un texte sur l'art poétique d'Horace appliqué aux modes d'expression de l'architecte (*Livre d'architecture,* Paris, 1745).

Une poésie de *caractère,* liée à la fonction de l'édifice, suscite désormais un dialogue soutenu entre le spectateur et le monument: l'homme de l'art emprunte à la Nature (physique et humaine) ce réalisme instrumental qui, en peinture par exemple, conduit Greuze et David à forcer l'adhésion. Dans un raccourci, non exempt d'étrangeté, Ledoux a parfaitement résumé cette *catharsis monumentale* - si l'on peut dire - qui unit fortement le monde de l'architecture à celui du théâtre, comme la peinture paraît indissociable, à cette époque, de la pantomime ou du ballet d'action: «Ici ce n'est pas l'Architecture qui forme l'Architecte, c'est l'Architecte qui puise, dans le grand livre des passions, la variété de ses sujets. Ne croit-on pas qu'elles se courbent devant lui pour lui découvrir le vaste horizon qui se confond avec les derniers cercles du monde?» L'allégorie qu'illustre traditionnellement la sculpture monumentale, cède le pas à une sorte d'iconographie des symboles parlants, transposition en volumes purs et en masses construites, de l'objectif des édiles et, à travers eux, des idéaux civiques. En ce sens, la Halle au blé de Paris, monument dédié à la subsistance, est un des premiers témoins de l'architecture «révolutionnaire» créée en France vers la fin du règne de Louis XV.

Une étude comparée de l'iconologie classique et contemporaine, dans le domaine de l'esthétique urbaine, éclairerait utilement la courbe d'épanouissement de notre civilisation. Malheureusement, en France du moins, l'obsession du recensement minutieux et du catalogue stylistique a détourné les historiens de l'art, comme ceux de l'architecture et de la ville, des études d'iconologie. S'il y a des exceptions, elles concernent les travaux sur le moyen-âge et sur la Renaissance. Mieux, bon nombre de *spécialistes* du dix-huitième siècle voient encore mal comment il pourrait être question d'une *architecture des Lumières*, tandis que l'appellation, réservée d'abord à l'histoire de la philosophie et, plus généralement, des idées - politiques, sociales, économiques, scientifiques - a depuis longtemps été adoptée par les historiens de la littérature et des arts figuratifs.

Une histoire *culturelle* et non plus seulement stylistique de l'architecture, implique que la République des Arts, comme sa voisine des Lettres, soumise au despotisme éclairé de l'*Encyclopédie*, ne soit pas étrangère au progrès - civique et matériel - de la vie urbaine. Le titre du célèbre livre de Ledoux, *L'Architecture considérée sous le rapport de l'art, des moeurs et de la législation*, sorte de poème héroïque où la fable se mêle au discours moral, résume à lui seul l'étendue du champ architectural. Sa date de parution, 1804, ne doit pas nous abuser: il s'agit bien du chant du cygne d'un artiste, non pas visionnaire, mais passionné, livrant à la fin de sa longue carrière de bâtisseur, la clé d'un langage élaboré dès 1762 (l'année de sa première oeuvre importante, le café militaire, dont le décor réaliste s'inspirait directement des lectures de l'*Illiade* ou du *Télémaque* - la presse s'en fit l'écho!).

Plus d'un trait unit le chef-d'oeuvre méconnu de Le Camus de Mézières aux créations métaphoriques de Ledoux. Mais, si la célébrité actuelle de ce dernier, trop souvent fondée sur un contresens qui le sacre «architecte maudit», a suscité un nombre important d'études, rien de comparable n'a permis de proroger jusqu'à nous le rayonnement, intense à son époque, de la Halle au blé de Le Camus. La personnalité mystérieuse de cet architecte est une des causes de l'oubli. L'homme d'un seul édifice, fût-il génial - comme Gondoin - n'a pas soulevé la même curiosité que l'oeuvre prolixe de ses grands confrères. Osons une comparaison qui nous fera comprendre des mélomanes: la Halle au blé de Le Camus de Mézières, dans le domaine de l'architecture du dix-huitième siècle est l'équivalent de la *Carmen* de Bizet, dans le domaine de l'Opéra, au siècle suivant. L'*oeuvre phare*, unique, de son auteur. Une création exceptionnelle, fût-elle disparue, suffit à consacrer l'artiste de génie. Encore faut-il le prouver: tel est l'enjeu de l'histoire. Conscient que l'objectif à atteindre imposait une véritable démarche archéologique, fondée sur l'explication du *document*, non pas *in situ*, mais replacé dans son contexte culturel, l'auteur de ce livre, Mark K. Deming revendique une démarche pluridisciplinaire, quasi exhaustive. Certes, il ne peut exister de monographie *totale* - l'histoire totale, comme le bonheur, n'est qu'une quête! Du moins doit-on constater que la curiosité d'un chercheur, soucieux de faire partager son enthousiasme, n'exclut aucun éclairage réfléchi sur l'objet étudié.

La qualité méthodologique de la démarche est ici au service du public. Puisse-t-il adhérer aux vertus d'une discipline fragile, exigeante, trop souvent caricaturée, et pourtant fondamentale: l'histoire de l'art. Admettons une convergence entre la désaffection du public dans ce domaine et la crise de l'architecture contemporaine en France. Cécité ou myopie culturelle? Dans la seconde hypothèse, des livres comme celui que Mark K. Deming consacre à un seul monument exemplaire (étudié sur une longue durée) pourraient contribuer à un changement d'attitude. Il y a quinze ans, E.H. Gombrich écrivait: «La recherche des symboles menace de devenir une nouvelle industrie universitaire.» Hélas, même dans sa formulation ironique, la prophétie ne s'est pas réalisée! Les nombreux livres d'histoire de l'architecture publiés, avec un indéniable regain d'intérêt, depuis quelques années, ne sortent guère des chemins battus de la nomenclature descriptive. Entre l'inventaire des formes, la monographie ou la biographie chronologique et l'histoire sociale de l'art - aux impératifs déontologiques peu portés sur l'esthétique - l'analyse des mécanismes de *création artistique* ou du potentiel d'imaginaire tient trop peu de place dans la découverte de l'architecture. C'est donc, aussi, afin de combattre l'amnésie destructrice d'une espèce d'identité culturelle, collective, que ce livre a été entrepris.

Observons, d'autre part, l'engouement de la mode pour certaines *formes,* dites néoclassiques. Depuis cinq ou six ans, un jeune mouvement architectural, baptisé spirituellement *post-modernisme,* renoue nostalgiquement avec la pratique du décor architectonique d'inspiration classique. Au service de quelle passion, autre qu'une légitime crise d'adolescence, rejette-t-il les pratiques éprouvées (économiquement!) de l'uniformité conformiste? Verre, acier, béton, plastique en colonnes, serliennes, frontons, corniches profilées: un nouveau formalisme ne saurait s'opposer, *sans raisons,* à la difformité admise, depuis plus de cinquante ans, de l'immense majorité des constructions *modernes!* Ces raisons sont peut-être à puiser dans les racines du vingtième siècle qui remontent, avant la révolution industrielle, aux temps de l'*Encyclopédie* et de la fin de l'Ancien Régime. A l'historien d'aider à les extraire. Toute la théorie et la pratique de l'architecture au dix-neuvième siècle souscrit à cette conscience historique qui, rappelons-le en passant, perpétua au lieu de l'anéantir tout à fait, le souvenir de la Halle au blé. Si le résultat *stylistique* est, à plus d'un titre contestable, c'est davantage à la perte de l'*idéal,* que d'une quelconque pratique artisanale ou artistique qu'on le doit. Après cinquante ans d'errements bétonneux, baisserons-nous les bras? Les chefs-d'œuvre d'un nouveau *revival,* que je souhaite, naîtront, quand les jeunes architectes auront retrouvé l'absolue nécessité de réfléchir sur l'objet historique et non pas seulement formel. Qui oserait sérieusement contredire les paroles persuasives, publiées dès 1753, par le Père Laugier, dans son fameux *Essai sur l'architecture?* «Il me semble, écrit-il, que dans les arts qui ne sont pas purement mécaniques, il ne suffit pas que l'on sache travailler, il importe surtout que l'on apprenne à penser.» L'existence même de l'architecture dépend de cette rude discipline que le théoricien peut orienter: «Ma principale intention, écrit encore Laugier, est de mettre le Public, et surtout les Artistes (Architectes), en voie de douter, de conjecturer, de se contenter difficilement.» Le post-modernisme, actuellement, piétine, par manque d'esprit critique, par défaut d'une curiosité stimulante et instrumentale. Mais, espère-t-on qu'une société de consommation puisse rêver d'architecture vertueuse?

Au risque d'apparaître outrecuidant, le préfacier a bien le droit d'esquisser une leçon! Sachant combien l'auteur de ce livre n'est pas de ces historiens retranchés dans leur tour d'ivoire, il m'a semblé bon de solliciter, avec l'actualité, la polémique. Elle témoigne d'une communauté de vue qui, dans l'espace de ce livre, lie son auteur à l'éditeur et aux directeurs de collection. Deux associations, Les *Archives d'Architecture Moderne* et le *GHAMU* (Groupe Histoire Architecture Mentalités Urbaines), oeuvrent en commun pour l'épanouissement de l'histoire de l'art dans la création architecturale contemporaine. L'origine universitaire du premier texte qu'elles publient dans cette collection, *Architecture et Art urbain,* témoigne du sérieux avec lequel elles entendent argumenter un choix que d'incultes contradicteurs trouvent désuet et, pour tout dire, antimoderne. L'objet même de l'étude, cette Halle au blé disparue au coeur d'un quartier massacré, offrait toutes garanties pour avancer un bon prototype. C'est sur ce thème, qui engage la responsabilité scientifique de l'auteur, que je terminerai, tant il me semble qu'il s'agit d'un vrai modèle d'histoire de l'architecture ouvert sur la vie urbaine.

La Halle au blé n'est certes pas un édifice inconnu des ouvrages spécialisés. Françoise Boudon notamment, auteur de recherches fondamentales sur le quartier des Halles considéré comme matière d'analyse du *tissu urbain,* lui a consacré des pages pénétrantes. Néanmoins, l'exigence méthodologique d'une certaine forme de l'histoire de l'urbanisme, fondée sur l'analyse topographique, a quelque peu occulté la dimension anthropologique du lieu.

C'est à l'élargissement de la perception globale de l'édifice, qui ne borne pas l'appréciation stylistique à la seule architecture, que Mark K. Deming s'est attaché. Première nouveauté de l'étude, le renouvellement de la documentation iconographique constituée en véritable corpus. L'archéologie des textes n'est pas moins rigoureuse. L'édifice est présenté à partir d'une analyse fine de commentaires comparés de l'époque. L'éventail des citations (presse, mémoires, pamphlets, textes officiels, sources d'archives), qui enrichit la lecture des images, permet de reconstituer tout un environnement, plastique et humain, disparu. A ce titre, le chapitre consacré à la vie populaire du lieu nuance l'ambition déclarée des créateurs (édiles, spéculateurs, architectes) et l'utilisation épisodique de la Halle comme salle des fêtes, voire vitrine politique. Enfin, et ce n'est pas le moins important, plusieurs séries de photographies anciennes, empruntées aux célèbres fonds Marville et Godefroy, permettent une approche visuelle particulièrement tangible. Le document, pour l'historien d'art qu'est Mark K. Deming, n'est pas que l'indispensable *témoin* de l'objet étudié; il est, en soi, le résultat de regards successifs qui renseignent sur l'évolution du paysage «culturel» de la ville.

Plus qu'aucune autre forme d'expression, l'*esthétique urbaine* exige d'être racontée: les injures du temps, les variations de sensibilité et de conjoncture n'en permettent guère une expérience directe à l'amateur non éclairé. Mais, à travers le récit, dont le fil conducteur chronologique n'est pas démenti, l'auteur livre une série de réflexions qui distinguent le monument, son histoire mouvementée et sa fortune critique selon le concept de *caractère* cher à l'époque.

L'*Ombre* de Rome guide l'architecte des Lumières; le monument épique destiné aux progrès de la classe laborieuse resurgit, policé, utile et bienfaisant: la Halle-Colisée. *Panem et circenses...* Le jour des bals publics, la ville - les nantis - s'amusait du spectacle du peuple dans l'arène. On dit même que les sacs de blé gênaient pour danser.

Daniel RABREAU

Vers l'an 1750, la nation, rassasiée de vers, de tragédies, de comédies, d'opéras, de romans, d'histoires romanesques, de réflexions morales plus romanesques encore, et de disputes théologiques sur la grâce et les convulsions, se mit enfin à raisonner sur les blés.

On oublia même les vignes pour ne parler que de froment et de seigle. On écrivit des choses utiles sur l'agriculture: tout le monde les lut, excepté les laboureurs. On supposa, au sortir de l'Opéra-Comique, que la France avait prodigieusement de blé à vendre.

(Voltaire, Dictionnaire philosophique, «Blé ou Bled» (1770), dans *Œuvres complètes de Voltaire,* Paris, Garnier, 1878, t. XVIII, p. 11.)

Parmi tant d'édifices et de monuments consacrés à la piété, à l'utilité et à la magnificence publique, entrepris ou achevés de notre règne, nous n'avons jamais perdu de vue ceux qui peuvent assurer et augmenter l'abondance des choses nécessaires à la vie des citoyens, et qui, par l'affection réciproque que nous devons à nos peuples, tiendront toujours le premier rang dans notre cœur.

(«Lettres patentes du roi, en forme de déclaration, portant établissement dans la Ville de Paris, d'une nouvelle Halle aux Blés (...), du 25 novembre 1762», p. 1).

The whole is so well planned, and so admirably executed, that I know of no public building that exceeds it in either France or England. And if an appropriation of the parts to the conveniences wanted, and an adaptation of every circumstance to the end required, in union with that elegance which is consistent with use, and that magnificence which results from stability and duration are the criteria of public edifices, I know nothing that equals it.

(A. Young, à propos de la Halle aux blé de Paris, dans *Travels during the Years 1787, 1788 and 1789,* Bury St Edmund's, 1792, pp. 63 - 64).

INTRODUCTION

Vue actuelle de la Bourse de commerce avec le chantier
des Halles.

La démolition des anciennes Halles Centrales a brutalement dévoilé la Bourse de commerce de Paris, imposante rotonde à coupole flanquée d'une colonne monumentale. Autrefois enchâssée dans une ceinture de bâtiments, elle côtoie aujourd'hui un vaste cratère devenu, au fil des années, le symbole du chantier installé au coeur de la ville. Sa posture semble précaire, mais elle est le témoignage obstiné de l'histoire dans une topographie urbaine en pleine mutation. Cet édifice de 1889 nous transmet en effet l'image d'une structure antérieure dont il épousa le tracé originel: la Halle au blé de Le Camus de Mézières, construite sous le règne de Louis XV, l'une des créations les plus accomplies de l'architecture édilitaire des «Lumières».

Mené à terme de 1763 à 1769, le programme se composait d'une halle annulaire desservie par un réseau de rues en étoile et environnée de maisons locatives. Comme l'ont clairement établi les études novatrices sur le quartier des Halles dirigées par André Chastel – «L'aménagement du marché central de Paris» [1] et le *Système de l'architecture urbaine* [2] – cet ensemble marquait une étape décisive dans la réorganisation de cette zone commerciale inadaptée aux besoins d'une population toujours croissante. De toutes les réformes projetées du seizième siècle jusqu'au marché de Baltard – séquence que l'on connaît maintenant avec précision – l'oeuvre de Le Camus se distinguait par sa volonté de traduire la fonction de halle urbaine d'une manière rationnelle et monumentale à la fois. Elle fut d'ailleurs, dans le secteur, le seul «embellissement» d'une semblable envergure réalisé sous l'Ancien Régime.

Par-delà le problème spécifique des Halles, on aborde avec cet édifice le phénomène plus complexe d'un développement de la conscience urbaine, tel qu'il se manifesta, dans la seconde moitié du dix-huitième siècle, par un effort d'édilité publique. Il

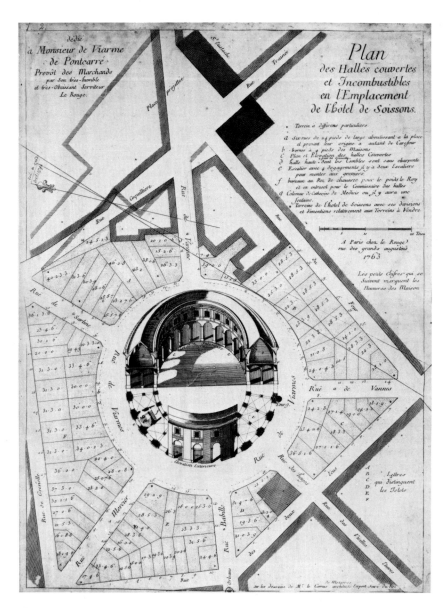

Plan général de la nouvelle Halle au blé et de son lotissement, grav. de Le Rouge, 1763 (*BN, Cab. Est.*).

convient donc de rattacher cette oeuvre au renouveau de la construction des années 1760 qui modifia, en quelques points forts, le paysage de la capitale. On a eu tendance à trop l'oublier; les contemporains, pour leur part, ne manquèrent jamais d'associer la «Nouvelle Halle aux Bleds» à cette génération de monuments-archétypes qui comprend l'église Sainte-Geneviève - le Panthéon - de Soufflot (1757-1790), l'Ecole de Médecine de Gondoin (1769-1775), la Monnaie d'Antoine (1771-1777) et le Théâtre de la Nouvelle Comédie - l'Odéon - de Peyre et De Wailly (1767-1782) [3]. Raison d'être de la présente monographie, la Halle au blé se révèle leur égale et leur devancière à plus d'un titre.

Traiter de la Halle de Le Camus sur un plan architectural ne saurait faire omettre l'importance de son arrière-plan historique. De fait, à une époque où le pain composait l'essentiel de l'alimentation populaire, elle fut l'un des instruments privilégiés de la politique des subsistances sous l'Ancien Régime, politique qu'a si brillamment analysée – pour le règne de Louis XV – Steven L. Kaplan (1976) [4]. Son édification intervint, il faut le rappeler, en période «d'agromanie» triomphante, alors que s'affirmait l'influente école de pensée physiocratique. Le commerce des grains, leurs conservation et stockage, l'approvisionnement des grands centres urbains devinrent autant de sujets de réflexion pour les gouvernants et l'élite intellectuelle. Le célèbre recueil de l'architecte Pierre Patte, *Les Monumens érigés en France à la gloire de Louis XV* (1765), ne s'ouvre-t-il pas sur un tableau des arts dans lequel l'agriculture – «art méchanique» – tient une place plus grande que la peinture? Sous ce jour, la nouvelle Halle au blé apparaît bien comme le signe sensible d'un fait de civilisation du Siècle des Lumières.

C'est en 1973, avec l'étude très remarquée de Françoise Boudon – «Urbanisme et spéculation à Paris au XVIIIème siècle: le terrain de l'Hôtel de Soissons» [5] – que l'ensemble créé par Le Camus de Mézières

reçut l'attention qu'il méritait. Fidèle à la méthode suivie dans de précédents travaux sur les Halles, l'auteur y restitue la série des projets d'aménagements élaborés pour le site où devait finalement s'élever la Halle. Sont ainsi analysés les vingt-quatre projets successifs qui, de 1680 à 1759, préludèrent à la solution de Le Camus. Le chapitre consacré ici à sa genèse historique s'est donc appuyé pour beaucoup sur cette étude, quitte à en diverger sensiblement sur certains points et apporter des précisions sur d'autres. Plus qu'aux différentes formules urbanistiques mises à jour par F. Boudon, on s'est intéressé au cheminement de l'idée d'une nouvelle halle. La vingtaine d'années qui s'écoula entre sa première manifestation (1740) et le décret royal de 1762 illustre de façon exemplaire la diversité des obstacles qui freinaient les grands travaux sous l'Ancien Régime. Connaître ces obstacles explique un mode de financement qui reposait, pour l'essentiel, sur un recours aux bénéfices d'un lotissement spéculatif environnant la halle. L'importance de l'affairisme immobilier dans l'évolution du tissu urbain parisien vers la fin du dix-huitième siècle n'est plus à démontrer, ni la part active des architectes à ce phénomène. Mais l'échec des spéculateurs à la Halle au blé révèle les limites de ce type d'opération dans le cadre d'un programme édilitaire.

A l'inverse du tracé urbain de Le Camus étudié par F. Boudon, l'édifice lui-même, avec ce qu'il offrait d'inédit, n'a pas bénéficié d'un intérêt comparable. Pourtant, on y découvre, étroitement liées les composantes – fonctionnelles, esthétiques et symboliques – qui façonnèrent l'architecture civile de la fin du règne de Louis XV. En un siècle se voulant «éclairé», il importait que la nouvelle Halle de la capitale se différenciât des schémas hérités du moyen-âge. Qu'impliquait, en 1763, la construction d'une halle au blé?

C'est par un indispensable rappel des traditions architecturales et règlements de «police» liés à ce

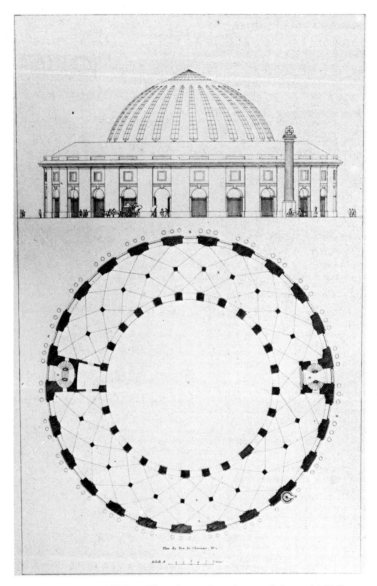

**Plan et élévation de la Halle au blé avec la coupole en charpente de Legrand et Molinos
(dans J.C. Krafft et N. Ransonnette , *Plans, coupes, élévations des plus belles maisons
et hôtels construits à Paris et dans les environs,* Paris, (1801), pl. 109).**

type d'équipement public que doit s'amorcer l'étude du parti conçu par Le Camus. Ce parti répondait en effet à deux problèmes distincts : d'une part, un débat, propre à Paris, entre halle découverte et halle couverte ; d'autre part, le besoin de monumentaliser l'une des principales fonctions urbaines. On comprend mieux, dès lors, l'originalité d'un édifice qui, alliant innovation et pratiques établies, déployait un corps de bâtiment autour d'une place à ciel ouvert. Appliquée aux données du site, cette formule typologique inédite engendra un plan d'ensemble fondé sur le cercle et le rayon, composition qu'il faut affilier au thème de la place royale, programme clef de la pensée urbanistique de l'époque.

La modernité de la Halle au blé se mesure aussi à sa construction résolument expérimentale. A partir des années 1750, les recherches sur différents modes de construction s'étaient multipliées, notamment celles visant à suppléer les ouvrages de charpente jugés trop coûteux et peu sûrs. Ce processus – on le sait – devait conduire à terme à l'emploi du fer comme matériau de substitution. Dans le cas présent, Le Camus recourut à la brique afin de former un système de voûtes légères, choix qui n'est pas sans poser le problème des sources d'un agencement qualifié de «gothique» par certains contemporains. Quant aux deux escaliers qui menaient au grenier, très remarqués en leur temps, ils constituaient une performance stéréotomique témoignant d'une tradition dont Jean-Marie Pérouse de Montclos vient de rappeler la portée [6]. Enfin, il est une particularité de l'édifice qu'on ne peut négliger : la présence insolite de l'ancienne colonne de Médicis engagée par nécessité au flanc de la Halle, image que perpétue l'actuelle Bourse de commerce.

Mais ce qui distinguait avant tout la nouvelle Halle au blé et retient aujourd'hui l'attention de l'historien de l'architecture, était bien son plan annulaire. Déjà privilégiée par les théoriciens de la Renaissance, la figure du cercle s'affirma, à l'époque des Lumières,

comme l'un des modèles primordiaux de l'invention architecturale. Les compositions soumises au grand prix de l'Académie dans les années 1780, les projets grandioses d'un Boullée, ou encore, remise à l'honneur par de récentes recherches, la restitution du Temple de Jérusalem par De Wailly, en sont autant de témoignages éloquents parmi de très nombreux exemples. La puissante rotonde de Le Camus prend alors un relief singulier au regard de ces architectures imaginaires : elle fut, ainsi que l'a observé Adolf Max Vogt [7], le seul édifice d'importance qui rendît compte de cet idéal formel. En l'occurrence, le choix d'un tracé circulaire satisfaisait à des préoccupations utilitaires comme esthétiques, d'où son exceptionnel intérêt. Ce parti représentait tout d'abord une rupture avec le schéma traditionnel des halles-nefs. Publiée ici pour la première fois (annexe 1), la lettre du négociant Pierre Simon Malisset atteste qu'il correspondait à un désir d'introduire à flots l'air et la lumière dans un type de bâtiment généralement insalubre : c'est, vingt ans plus tôt, le célèbre projet d'Hôtel-Dieu de Poyet.

Opter pour une forme ronde aidait de surcroît à fixer le caractère de l'édifice. Tel devait être, selon l'architecte Legrand, le but premier du véritable «artiste» : «Faire sortir de la destination de chaque édifice un caractère d'architecture analogue à son usage, qui le peint aux yeux de tous, et, par une disposition noble et commode à la fois, contribue à l'embellissement de la ville par un nouveau monument [8].» Ce concept de «caractère» – avec les nuances que lui prêtèrent tour à tour Boffrand, Blondel, Le Camus de Mézières et Boullée – détermina l'esthétique architecturale de la seconde moitié du siècle. Il devait de même contribuer à un renouveau de la ville des Lumières, fondé sur l'implantation d'édifices publics modernes énonçant clairement leur usage. Ainsi la «poésie de l'architecture» – «la beauté, la vivacité, la grandeur des images, le choix de l'expression qui va droit à l'âme, la vérité des détails, le but marqué de plaire et d'émouvoir pour mieux instruire [9]» – permettait-elle d'envisager une mise en scène moralisatrice de la vie urbaine au profit d'une éducation des citoyens. Il n'est donc pas indifférent que, dès 1769, certains aient vu en la rotonde de Le Camus un monument «patriotique».

Mais il y a plus: la Halle au blé restituait l'image du Colisée, métaphore qui confère au «caractère» toute l'ampleur de son sens. N'est-il pas remarquable en effet que la forme ronde souhaitée par Malisset, au nom d'exigences strictement fonctionnelles, ait donné lieu à la transposition d'un paradigme de l'architecture antique? On atteint là le coeur du problème, celui d'une volonté explicite de prolonger l'oeuvre de l'antiquité au travers de programmes éditilitaires inédits. Or les formes imposent leur logique et la Halle de Le Camus eut, de fait, à assumer le rôle d'un amphithéâtre lorsqu'à plusieurs occasions elle fut convertie en salle de bal public. On ne saurait assez insister sur la signification de ces festivités et cérémonies tant, comme l'a souligné Daniel Rabreau [10], elle précisait le caractère de l'édifice: jamais sa rotondité n'était aussi «parlante» qu'en ces circonstances.

L'ensemble construit par Le Camus fut l'un des tout premiers à Paris dans lequel un monument public isolé se trouvait environné de maisons locatives. Là encore, l'analyse de F. Boudon fait autorité, aussi bien en ce qui concerne le parcellaire – caractérisé par une trame ténue - que les rapports esthétiques établis entre la Halle et son enveloppe urbaine, «une dialectique plastique savante dans sa simplicité» [11] qu'a préservée par miracle la magnifique série de photographies dues à Marville. Mais, si le problème se pose d'une intégration concertée de l'édifice dans son environnement immédiat, on doit considérer par ailleurs celui d'un raccordement de ce nouveau quartier avec ses alentours. La Halle fut le prétexte, aux abords de Saint-Eustache, à plusieurs remodelages ponctuels dont le plus significatif – eu égard à l'esthétique urbaine – devait être le carrefour de Sartine,

petite place circulaire projetée par Le Camus et en partie réalisée. Enfin, il convient d'envisager le quartier de la Halle neuve comme la naissance d'un lieu urbain déterminé par la présence d'un édifice public de premier ordre. Cela touche à la diversité des travailleurs qui l'animaient chaque jour et implique, plus largement, l'appréhension qu'en avait la mentalité collective. On voit alors, avec ce dernier aspect, la Halle au blé se muer en véritable forteresse, ou – pour user librement d'une formule du temps appliquée au système des subsistances – faire figure de «cheval de Troie de l'Abondance» [12].

La Halle élevée par Le Camus connut un destin singulier. Peu après sa mise en service, on assiste à sa transformation radicale: la mise à couvert de son espace central au moyen d'une coupole. Deux phases sont à distinguer: l'édification d'un ouvrage en charpente conçu par Legrand et Molinos (1782-1783), puis, après l'incendie d'octobre 1802, l'établissement d'une coupole métallique par Bélanger (1808-1813).

Essentiels pour l'histoire des techniques de couverture, ces deux ouvrages, ainsi que les différents projets qui leur furent opposés, ont été abordés une première fois par Dora Wiebenson dans un article utile, mais parfois lacunaire [13]. On a préféré, au risque peut-être d'un certain déséquilibre, privilégier ici l'étude de la fascinante coupole en planches de Legrand et Molinos, sans oublier les projets antérieurs. Cela pour plusieurs raisons: d'abord, parce que la matière s'est révélée dense et fertile en inédits – découvert par Monique Mosser, le projet d'Antoine est enfin publié – ensuite, vu la pertinence du sujet au regard du parti annulaire initialement adopté par Le Camus. La Halle subit alors une mutation typologique qui, de Colisée, la changea en Panthéon. Si cette métamorphose put s'opérer, c'est grâce à l'ingéniosité d'un mode de construction qui permit d'élever la plus grande coupole de France à l'aide d'un assemblage de bois courts. Pour cela – signe d'un «revival» de l'architecture française de la

Renaissance – les architectes s'inspirèrent d'une innovation due à Philibert De L'Orme. Le succès public de leur ouvrage, d'une qualité esthétique irréprochable et d'une commodité certaine, engendra de nombreuses charpentes conçues sur ce modèle. Ces exemples confirment à l'évidence une «influence» de De l'Orme à la fin du dix-huitième siècle, idée formulée par Jean Adhémar dans un article précurseur (1933) [14] et que l'on s'est efforcé ici d'approfondir.

Utilisateurs d'un système composé d'éléments reliés les uns aux autres, Legrand et Molinos annonçaient le mode d'assemblage des charpentes métalliques. A ce titre, la modernité de leur approche est déjà celle caractérisée par Viollet-le-Duc: «obtenir le plus grand vide possible à l'aide des pleins les plus réduits [15]». Or, l'histoire voulut que Bélanger remplaçât leur coupole par le premier châssis en fer de fonte dressé en France. La Halle au blé constitue donc un cas véritablement unique où l'on puisse observer le passage du bois au fer, matériau roi du dix-neuvième siècle.

Considérer les modifications dont la Halle de Le Camus fut l'objet amène tout naturellement à évoquer la fortune de sa forme: son importance se juge en effet aux imitations, ou aux critiques, que suscita son tracé circulaire. Modèle idéal à la fin du dix-huitième siècle, elle fut, au nom d'un rationalisme plus rigoureux, remise en cause au début du siècle suivant. C'est de cette période, pourtant, que datent plusieurs édifices élevés à son image, notamment la Halle au blé d'Alençon. Et l'ultime succès du parti défini par Le Camus de Mézières ne se vérifie-t-il pas avec la Bourse de commerce de 1889, une rotonde dont on affirmait à l'époque qu'elle rappelait «avec plus de richesse et une entrée vraiment monumentale, le caractère robuste, solide, des galeries de l'ancienne Halle au blé [16]»?

Enfin, le sort malheureux du chef-d'œuvre de Le Camus de Mézières – en partie détruit puis intégré à la Bourse – illustre déjà le problème de la réhabilitation d'architectures éditaires du passé, problème dont on connaît la brûlante actualité dans les villes d'aujourd'hui.

* *
*

NOTES

1. Groupe de recherche de l'Université de Paris, sous la direction d'André Chastel, «L'aménagement du marché central de Paris de la 'Réformation des Halles' du seizième siècle à celle du dix-neuvième siècle, *Bulletin monumental*, CXXVII, 1969, 7 - 26 et 70 - 106.

2. F. Boudon, A. Chastel, H. Couzy, F. Hamon, *Système de l'architecture urbaine, le quartier des Halles à Paris*, Paris, CNRS, 1977, 2 vol.

3. Sur ces édifices parisiens et l'architecture de cette période, voir, références classiques, E. Kaufmann, *Architecture in the Age of Reason*, Cambridge 1955 (trad. fr. 1963), ainsi que L. Hautecœur, *Histoire de l'architecture classique en France*, Paris, t. III (1950) et t. IV (1952), et pour une synthèse récente, A. Braham, *Architecture of the French Enlightenment*, Londres 1980 (trad. fr. 1982).

4. S.L. Kaplan, *Bread, Politics and Political Economy in the Reign of Louis XV*, La Haye, 1976, 2 vol.

19

5. F. Boudon, «Urbanisme et spéculation à Paris au XVIIIème siècle: le terrain de l'Hôtel de Soissons», *Journal of the Society of Architectural Historians,* XXXII, 1973, 267 - 307.

6. J.M. Pérouse de Montclos, *L'architecture à la française, XVIème, XVIIème, XVIIIème siècles,* Paris, 1982.

7. A.M. Vogt, *Boullées Newton Denkmal. Sakralbau und Kugelidee,* Bâle, 1969, p. 151.

8. J.G. Legrand à propos d'un projet de boucheries par Vignon, dans Ch. P. Landon, *Annales du musée,* XV, 1806, 37.

9. J.G. Legrand, *Essai sur l'histoire générale de l'architecture,* Paris, 1809, p. 33.

10. D. Rabreau, «La halle aux blés de Le Camus de Mézières», *Bulletin monumental,* CXXXII, 1974, 306, une pertinente mise au point sur la question, et «Architecture et fête dans la nouvelle Rome», *Les Fêtes de la Révolution,* Actes du colloque de Clermont-Ferrand (juin 1974), Paris 1977, pp. 365 - 366.

11. F. Boudon, *op. cit. - 283.*

12. Ch. Goret, *La lanterne sourde, accompagnée de notes lumineuses,* Paris 1791, p. 22.

13. D. Wiebenson, «The Two Domes of the Halle au Blé in Paris», *Art Bulletin, LV, 1973,* 262 - 279.

14. J. Adhémar, «La coupole en charpente de la halle au blé et l'influence de Philibert Delorme au XVIIIème siècle», *L'architecture, XLVI, 1933,* 249 - 252.

15. E. Viollet-le-Duc, *Entretiens sur l'architecture,* Paris 1872, t. II, p. 91.

16. *La construction moderne,* 21 décembre 1889, 123.

CHAPITRE I

GENÈSE HISTORIQUE

IL FAUT AGRANDIR LES HALLES

Le quartier des Halles au début du XVIIIème
siècle d'après le plan de Bretez,
dit «de Turgot», 1739.

LES BLES DE LA CAPITALE: UNE HALLE INADAPTEE

Sous l'Ancien régime, le ravitaillement des villes concernait avant tout l'approvisionnement en blés et farines, le pain, denrée de première nécessité, nourrissant alors l'essentiel de la population. Assurer la régularité et l'abondance de cet approvisionnement constituait donc l'une des tâches prioritaires qui incombaient à une «nation policée». Plus que le «bonheur des citoyens», la stabilité de l'ordre social l'exigeait à une époque où l'on était prompt à s'alarmer face à la disette ou la cherté. Jamais l'enjeu des subsistances n'apparut-il aussi clairement qu'au dix-huitième siècle, comme l'atteste, chargée de sens, la formule du premier avocat général Joly de Fleury: «tout le monde est peuple quand on manque de pain [1]».

A Paris [2], le gros du commerce des céréales s'effectuait en trois points: le port de Grève, le port de l'Ecole et la «Halle aux bleds», chacun remplissant une tâche distincte. Le premier s'étendait à proximité de l'Hôtel de Ville et drainait les blés acheminés par la navigation descendante. Le second, situé entre le Pont-Neuf et le Louvre, accueillait à l'inverse les bâteaux chargés de grains d'aval. Le troisième, enfin, occupait aux Halles, depuis le moyen-âge, une aire découverte voisine du carreau du pilori; seuls y parvenaient, apportés par voie de terre, les produits d'une zone de dix lieues établies autour de la capitale. La consommation quotidienne reposait, pour une large part, sur les denrées débitées à la Halle au blé. On s'y procurait les meilleures céréales, en particulier les froments des riches plaines du «Pays de France», au nord de Paris. Contrairement aux ports, son approvisionnement dépendait non pas d'apports massifs, mais d'une multitude de petits arrivages pouvant varier d'un sac au contenu d'une charrette. Aussi, les jours de marché, la halle et ses abords situés en un quartier aux rues étroites et tortueuses, devenaient-ils le foyer d'une intense animation se traduisant par de formidables embarras où se mêlaient voitures et piétons. Quant à l'aire réservée au commerce, elle se révélait impraticable – voire inaccessible au public. Au fil du temps, avec un «si grand concours de peuple qui va toujours en augmentant» [3], cette situation ne fit qu'empirer; des mesures ponctuelles, comme la démolition de quelques échoppes en 1641, ne suffirent à rendre l'emplacement «plus libre et plus facile» [4]. Vers le milieu du dix-septième siècle, on eut conscience que des solutions plus ambitieuses s'imposaient.

On songea d'abord à transférer la Halle au blé à la périphérie [5]. C'était lui assigner un site plus rapproché des plaines céréalières et, par là-même, dégager le centre de la ville au profit des autres commerces: la halle passait en effet pour la cause première des maux affligeant le quartier. Dès 1628, l'intendant des Finances Pierre Le Barbier proposait une formule intermédiaire. Il fallait, selon lui, répartir les blés en deux points de vente: garder l'ancienne pour les arrivages du Nord et en construire une nouvelle pour les grains de Beauce sur l'emplacement de l'hôtel de la reine Marguerite, dans le faubourg Saint-Germain. L'idée était neuve et riche en conséquences urbanistiques, mais à la rive gauche on préféra par la suite le terrain de la Villeneuve. Ce vaste espace libre au Nord de Paris offrait l'avantage majeur de se trouver à proximité des portes Saint-Denis et Saint-Martin, passages obligés pour les charrois de «France». A trois reprises, vers 1660, puis en 1714 et à nouveau en 1717, on projeta d'y implanter la Halle au blé. Dans les deux premiers cas, on avait également prévu des installations réservées à d'autres denrées. Ces diverses initiatives, il faut le noter, émanaient non des pouvoirs publics – plutôt réservés à cet égard – mais de milieux d'affaires avisés, liés aux intérêts des marchands pour lesquels il ne pouvait être question d'opération de pareille nature sans bénéfices.

A cette remarquable volonté de «décentralisation» – préfigurant les débats du dix-neuvième siècle sur le même thème – succéda au contraire, autour des années 1740-1750, l'idée d'une confirmation des Halles comme centre privilégié des subsistances parisiennes. Si elle tenait au développement du commerce de la farine aux dépens des grains vendus sur les ports, ainsi qu'à une perte d'influence de l'Hôtel de Ville [6], cette résurgence n'en procédait pas moins des transformations du tissu urbain. De fait, alors que la vacuité du terrain de la Villeneuve, loti vers 1720, avait appelé à un déplacement de la Halle au blé, la libération du site de l'hôtel de Soissons devait, à l'inverse, offrir la possibilité de la maintenir au coeur de la ville, «la position la plus heureuse [7]». Mettant en jeu des intérêts variés, souvent antagonistes, la réalisation de ce projet allait néanmoins demander près de vingt années de délai.

UN TERRAIN SE LIBERE

L'hôtel de Soissons occupait, entre les Halles et le Palais Royal, une vaste parcelle formée pour moitié d'un jardin entouré de hauts murs. S'insérant au sein d'un tissu urbain particulièrement dense, cette enclave – la seule dans le quartier d'une pareille étendue – constituait un anachronisme; d'ailleurs, dès 1680, Colbert avait projeté d'y établir une place centrée sur une fontaine monumentale [8]. L'hôtel avait été résidence royale [9]. Elevé par l'architecte Jean Bullant à partir de 1572 pour Catherine de Médicis, il avait ensuite appartenu, au dix-septième siècle, à la famille de Carignan-Soissons qui ne

L'hôtel de Soissons, façade sur le jardin, milieu du XVIIème siècle, grav. d'Israel Silvestre *(BN, Cab. Est.).* **L'ancienne résidence de la reine Catherine de Médicis formait une vaste enclave au sein d'un quartier fort bâti.**

l'entretint guère. En 1718, à titre d'héritage, il revint à Victor-Amédée de Savoie, prince de Carignan. Ce dernier, qui menait grand train, voulut très vite tirer profit d'une fortune aussi considérable. On était – faut-il le rappeler – à l'époque des remous financiers causés par l'affaire Law : «Le prince de Carignan, jeune encore et sans expérience, se trouva bientôt obsédé par cette espèce de gens intéressés à placer leur papier, dont ils ne trouvaient point d'emploi [10]». En juin 1720, le jardin de l'hôtel fut transformé en bourse au moyen de tentes et de baraques abritant les transactions autour des billets de banque.

Le prince envisagea d'abord de se défaire du jardin pour lequel, de 1718 à 1740, près d'une dizaine de projets d'aménagement furent conçus [11]. Deux thèmes urbanistiques, plus ou moins adaptés aux réalités de la topographie, y prédominaient : soit le découpage en îlots d'habitation avec l'ouverture d'une place ou de rues nouvelles, soit – remarquable pour son temps - l'implantation d'un édifice public associé à une place, comme l'opéra dû à un certain Fonte-

nelle (1728). En 1740, tous ses calculs spéculatifs ayant échoué, le prince de Carignan fut déclaré insolvable ; son état de santé, de surcroît, se dégradait rapidement. C'est alors qu'il se résigna à l'abandon de l'intégralité de sa propriété et que ses créanciers, à la recherche d'un client important, se tournèrent vers le Bureau de la Ville. Désireux de vendre au plus vite, ils lui présentèrent un projet apte, pensaient-ils, à satisfaire à ses besoins [12]. La Ville, aidée par la vente des matériaux de démolition de l'hôtel, aurait acquis le terrain dans son entier pour en revendre la moitié à des particuliers. Avertis du désordre régnant au coeur de Paris, ils suggéraient que la partie restante fût employée à la construction d'une nouvelle halle au blé. Ainsi, pour la première fois, évoquait-on l'hypothèse d'une extension des activités marchandes des Halles vers l'Ouest, idée qui, par étapes, devait finalement s'imposer.

Le Bureau de la Ville se montra pourtant très hostile au projet, se sentant par trop sollicité en vue d'une opération dont les termes lui paraissaient des plus vagues : «mais si les créanciers de Monsieur le Prince

HOTEL *de Soissons établie pour le Commerce du papier en 1720*

Vue du jardin de l'hôtel de Soissons, transformé
en bourse lors de l'affaire Law, 1720
(*BN, Cab. Est.*).

Vues des ruines de l'hôtel de Soissons, dessins attribués à J.G. Will, 1747, (*BN, Cab. Est.*).

G. de Saint-Aubin, «la fossette ou le jeu de noyaux», 1760 *(Musée Carnavalet, Cab. Est.).*
Ces enfants qui jouent parmi les ruines de l'hôtel de Soissons font sans doute allusion au goût malheureux pour le jeu du prince de Carignan, ancien propriétaire de l'hôtel.

LA FOSSETTE ou le Jeu de NOYAUX

Dieu! dans vos jeunes cœurs quel vice prend naissance?/D'un joueur savez-vous quel est le sort fatal?/Victime du malheur, jouet de l'espérance;/Il vit dans le mépris et meurt à l'hôpital.

de Carignan trouvent cet emploi aussi avantageux, que ne le laissent-ils pour eux-mêmes [13]». Pour une administration réticente par tradition à engager ses ressources, l'ampleur des fonds à mettre en œuvre constituait un motif de vive inquiétude. En outre, le succès d'une revente des parcelles ne paraissait pas assuré dans un quartier où l'évolution du caractère social avait entraîné un recul des valeurs immobilières. Reconnaissant, certes, que le terrain, «un des plus beaux de Paris», était «susceptible de l'exécution de projets qui pourraient être conçus dans la vue de procurer au public de grands avantages» [14], la Ville n'en rejeta pas moins – telle que l'avaient formulée les créanciers – l'idée d'une nouvelle halle en ce site. Sa réalisation aurait, selon elle, porté atteinte aux utilisateurs de la halle existante ainsi qu'à l'activité des ports placés sous sa tutelle [15]. Trop d'intérêts s'y opposaient. Mais il semblerait en fait qu'au-delà de tels arguments, la Ville ne se soit pas désintéressée du terrain [16], comme devaient d'ailleurs le prouver les événements à venir. Sa proximité des Halles et

son étendue incitaient en effet à ce que l'on y transférât la Halle au blé.

Ce transfert, Germain Boffrand fut le premier à en donner une expression urbanistique précise à l'occasion du concours de 1748 pour une place Louis XV. La disponibilité récente du terrain de l'hôtel de Soissons – depuis la mort du prince de Carignan, le 4 avril 1741 et, sept ans plus tard, la démolition de sa résidence – l'invita à concevoir, à partir de cette parcelle, une vaste composition articulée en trois places monumentales reliées entre elles [17]. Une volonté d'unité prévalait enfin là où les siècles n'avaient engendré que confusion. S'il réformait radicalement la topographie du quartier, «un des endroits les plus mal bâti de Paris», son projet respectait néanmoins la localisation primitive de certains commerces: la poissonnerie, la Halle aux légumes et la friperie. La Halle au blé, en revanche, était relogée sur le site de l'ancien hôtel où elle bénéficiait d'une superficie plus importante.

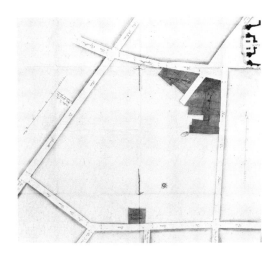

Plan du terrain de l'hôtel de Soissons levé en 1756 (*AN, Q¹ 1193*). **La parcelle présentait l'avantage majeur d'être bordée de voies de circulation, mais elle était desservie par la présence de plusieurs maisons particulières.**

LA VILLE SE DECIDE

Plus d'une dizaine d'années après l'échec de leurs démarches auprès de la Ville, les créanciers du prince de Carignan cherchèrent à nouveau à exploiter le terrain dont ils étaient devenus propriétaires à la mort du prince. Son lotissement intégral leur parut être la solution la plus susceptible d'intéresser des particuliers. Aussi, afin d'en accroître la valeur, formèrent-ils le projet d'y établir quatre rues délimitant des îlots à bâtir. L'architecte Pierre Louis Richard dressa un plan qui fut remis aux créanciers le 19 décembre 1752 [18]. Il proposait deux découpages possibles: le premier, large, avec l'ouverture de deux rues orthogonales du nom de Carignan et de Soissons qui traversaient la totalité du terrain; le second, plus resserré, prévoyait deux rues supplémentaires subdivisant les îlots. Conçu pour le compte d'intérêts privés, un tel quadrillage n'en servait pas moins – comme se plaisaient à le souligner ses auteurs – la

commodité publique. En effet, raccordé au réseau environnant, il améliorait la circulation dans le quartier, notamment grâce à la rue de Carignan, en établissant une liaison entre l'axe important de la rue Saint-Honoré et l'église Saint-Eustache. Cette nouvelle rue ne faisait que rétablir le tracé de l'ancienne rue de Nesle, supprimée lors de la formation du domaine de Catherine de Médicis et dont le cul-de-sac de Carignan était le seul souvenir.

L'opération des créanciers reçut, dans un premier temps, l'assentiment général. A la suite de l'arrêt du Conseil d'Etat, le 9 juin 1753, au sujet du plan de Richard [19], le roi, le 6 septembre de l'année suivante, signa les Lettres patentes stipulant que les rues de Carignan et de Soissons seraient «incessamment ouvertes» ainsi que les deux autres «si elles sont jugées nécessaires».

28

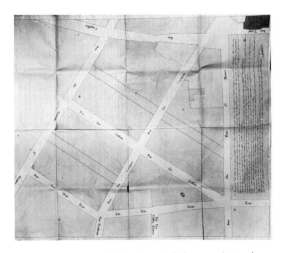

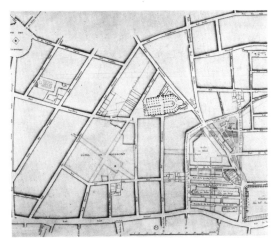

Projet de l'architecte Richard pour le lotissement du terrain de l'hôtel de Soissons, 1752 (*AN, Q¹ 1193*). Accepté dans un premier temps, ce projet fut écarté par la ville au profit de l'établissement d'une nouvelle halle.

Projet anonyme pour le lotissement du terrain de l'hôtel de Soissons, 1750-1755 (*BN, Cab. Est.*). On avait de plus prévu ici l'ouverture d'une petite place autour de la colonne de Médicis.

Consulté par le Parlement, le Bureau de la Ville, qui ne pouvait en l'occurrence exercer qu'un avis fort limité, se déclara également favorable à la réalisation du projet: «Cette disposition, telle qu'ils (les créanciers) la proposent est véritablement convenable pour remplir les vües d'utilité et de commodité que le Public a lieu de désirer, toutes les fois que les changemens majeurs peuvent les leur faire espérer. Il est facile de s'en persuader à la seule inspection de ce plan. Nous avons cru y trouver le rapport le plus naturel des Rües de Soissons et de Carignan avec celles qui existent actuellement [20]».

Au début de 1755, se produisit un coup de théâtre: revenant sur son adhésion initiale au projet des créanciers, l'Hôtel de Ville décidait d'acquérir le terrain pour son propre compte. Même si, par concession aux exigences du moment, le prévôt des marchands, Louis de Bernage, avait d'abord été amené à entériner l'opération de lotissement et à y voir une

occasion de désengorger les abords des Halles, il ne s'était en fait pas résigné à la perte d'un terrain pour lequel – semble-t-il – il nourrissait d'autres desseins. En effet, dès 1751 et à nouveau en 1753, à en croire le marquis d'Argenson, on avait avancé l'idée d'établir une nouvelle halle au blé sur l'emplacement vacant de l'ancien hôtel [21]. La notion de «bien public» semblait devoir l'emporter sur l'intérêt privé: «Il est aujourd'hui encore plus sensible que jamais, qu'on peut tirer de cet emplacement un parti beaucoup plus utile à tous égards que celui d'en faire la vente en détail (...) à des particuliers pour y construire des maisons [22]».

Sans doute, dans la soudaine initiative de la Ville, faut-il voir le fruit d'efforts opiniâtres déployés par un haut personnage proche de ses intérêts. Par sa position, celui-ci aurait été à même de patronner une alternative à l'opération des créanciers, notamment en lui assurant une structure financière viable.

D'après les rares documents dont on dispose, il semble que Moreau de Séchelles, contrôleur général des Finances depuis 1754, ait tenu un tel rôle. Sa collaboration avec Bernage dont il était le cousin se révéla déterminante dans la mise au point, puis l'adoption du contre-projet de la Ville. Le 9 mars 1755, il écrivait au prévôt: «Rien n'est plus important que de s'occuper sérieusement de l'acquisition de l'Hôtel de Soissons pour procurer un agrandissement aux halles, c'est une affaire capitale et que j'ay fort à coeur [23]».

Dans le mois qui suivit, Séchelles présenta le projet de halle au roi et, mettant en avant le bien public, obtint son approbation. Il s'engagea – argument décisif – à assister la Ville dans l'achat du terrain et à l'exempter du paiement de droits divers [24]. La garantie ainsi apportée par le contrôleur général ne fut probablement pas étrangère au revirement des créanciers qui consentirent des modalités de vente bien plus avantageuses qu'en 1740. Ils acceptaient en effet de ne toucher le prix de vente qu'en contrats de constitution remboursables en vingt ou trente ans. Si la Ville s'était opposée à un lotissement intégral du terrain, elle n'envisageait pas moins d'en revendre les portions non affectées à la halle et d'y faire bâtir des maisons de rapport. Convaincue qu'elles seraient «très recherchées dans ce quartier par un grand nombre de marchands et d'artisans» [25], elle comptait en confier la construction à des particuliers afin de bénéficier de revenus additionnels complétant les «secours» du roi. Résolu à tirer parti d'une conjoncture aussi favorable, le Bureau de la Ville confirma, par la délibération du 25 avril 1755, son intention d'acheter le terrain. En août, furent accordées les Lettres patentes lui en donnant l'autorisation [26].

Echo de l'idée émise en 1740, reprise par Boffrand en 1748, le projet de la Ville visait à résoudre deux problèmes concomitants déjà anciens: l'insuffisance du lieu où se débitaient blés et farines et les embarras toujours croissants des Halles, quartier qui représentait aux yeux de Voltaire «le temps de la plus honteuse barbarie [27]». Jusqu'alors, on l'a vu, les propositions de réforme en ce sens avaient été le seul fait des spéculateurs. Il s'agissait donc d'un changement d'attitude majeur de la part des pouvoirs publics. Si la Halle au blé gagnait un meilleur emplacement, sur le plan de l'accessibilité notamment, la déplacer libérait un terrain attenant au carreau du pilori sur lequel pouvait être relogé le marché aux légumes [28]. Cela permettait, dans un même temps, de dégager le lacis des rues avoisinantes qu'obstruaient en général quantité d'échoppes. L'opération projetée par la Ville aurait pu préluder à une restructuration d'ensemble des Halles, mais au milieu du dix-huitième siècle, une telle entreprise relevait encore de l'utopie: Blondel par exemple, dans ses *Cours d'architecture* insistait pour «qu'on levât un plan de tout le terrain (...) et qu'ensuite on s'occupât d'un projet général [29]». En 1782, franchissant en songe la barrière des siècles, un homme d'esprit confiait au *Journal de Paris* que dans deux cents ans seulement, les Halles se présenteraient comme «une grande magnifique place» [30]...

En tout état de cause, la Halle au blé ne quittait pas le cœur de Paris. Sa nouvelle localisation n'affectait par conséquent en rien, ou bien peu, la valeur symbolique dont était investi le quartier, «garde-manger» de la capitale; mieux, elle la renforçait. Cette notion si essentielle de la centralité des Halles, secteur où confluent les fruits de la Nature, devait s'affirmer tout au long de la seconde moitié du dix-huitième siècle, puis sous la Révolution – «la halle (...) est et sera toujours le Marché central et principal de la commune de Paris [31]» – pour triompher sous Haussmann. Militaient en sa faveur des arguments de tout ordre. Ainsi, dans son *Traité de la Police,* Delamare invoquait le schéma de la ville idéale décrite par Platon: c'était «comme s'il eut voulu faire entendre que le marché étant le principal édifice de la Cité, il étoit juste de le mettre au milieu de ce qu'il y auroit de plus grand et de plus respectable [32]». Le poids de la tradition jouait aussi, comme en témoigne Dussausoy qui souhaitait que le commerce des blés «eût toujours été dans l'enceinte qui paraît avoir été destinée de tous les temps aux halles [33]» – il est vrai qu'il aurait préféré voir le terrain de l'hôtel de Soissons affecté à la Comédie italienne.

A la volonté de réorganiser le secteur des Halles, s'ajoutait – composante essentielle de l'urbanisme des Lumières – le souci de pourvoir à sa salubrité. Tel avait été, d'ailleurs, l'un des arguments majeurs avancés par l'Hôtel de Ville contre le projet des créanciers de Carignan: «ce terrain situé dans un quartier déjà très serré, et dont la plupart des Rües sont fort étroites, recevoit au moins un peu d'air par les vaccants du jardin et des cours de l'ancien Hôtel de Soissons, tant qu'il a subsisté, au lieu qu'il n'en recevra presque plus par le peu de Rües qu'on y laissera, dès que le surplus composera des masses de bâtiments très élevés, et il deviendra par conséquent beaucoup plus sombre et malsain qu'il l'étoit déjà dans ce temps-là [34]». Les édiles suggéraient par là que l'implantation d'une halle au blé – synonyme d'une création de place et rappel en cela de l'ancien jardin de l'hôtel – se présentait à l'inverse comme le parti urbanistique le plus apte à garantir la liberté de l'air et donc à en préserver les vertus bienfaisantes [35].

OPPOSITION DES «ROBINS», LA GUERRE GELE LE PROJET

La réalisation du projet de la Ville connut quelques vicissitudes dues à l'adversité des circonstances politiques de la fin des années 1750. Ces difficultés, qui entraînèrent un retard de près de sept ans, révèlent entre autres la précarité d'une opération édilitaire soumise aux aléas d'un affrontement entre les différents pouvoirs de l'Ancien Régime.

Premier obstacle: l'agitation systématique que menait alors la noblesse de Robe contre la «monarchie administrative». Elle engendra, à propos du terrain de l'hôtel de Soissons, un âpre conflit opposant le Parlement de Paris au Bureau de la Ville [36]. Ce dernier défendait l'idée d'une gestion autonome de ses affaires agréée par le roi. Or, chargé de l'enregistrement des Lettres patentes d'août 1755, le Parlement contesta certains articles, en particulier ceux relatifs aux privilèges accordés à la Ville pour la revente des parcelles restantes. Il en exigea la révision et introduisit de nouvelles clauses visant à conférer à sa cour un droit de regard sur les activités financières de l'Hôtel de Ville. Dans un premier temps, l'intervention de Moreau de Séchelles consulté par le prévôt en octobre 1755, permit l'ébauche d'un compromis. Cependant, en avril 1756, jugeant que le Parlement persistait dans ses intentions, la Ville – par crainte pour sa liberté de manoeuvre, et, peut-être aussi sous la pression des créanciers inquiets – fit à nouveau appel au contrôleur général [37]. Celui-ci se résolut à suspendre le processus d'enregistrement, prévenant par là l'adoption de clauses désavantageuses. Le Bureau de la Ville, dès lors, se trouvait dans une impasse: «Il fut même proposé de rendre aux créanciers la liberté de disposer comme ils le jugeroient à propos, du terrain dont il s'agit [38]». Tenant à justifier le bien fondé de ses vues, la Ville se lança dans une vaste campagne destinée à démontrer, par la plume et le verbe, qu'elle ne s'était jamais assujettie à l'autorisation du Parlement pour entreprendre de grands travaux d'urbanisme. La contre-attaque porta ses fruits, le Parlement se résigna – provisoirement – et «la fin de cette grande opération fut qu'en 1758, les Lettres patentes furent enregistrées purement et simplement [39]».

Une fois levée l'opposition du Parlement, la vente du terrain put enfin avoir lieu. Sa valeur fut fixée à 2.800.367 livres, 10 sols. Par un arrêt du Conseil d'Etat du 13 août 1758, le roi renouvela son engagement de mettre le Trésor à contribution pour que le prévôt des marchands n'ait pas à recourir aux fonds et revenus de la Ville [40]. Peu de temps après, le 21 août, fut signé l'acte établissant que les directeurs de l'Union des Créanciers avaient «vendu, cédé, quitté et délaissé dès maintenant et à toujours» le terrain de l'hôtel de Soissons [41].

Le projet de la Ville était en passe d'aboutir lorsqu'il eut à souffrir un nouveau retard dû, cette fois, à la Guerre de Sept Ans. Le roi se vit en effet contraint de revenir sur sa promesse d'assister la Ville [42]. Mis hors d'état d'honorer le contrat passé avec les créanciers et, encore moins d'entreprendre quoi que ce soit avec le terrain, le prévôt – dont le crédit était en jeu – en appela au contrôleur général Bertin. La réponse, contredisant les déclarations antérieures, fut tranchante: «Il n'est point d'usage que le Roi contribue de ses deniers aux dépenses que font les Villes. Mais en supposant que Sa Majesté voulût bien y entrer, ce ne pourroit être dans un temps où l'état de ses finances ne lui permet même pas de remplir tous ses engagements. Je ne puis donc vous faire espérer aucun fond pour cet objet [43]».

A défaut de l'aide royale, la Ville dut s'accommoder du loyer de quelques boutiques et baraques installées sur le terrain de l'ancien hôtel. Comme il fallait, en attendant un éventuel déblocage de la situation, assurer l'entretien de cet espace vacant, elle affecta ce maigre revenu à la réfection du mur de clôture et aux salaires de gardiens chargés de la sécurité des lieux [44]. Le gel du projet de la nouvelle Halle ne fut pas, en cette période, un cas isolé. Les restrictions économiques imposées par la Guerre de Sept Ans ralentirent en effet l'activité du bâtiment et, en particulier, retardèrent à Paris la mise à exécution de nombreux projets édilitaires élaborés au cours des années précédant les hostilités.

Page de droite: N. Hallé, les magistrats de la Ville de Paris reçoivent la nouvelle de la paix de Paris de 1763 *(Musée de Versailles)*. La fin de la guerre de Sept ans relança les grands travaux dans la capitale. Certains des échevins que l'on voit ici groupés autour du Prévot, et notamment celui qui fixe le spectateur - Jean Laurent Babille - participèrent à la spéculation immobilière dont le lotissement de la nouvelle Halle fut l'objet.

EDILITE OU AFFAIRISME?

DES PROMOTEURS «EX MACHINA»

Lorsque Camus Pontcarré de Viarmes aborda, le 16 août 1760, son second mandat à la prévôté, la réalisation du projet de halle, arrêté dans son principe cinq ans plus tôt, se présentait comme l'une des tâches les plus impératives de son administration. La commodité publique l'exigeait, mais aussi l'intérêt de la Ville qui perdait annuellement de fortes sommes à payer des arrérages aux créanciers pour un terrain dont elle ne tirait rien. Il s'agissait pour elle de trouver un mode de financement qui ne l'exposât pas aux obstacles rencontrés jusque-là. Le prévôt des marchands devait s'y employer tout particulièrement. De concert avec le lieutenant général de police Sartine dont dépendait la juridiction des Halles, il semble qu'il ait cherché à instaurer un débat d'idées autour des problèmes multiples posés par l'aménage-ment du terrain. Il recueillit ainsi «différents projets, soit pour la construction de l'édifice, soit pour les moyens de finance à employer pour y parvenir [45]».

Le plan de financement retenu fut celui proposé par les frères Bernard et Charles Oblin, «intéressés dans les affaires du Roy». Il n'est cependant pas établi si Pontcarré de Viarmes le choisit parmi d'autres [46] ou si, au contraire, il fit directement appel à ces deux financiers en leur soumettant les données maîtresses du projet [47]. Il paraît en tout cas assuré que les frères Oblin travaillèrent à leur plan dès le milieu de l'année 1760, peu avant ou après la réélection du prévôt. Son élaboration, à leurs dires, ne fut pas chose aisée et, afin de se concilier l'avis du Parle-ment, ils durent le remanier à plusieurs reprises.

L'originalité de leur solution consistait à imposer les denrées entrant dans la capitale, moyen de compléter les autres ressources prévues, notamment la revente des portions de terrain laissées libres par la halle. Ambitieux, ils projetaient de surcroît l'établissement d'une gare à bateaux dans la plaine d'Ivry avec les fonds provenant de taxes prélevées sur les arrivages fluviaux. Cette double opération exigeait, selon eux, «des droits de Hallage et de Gare» établis pour vingt ans au moins, droits que l'on s'attacha par prudence à présenter comme «presque insensibles».

Mis en délibération au Bureau de la Ville le 19 juin 1762 [48], le plan Oblin devait former la trame des Lettres patentes du 25 novembre 1762 par lesquelles le roi autorisait la Ville à entreprendre son projet [49]. Leur enregistrement intervint dans des délais exceptionnellement brefs, le 22 décembre. Il relança toutefois l'ancien contentieux entre l'Hôtel de Ville et le Parlement: n'ayant pas renoncé à son dessein de contrôler les manoeuvres financières de la Ville, ce dernier inclut en effet, comme en 1755, un amendement allant dans ce sens. Placé devant le fait accompli, le prévôt dut, cette fois, se plier aux conditions du Parlement [50]. Le climat politique avait évolué et, sans doute aussi, ne voulait-on plus admettre de nouveaux retards dans l'exécution d'un projet dont la nécessité était reconnue de tous.

LE PAIN DE LA PAIX

L'aboutissement de la procédure administrative entamée en 1755 pour la construction d'une nouvelle Halle au blé coïncida avec la fin des hostilités entre la France et l'Angleterre consacrée, le 10 février 1763, par le Traité de Paris. Le contrôleur général Bertin, en l'occurrence, jugea que «les circonstances d'une paix» constituaient un motif assez puissant pour amener la Ville à adhérer aux Lettres patentes telles que le Parlement les avait enregistrées. Elles s'inscrivaient donc, à point nommé, dans le cadre des mesures prises pour restaurer la prospérité du royaume. Sous l'impulsion de ministres gagnés aux idées nouvelles, celle de la physiocratie entre autres, le gouvernement comptait alors appliquer les théories libérales élaborées dans l'efferverscence intellectuelle des années cinquante. Le 25 mai 1763, rompant avec une pratique séculaire, le roi déclarait la libre circulation des grains. L'optimisme, dans les milieux éclairés, était de rigueur: «Tout semble promettre ces jours heureux, après lesquels soupiroit le roi Henri [51]».

En matière d'édilité publique, l'amorce d'un redressement économique devait être bénéfique à la Ville de Paris. Avec le retour des capitaux immobilisés par la guerre, l'activité du bâtiment se trouvait enfin en état de reprendre, comme l'exalte une épigramme publiée dans le *Mercure de France*:

> *Grand Préfet! Sages édiles,*
> *D'un Roi, Père des Français,*
> *Dans la Reine de nos Villes,*
> *Eternisez les bienfaits.*
> *Marigni! que de merveilles*
> *Vont éclore sous tes yeux!*
> *Tu protèges, tu réveilles*
> *Les mortels ingénieux* [52].

Il faut rappeler, à cet égard, deux cérémonies marquantes: l'inauguration solennelle de la statue équestre du souverain, place Louis XV, en 1763, et l'année suivante, la pose de la première pierre de l'église Sainte-Geneviève en présence du roi. Ce renouveau constitua bien sûr le thème de célébrations diverses dont la plus significative – louant les

Antoine Gabriel de Sartine, lieutenant général de police de la Ville de Paris de 1759 à 1774, grav. de Chevillet d'après Vigée *(BN, Cab. Est.).*

Il s'efforça d'améliorer le système de l'approvisionnement parisien : à maints égards, la Halle-neuve peut être considérée comme son œuvre.

mérites de la prévôté de Pontcarré de Viarmes – fut la grande composition allégorique que consacra le peintre Hallé à l'annonce du Traité de Paris [53]. Le Bureau de la Ville y est décrit au grand complet, dans un cadre «à l'antique», recevant la Paix et ses bienfaits ; maintenu à l'écart par des gardes, le peuple assiste à la scène.

Des problèmes de la capitale, celui des subsistances reçut alors une attention toute particulière. La double opération d'une nouvelle Halle au blé et d'une gare sur la Seine s'insérait en fait parmi d'importantes réformes touchant au système de l'approvisionnement céréalier. Nombre d'entre elles étaient l'oeuvre du lieutenant de police Sartine, un magistrat éclairé dont Voltaire affirmait qu'il «pensait comme Agrippa [54]». La décennie des années 1760 vit ainsi, dans le domaine de la boulangerie, des progrès technologiques comme le développement de la mouture et l'invention d'un pain normalisé : la baguette moulée. On créa de surcroît – confiée à un spécialiste de

la meunerie, Pierre-Simon Malisset – une compagnie chargée de gérer les grains du roi ; de vastes greniers d'abondance furent bâtis à Corbeil afin d'abriter des stocks de «sécurité» destinés à soulager Paris en cas de disette [55] ; sur place fonctionnaient déjà, construits en 1762, plusieurs moulins des plus perfectionnés. Enfin, pour un meilleur transport du blé par voie fluviale, on songea à la mise au point de grands bateaux compartimentés, véritables greniers flottants.

C'est cette amélioration générale des subsistances parisiennes que prirent pour sujet deux allégories contemporaines : une esquisse et un tableau, oeuvres anonymes dues probablement à une même main tant les partis sont identiques [56]. Tout, dans la scène représentée concourt à évoquer l'abondance frumentaire, produit de l'agriculture et du commerce. On y voit, autour de la ville de Paris personnifiée, l'Abondance au gouvernail d'une barge chargée de sacs, un génie remplissant un coffre de pièces, une femme – Cérès, sans doute – tenant une gerbe de blé, Mercure

Attr. à Fragonard, allégorie de la Ville de Paris et de l'Abondance, vers 1765 (*Musée des Beaux-Arts de Marseille*).
La Halle en constitue l'un des éléments.

enfin, menant Pégase. Le peuple est également présent, formant un groupe compact d'où se détachent des hommes porteurs de sacs et de pains ainsi qu'une mère avec son enfant, une écuelle à la main. Or, il semble bien, d'après certains détails, qu'il faille lire ici une référence directe à l'opération arrêtée par les Lettres patentes du 25 novembre 1762. La nouvelle Halle au blé, en effet, apparaît à l'arrière-plan, silhouettée sur un fond montagneux, mais bien que

sommairement décrite, son image distinctive – une rotonde flanquée de la colonne de Médicis – n'en est pas moins affirmée. Quant à la gare à bateaux, elle est désignée par une portion de berge maçonnée. Il s'agit donc là, exécutées vers 1765, de deux précieuses allégories illustrant ce qui fut, à Paris, un aspect marquant de la politique édilitaire des Lumières : la création d'un monument consacré aux «choses nécessaires à la vie des citoyens».

Allégorie de la nouvelle Halle au blé de Paris, grav. de Duclos d'après Gravelot

(dans J.R. Petity, *Etrennes françoises dédiées à la ville de Paris*, Paris 1766, p. 38).

MARCHE DE L'OPERATION

La composition des plans de la halle et de son lotissement, ainsi que la conduite des travaux, furent confiées à Nicolas Le Camus de Mézières, architecte expert juré du roi et de son université. C'était la première commande importante qui lui revînt. Si l'on ne sait rien des circonstances entourant son association à l'entreprise de la Ville – seul, *le Provincial à Paris* fait état d'un concours que Le Camus aurait eu «l'honneur de remporter»[57] – on peut néanmoins estimer qu'il amorça son étude du projet au début de 1761, soit même à l'extrême fin de 1760[58]. Lors de

sa réunion du 19 juin 1762, le Bureau de la Ville examina un plan d'ensemble dont les grandes lignes étaient déjà clairement formulées : «de nouvelles rues à former pour les abords et au pourtour de la halle» et «une place au milieu d'icelle»[59].

Les travaux de la halle débutèrent en février 1763 et se poursuivirent avec une célérité qui, tranchant sur les lenteurs administratives précédentes, impressionna vivement le public. Ils étaient d'ailleurs confiés à des entrepreneurs d'excellente réputation :

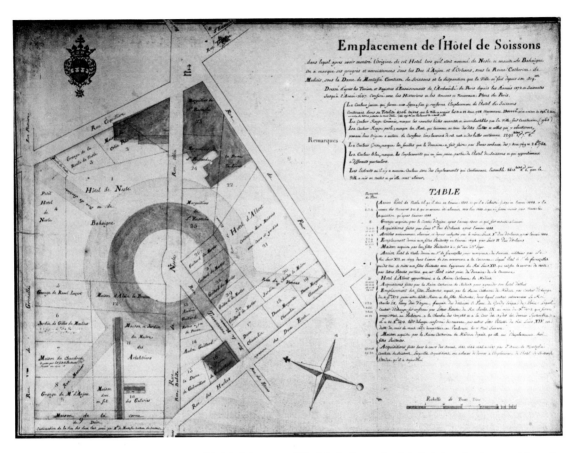

Restitution de l'ancien parcellaire du terrain de l'hôtel de Soissons, ca. 1767 (*Musée Carnavalet, Cab. Est.*). Avec l'aménagement de ce site, les contemporains eurent conscience que le paysage urbain du quartier allait radicalement se transformer. Ainsi, «l'histoire de cet emplacement paroit avoir beaucoup intéressé les Gens de Lettres, tant à cause de plusieurs événements singuliers dont il a été le théâtre, que parce que ce terrain va se trouver tellement dénaturé par les constructions qu'on ne cesse d'y faire, que bientôt on ne reconnaîtra plus son ancienne position.» (A Terrasson, *Histoire de l'emplacement de l'ancien Hôtel de Soissons*, Paris 1762, p. 1).

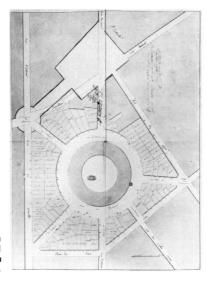

N. Le Camus de Mézières, découpage du lotissement de la Halle au blé, 19 avril 1763 (*AN, Q¹ 1193*). Plus de la moitié du terrain fut utilisé à des fins spéculatives.

Les lots ne se vendirent que très lentement, les prix chutèrent et, malgré l'intervention des promoteurs associés à l'architecte, l'affaire se solda par un cuisant échec.

Guillaume Bellanger, Dupuis, Jean-Baptiste Le Faivre, Denis Loir, Charles Mangin – qui devint par la suite Architecte de Son Altesse Electorale de Mayence – Jean-Baptiste Pasquier – chargé également du chantier voisin du portail de Saint-Eustache – et Pérard. Au printemps, le Bureau de la Ville procéda à la nomination des préposés chargés de veiller à la bonne marche des opérations [60]: inspecteurs, vérificateurs des toisés, concierge et portier ainsi qu'un garde-archer de la Ville devant superviser le transport des pierres. La première pierre fut officiellement posée le 13 avril 1763, en présence du Bureau de la Ville. En 1765, à l'occasion de l'année jubilaire du règne de Louis XV, l'abbé de Petity publia, dans ses *Etrennes françoises* une allégorie des «Nouvelles Halles aux Grains et Farines» [61]; l'édifice comptait désormais parmi les réalisations majeures du temps.

A la Saint-Martin de l'hiver 1766, la construction était achevée, «en état de faire jouir les Citoyens des avantages que Sa Majesté a voulu leur procurer [62]».

L'ouverture de la Halle et sa prise en possession par la police du Châtelet eurent lieu le 12 janvier 1767.

Le lotissement ne fut pas commencé avant le printemps 1765. Il fallut en effet attendre que la vente des parcelles progressât et que l'alignement des rues nouvelles fût fixé, ce qui eut lieu le 11 avril 1765 [63]. Pour le Camus et les frères Oblin, il s'agissait de veiller à ce que la construction des immeubles de rapport se fît concurremment avec celle de la Halle, cela afin que l'ensemble pût être achevé dans un même temps. La rentabilité de l'affaire l'imposait, mais aussi le bien public, la Halle n'étant vraiment accessible qu'une fois les maisons terminées. Il y eut donc deux chantiers distincts à mener de front, situation d'autant plus délicate que les différentes équipes d'entrepreneurs travaillaient indépendamment l'une de l'autre [64]. Deux années devaient ainsi s'écouler entre l'ouverture de la Halle et l'achèvement des derniers immeubles, en janvier 1769, délai qui perturba le service du nouvel édifice.

Le lotissement de la Halle au blé fut, à Paris, l'une des principales opérations immobilières de l'époque avec des prolongements sous la Révolution [65]. Il participait, en cette seconde moitié du dix-huitième siècle, à un processus de transformation décisif du tissu urbain: la disponibilité de grandes propriétés foncières – comme les terrains de l'hôtel de Soissons, de l'hôtel de Condé ou de l'hôtel de Choiseul – au profit d'ensembles neufs organisés autour d'un édifice public majeur, le plus souvent une salle de spectacle [66]. Aussi convient-il d'évoquer le cours de cette opération tant elle met en lumière la complexité des mécanismes – impliquant promoteurs, architecte et pouvoirs publics – qui régissaient alors les entreprises édilitaires d'envergure. Apparaît ici en effet toute l'ambiguïté d'un plan où s'opposaient la vocation civique de l'édifice et un mode de financement fondé, pour l'essentiel, sur un lotissement spéculatif.

Cette contradiction, certains contemporains ne manquèrent pas de la relever. Ainsi, révolutionnaire avant l'heure, le continuateur de la *Description historique* de Piganiol dénonça-t-il avec vigueur le fait que plus de la moitié du terrain ait été – aux dépens de la Halle – réservée à la construction d'immeubles locatifs: «Qui ne sera indigné de voir qu'un si vif intérêt que celui du loyer de quelques maisons, l'a emporté sur la perfection de cet édifice public et sur les facilités nécessaires pour les voitures qui apportent dans Paris une denrée aussi précieuse que celle du blé, pour la subsistance de ses habitants? (...) tout ce qui peut contribuer au bonheur et l'avantage des Citoyens, ne saurait balancer aujourd'hui l'avidité du gain et de l'enrichissement des Propriétaires par toutes sortes de voies, pour fournir aux dépenses excessives d'un luxe sans bornes, et qui entraînera infailliblement la ruine entière de cet Etat [67].»

Dès l'ouverture du chantier, la Ville procéda à la mise aux enchères des quatre-vingt-quinze divisions qui avaient été découpées dans les îlots environnant la Halle. L'affaire, pourtant débuta mal; peu d'acquéreurs se présentèrent et l'offre, pour les meilleurs emplacements n'excéda pas six cents livres la toise, prix très inférieur aux huit cent vingt-cinq livres prévues. On ne pouvait donc obtenir les deux tiers du bénéfice escompté, ce qui compromettait gravement l'avenir de l'opération comme la poursuite des travaux.

C'est alors, «par zèle pour les intérêts de la Ville» que les frères Oblin et Le Camus décidèrent de réactiver la vente en se rendant eux-mêmes adjudicataires. Une compagnie fut fondée et le prix de la toise porté à neuf cents livres, plafond très nettement supérieur à la moyenne de l'époque: il fallait «par la suite que ces terrains soient toujours plutôt à un plus haut prix qu'à un plus bas [68]». Ce calcul, toutefois, ne tarda pas à se retourner contre ses auteurs: les ventes demeurèrent faibles, en dépit même d'un relatif succès initial. La compagnie Oblin dut, par conséquent, maintenir artificiellement le plafond des neuf cents livres. Pour finir, en 1765, elle se résolut à acquérir plus de quarante lots à sept cent vingt-cinq livres la toise, devenant ainsi propriétaire de la quasi-totalité des terrains à bâtir, soit deux mille seize toises sur les deux mille quatre cents mises en vente. Mais elle devait aussi pourvoir à l'édification de la halle et des maisons. Or, ses propres ressources et les «droits de hallage» ne suffisant plus, la compagnie fut obligée de contracter de nombreux emprunts, tant auprès de la Ville que de «capitalistes». Quant aux travaux de la gare à bateaux, trop coûteux, ils durent être suspendus... pour ne jamais reprendre [69].

La situation allait échapper au contrôle des frères Oblin, trop lourdement endettés. En 1769, avec l'échec des premières locations et l'approche des échéances, elle prit une tournure critique, révélant par là les profondes contradictions dont souffrait

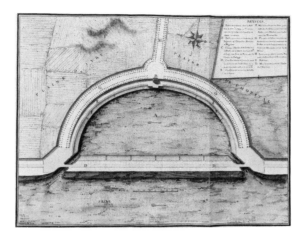

Plan de la gare à bateaux en plaine d'Ivry (*BN, Cab. Est.*). **Outre la Halle au blé, il était prévu d'aménager conjointement une gare pour le trafic fluvial a proximité de l'hôpital de la Salpêtrière.**

Vue perspective de la gare à bateaux, dessin de Jean-Michel Moreau dit Moreau le jeune (*Musée Carnavalet, Cab. Est.*). **Des difficultés techniques et le coût excessif des travaux eurent raison de ce projet ambitieux.**

Le Camus de Mézières, porte du collège Louis-le-Grand, grav. de Poulleau, 1764 (*BN, Cab. Est.*).

l'entreprise dès son origine. Aux abois, les frères Oblin en appelèrent alors au roi, mais ce dernier les renvoya à la Ville: «il falloit qu'elle prît une délibération en bonne due forme». Principale créancière des promoteurs en difficulté, elle ne sut, dans un premier temps, quel parti adopter: intervenir ou laisser faire? Sur ce point, son dilemme est fort instructif: «D'un côté, si elle entame des poursuites contre eux, cela entraînera nécessairement la saisie réelle de leurs biens; le désordre se mettra dans leurs affaires, la discussion diminuera considérablement la valeur de leurs maisons, d'où s'en suivra leur ruine, et le déficit et la perte qu'il y aura indubitablement, retomberont tant sur la Ville, envers laquelle ils sont débiteurs de sommes considérables, que sur le Public dont ils ont fait de gros emprunts. D'un autre côté, si la ville se porte à venir à leur secours (...) sera-t-elle plus assurée de les voir tranquils, et que dans un an, ils ne demanderont pas un nouveau secours pour acquitter le surplus de leurs dettes [70].»

En fin de compte, la Ville opta pour des secours supplémentaires assortis de conditions très strictes. Mal lui en prit car, pas plus cette fois-ci que précédemment, les frères Oblin et Le Camus ne parvinrent à respecter leurs nouvelles échéances. On les condamna le 6 juillet 1776 [71]. A la mort de Charles Oblin en 1785, Le Camus resta seul en charge de l'affaire pour être à nouveau impliqué, en 1791, dans un procès avec la Ville au sujet de la succession de l'ancienne compagnie Oblin [72]. Sa situation personnelle, à l'époque, n'était guère prospère. A l'assemblée de l'Union des Créanciers du 8 avril 1791, on exposa que «le grand âge, les besoins et les infirmités» de Le Camus le mettaient «dans la nécessité de demander à Mrs les sindics et conseils de l'Union de lui accorder une provision alimentaire suffisante pour le mettre à portée de satisfaire à ses besoins pressants et d'acquitter quelques dettes pour lesquelles il est pressé [73]». Des dettes encore le poussèrent, le 28 mars 1793, à vendre un immeuble – quai de la Tournelle – qui avait été depuis longtemps propriété familiale [74]. On peut penser qu'il mourut peu après.

LE CAMUS DE MÉZIÈRES, «ARCHITECTE EXPERT BOURGEOIS»

La carrière de Le Camus de Mézières eut, sans nul doute, à souffrir du revers de fortune qu'entraîna l'opération malchanceuse du lotissement de la Halle au blé. Elle semblerait même lui avoir été fatale. On ne connaît, en vérité, que fort peu de choses de l'architecte et de son œuvre.

Nicolas Le Camus naquit à Paris le 26 mai 1721. Il eut deux frères, Antoine «le médecin» auteur, entre autres, de la *Médecine de l'esprit* (1753) et Louis Florent, marchand de fer et collaborateur au *Journal de commerce et d'agriculture.* En 1751, l'*Almanach Royal* le mentionne comme «architecte expert bourgeois». Un renouvellement de poutres à l'Ecole militaire en 1762 le fit s'intéresser aux charpentes, problème dont il devint un spécialiste. De concert avec F.A. Babuty Desgodetz «expert entrepreneur», il publia une *Dissertation de la compagnie des architectes experts des bâtiments à Paris (...) sur la théorie et la pratique des gros bois de charpente.* Sa parution en 1763 coïncida avec la mise en chantier de la Halle au blé. Jusque-là, le Camus n'avait pas ou peu bâti. Or, cette commande d'envergure – qui laisse supposer d'influentes protections – ouvrit une période faste d'une dizaine d'années marquée par plusieurs réalisations importantes. Ainsi, en 1764, il exécuta la porte monumentale du collège Louis-le-Grand, ouvrage d'un goût sévère qui n'était pas sans mar-

N. Le Camus de Mézières, façade et porche d'entrée du pavillon de Charonne, au 5 de la rue St. Blaise (Photographie d'Atget, *Musée Carnavalet, Cab. Est.*). La propriété suburbaine de l'architecte fut détruite en 1929.

quer la revanche de l'Université sur la Compagnie des Jésuites, expulsée des lieux l'année précédente [75]. En 1765, il entreprit la construction d'une caserne rue Mouffetard, «la première qui fut faite à Paris, pour le service des Gardes Françoises [76]». A cette occasion, mettant en pratique ses recherches sur les bois, Le Camus conçut un plancher expérimental d'une grande légèreté. Mais cette innovation déplut à la corporation des charpentiers qui poursuivit le propriétaire «sous le spécieux prétexte de la sûreté publique». Le Camus dénonça «la cabale» et le lieutenant de police Sartine eut à intervenir. Consultée, l'Académie d'architecture opta pour un jugement mesuré: «si l'on a poussé à l'excès de la diminution des bois dans les nouveaux planchers en les construisant d'une manière opposée aux usages ordinaires, on ne doit pas pour cela condamner l'intention de l'architecte [77]».

Outre ces réalisations d'architecture civile, Le Camus participa au développement du Faubourg Saint-Honoré avec, achevée en 1769, la construction de l'hôtel du prince de Beauvau, aujourd'hui ministère de l'Intérieur [78]. Il y démontra son talent à tirer parti d'un site difficile, en l'occurrence un terrain délimité par deux rues tendantes à même carrefour. Le dessin d'une demi-lune lui permit de satisfaire à une volonté de scénique urbaine: deux immeubles aux façades concaves flanquant – point fort de l'ensemble – un portail constitué d'un entablement soutenu par quatre paires de colonnes. Remarquable élément de transparence, ce dernier terminait l'axe de la rue de Marigny, tout en ouvrant une perspective sur l'hôtel en fond de cour. A Charonne, faubourg encore peu construit, Le Camus éleva un pavillon pourvu d'une petite cour fermée où il vint séjourner. Cette bâtisse occupait le 5 de la rue Saint-Blaise [79]. Enfin, en 1770, Le Camus conçut un projet d'église pour les Carmélites, rue de Grenelle [80].

Amorcée avec éclat, l'activité architecturale de Le Camus paraît pourtant s'interrompre ici. De récentes

44

N. Le Camus de Mézières, hôtel de Beauvau, 1769 (*BN, Cab. Est. Coll. Destailleur*). **Elément de transparence et de transition, le portail joue ici un rôle identique à la colonnade de l'Ecole de chirurgie élevée au même moment par Gondoin. Considérablement remanié à la fin du XIXème siècle, l'hôtel abrite aujourd'hui le ministère de l'Intérieur.**

recherches ont en effet permis de restituer à son homonyme Louis-Denis Le Camus – architecte du duc de Choiseul – plusieurs constructions qu'on lui avait longtemps attribuées [81] : le «Colisée», vauxhall près des Champs-Elysées (1771-1774), la pagode de Chanteloup (1775-1778) et le lotissement de la Comédie italienne (1780). Au-delà du seuil des années 1770, ses interventions se bornèrent en réalité à quelques ouvrages de réfection en 1781, 1782 et 1784 [82]. Pourquoi une telle césure? Il s'agit là, selon toute vraisemblance, du prix qu'eut à payer Le Camus pour l'échec de la spéculation organisé avec les frères Oblin autour des immeubles de la nouvelle halle. La faillite de leur compagnie ne menaçait-elle pas dès 1769?

Faute de bâtir, Le Camus s'attacha désormais à publier. Il y eut d'abord, en 1769, le *Recueil des différens plans et dessins concernant la nouvelle halle aux grains située au lieu et place de l'ancien Hôtel de Soissons,* recueil qui traduisait la volonté de son auteur de présenter l'édifice comme un modèle d'architecture édilitaire [83]. Mais son principal ouvrage, le plus fréquemment cité, parut en 1780 sous un titre évocateur: *Le génie de l'architecture, ou l'analogie de cet art avec nos sensations* [84]. Très remarqué à l'époque – différents journaux en publièrent des extraits – il bénéficia d'une traduction allemande en 1789 [85].

Personne, affirmait Le Camus, n'avait encore écrit sur ce sujet. Originale, sa démarche consista à appliquer la philosophie sensualiste de Condillac aux théories néo-pythagoriciennes – reprises et développées par Ouvrard dans son *Architecture harmonique* (1679) – selon lesquelles l'architecture entretenait d'étroits rapports avec les proportions musicales [86]. C'était, en d'autres termes, poser le problème de la perception d'un édifice; pour Le Camus, celui-ci devait parler aux sens, à la façon des décors de théâtre «où la simple imitation des ouvrages enfantés par l'Architecture détermine nos affections» (p. 5).

«Ce sont donc les dispositions des formes, leur caractère, leur ensemble qui deviennent le fond inépuisable des illusions. C'est de ce principe qu'il faut partir, lorsqu'on prétend dans l'Architecture produire des affections, lorsqu'on veut parler à l'esprit, émouvoir l'âme, et ne pas se contenter, en bâtissant, de placer pierres sur pierres, et d'imiter au hasard des dispositions, des ornemens convenus ou empruntés sans méditation. L'intention motivée dans l'ensemble, les proportions et l'accord des différentes parties produisent les effets et les sensations.» (p. 7).

S'agissant du caractère distinctif d'une construction, compte tenu de son usage, Le Camus se réfère à l'essence du théâtre dramatique où «une seule action remplit la scène». Selon lui, «il faut de même dans un édifice observer l'unité de caractère, et que cette vérité fixe d'abord l'imagination en frappant les yeux» (p. 63). C'est pourquoi, suivant le cas, un bâtiment doit traduire l'âpreté, la simplicité, la vivacité, la gaîté ou la tristesse; également être susceptible d'un genre majestueux ou terrible. Ces nuances expressives – capables de faire «frémir l'âme» – Le Camus ne les rattache pas à l'emploi de quelques «ornements relatifs»; il invite plutôt l'architecte à veiller – tel un peintre – à la disposition des masses, à leurs proportions, comme aux effets d'ombre et de lumière. Sur ce point, l'auteur de la Halle au blé apparaît bien comme le contemporain de Boullée.

A la suite de son *Génie de l'architecture*, consacré pour une large part à la théorie, Le Camus publia plusieurs ouvrages techniques fondés sur son expérience acquise en tant qu'«expert des bâtiments». En 1781, parurent ainsi le *Guide de ceux qui veulent bâtir,* «ouvrage dans lequel on donne les renseignemens nécessaires pour réussir dans cet Art, et prévenir les fraudes qui pourroient s'y glisser»; puis – anonyme, mais attribuable à notre auteur – un *Mémoire sur la manière de rendre incombustible toute salle de spectacle,* proposant un mode de construction sans bois, inspiré de la Halle au blé [87]. Enfin, revenant à d'anciennes préoccupations, Le Camus rédigea un

Traité de la force des bois, publié en 1782. Ses derniers ouvrages furent d'une veine plus éclectique: la *Description des eaux de Chantilly et du Hameau* (1783), l'*Esprit des almanachs,* «analyse critique et raisonnée de tous les almanachs tant anciens que modernes» (1783), et, pastorale contant les amours contrariés de la bergère Aaba et du berger Hilas, *Aaba ou le triomphe de l'innocence* (Eleuthéropolis, 1784).

Rares sont les détails rendant compte de la personnalité de Le Camus. Quelques indications éparses attestent cependant qu'il fut bien, à l'instar de ses plus illustres contemporains, un artiste «éclairé», averti des principaux courants de pensées philosophiques et scientifiques de son temps. A travers ses différents écrits, on le voit, en effet, gagné au sensualisme d'un Condillac, soucieux du «bien public», confiant dans le progrès des Lumières assuré par un Buffon ou un Duhamel du Monceau dont il loue les recherches. «Appuyons-nous», déclare-t-il, « des loix de la physique et des vérités mathématiques. Mettons en usage les heureuses découvertes de ces génies bienfaisans [88]». «Nous sommes dans un siècle éclairé», ajoute-t-il ailleurs. «L'Architecture est aujourd'hui un des Arts qui brillent le plus en France: rien n'étonne, rien n'arrête (...) [89]». Fait significatif, Le Camus rejoignit la franc-maçonnerie, l'un des plus intenses foyers de la vie intellectuelle de la seconde moitié du dix-huitième siècle. Il fut initié à la «Respectable Loge des Cœurs Simples de l'Etoile Polaire à l'Orient de Paris» qui comptait, entre autres membres, les architectes Chalgrin et De Wailly [90]. On doit aussi noter – révélateur des liens qui unissaient alors architecture et théâtre – le goût manifesté par Le Camus pour l'art de la scène. De 1770 à 1781, il anima la «Société dramatique de Charonne» dont les réunions se tenaient au pavillon de la rue Saint-Blaise [91]. Il est un dernier aspect du personnage qu'il convient de relever, tant il précise la position de l'architecte dans la société urbaine de l'Ancien Régime finissant. Le Camus, que l'on a vu s'associer aux milieux d'affaires, fut lui-même un propriétaire foncier et immobilier. On lui connaît en effet un patrimoine qui comprit d'importants terrains en bordure de la place Louis XV [92], un immeuble quai de la Tournelle et un groupe d'habitations à la Halle au blé et à Charonne. Mais, spéculateur malavisé, cela ne l'empêcha pas – semble-t-il – d'avoir connu de graves difficultés financières à la fin de ses jours.

* *
*

NOTES

1. Discours de Joly de Fleury dans *Recueil des principales loix relatives au commerce des grains (...)* Paris, 1769, p. 48. Sur la question des grains sous l'Ancien Régime, on doit se référer à deux études fondamentales: J. Meuvret, *Le problème des subsistances à l'époque de Louis XIV. La production des céréales dans la France du XVIIème et du XVIIIème siècle*, Paris, 1977, I texte et II notes; et – indispensable pour comprendre l'arrière-plan politique de la construction à Paris d'une nouvelle halle au blé en 1763 – S.L. Kaplan, *Bread, Politics and Political Economy in the Reign of Louis XV*, La Haye, 1976, 2 vol. On consultera aussi avec grand profit, du même auteur, *Le complot de famine, histoire d'une rumeur au XVIIIème siècle*, Paris, 1982.

2. En ce qui concerne le problème spécifique de l'approvisionnement parisien, voir: L. Cahen, «L'approvisionnement de Paris en grains au début du XVIIIème siècle, *Bulletin de la Société d'Histoire Moderne*, mars 1922, 4ème série nº 10, 162 – 171; Ch. Vigoureux, «Le commerce des grains à Paris au temps jadis – Le centre de Paris», *Bulletin de la Société Historique et Archéologique des premier et deuxième arrondissements de Paris*, t. 2, nº 7, 1932, 285 – 392; J. Meuvret, «Le commerce des grains et des farines à Paris et les marchands parisiens à l'époque de Louis XIV», *Revue d'histoire moderne et contemporaine*, nº 3, 1956, 169 – 203; S.L. Kaplan, «Lean Years, Fat Years: the Community Granary System and the Search of Abundance in Eighteenth Century Paris», *French Historical Studies*, X, 1977, 197 – 230.

3. BN, Ms fr. 21635, f°247. «Advis sur la Halle au blé».

4. BN, Ms fr. Coll. Moreau, 1061, f°113.

5. Pour les divers projets de déplacement de la Halle au blé, voir P. Bondois, «Les difficultés du ravitaillement parisien. Les projets de nouvelles halles de 1663 à 1718», *Revue d'histoire moderne*, XI, 1936, 295 - 322; et aussi «L'aménagement du marché central de Paris de la réformation des Halles du XVIème siècle à celle du XIXème siècle», *Bulletin Monumental*, 1969, 11 - 15; 18 - 19, 22 - 26.

6. Sur ces causes économiques et politiques – encore mal explorées – voir l'intéressant point de vue de S.L. Kaplan dans *Bread, Politics and Political Economy*, La Haye 1970, t. 1, p. 90.

7. *Journal des bâtiments civils*, nº 233, an XI, 122.

8. C'est ce que rapporte Germain Brice dans *Description de la Ville de Paris*, 9ème édition, Paris 1752, t. I, pp 484 - 485.

9. En attendant la publication de l'étude de M.F. Ch. James, voir L. Hautecœur, *Histoire de l'architecture classique en France*, Paris, 1965, (Nlle édit.), t. I, pp. 369 - 370 et, du même auteur «La porte de l'Hôtel de Soissons par Salomon de Brosse», *Revue de l'Art*, 1971, 59-64. Des renseignements aussi dans C. Piton, *Comment Paris s'est transformé (...) le quartier des Halles*, Paris, 1891.

10. «Mémoire pour Madame la princesse de Carignan contre les syndics des créanciers du feu prince de Carignan, 1744», cité par F. Boudon dans «Urbanisme et spéculation au XVIIIème siècle: le terrain de l'Hôtel de Soissons», *JSAH*, 1973, 269.

11. Tous ces projets ainsi que le rôle du prince de Carignan ont été soigneusement étudiés par F. Boudon. *Op. cit.*

12. On en trouve les grandes lignes dans AN, H²*1859, Registres des délibérations du Bureau de la Ville, 31 octobre 1740, f°78 et suiv.

13. *Ibid.*, f°80v°

14. *Ibid.*, f°78v°

15. Quel devait être le rôle de cette nouvelle halle? Remplacement de l'ancienne ou extension des ports? Les sources, à cet égard, sont fort imprécises. Il semblerait, d'après de rares indices, que les créanciers aient présenté l'édifice plutôt comme «magasin» pour l'entrepôt des grains arrivés aux ports. En vertu des règlements interdisant le transfert de blé d'un marché à un autre à des fins de vente, les stocks de cette «halle» auraient dû, pour leur écoulement, être ramenés sur les ports. On comprend, dès lors, que la Ville ait tenu à écarter un projet propre à aggraver les problèmes de circulation dans un quartier déjà saturé.

16. Voir BHVP, Ms Cp 3452, lettre du Contrôleur Général Orry (2 avril 1741) dans laquelle il est question d'un «travail de la Ville sur l'affaire du terrain de l'Hôtel de Soissons».

17. Publiée dans P. Patte, *Monumens érigés en France à la gloire de Louis XV*, Paris, 1765, pp. 194 - 196.

18. AN, Q1 1193. Le plan conservé dans cette liasse ne figure pas dans l'étude de F. Boudon, «Urbanisme et spéculation...», tout autorise à y reconnaître le projet des créanciers. Le procès-verbal de Richard figurant au bas est explicite et recoupe les divers éléments fournis par l'Arrêt du Conseil du roi du 9 juin 1753 et les Lettres patentes du 6 septembre 1754.
Reste donc à identifier les trois variantes de lotissement publiées par F. Boudon, *op. cit.*, 304-305.

19. AN, Q¹ 1193. Copie de l'Arrêt du Conseil du Roi.

20. AN, Q¹ 1193, 8 octobre 1754, «Avis concernant l'emplacement de l'Hôtel de Soissons», voir aussi AN, H²* 1866, Registres des délibérations du Bureau de la Ville, f° 47 r°/v°, 8 octobre.

21. E.J.B. Rathery, (éd.) *Journal et mémoire du marquis d'Argenson,* Paris, 1859-1867, t. VI, p. 435, 12 juillet 1751 et t.IX, p. 153, 15 décembre 1753.

22. AN, H²* 1866, Registres des délibérations du Bureau de la Ville, Délibération pour l'acquisition du terrain de l'Hôtel de Soissons, 25 avril 1755, Suppl. f²r°.

23. BHVP, Ms Cp 3452, E 56872, Lettre de Moreau de Séchelles à Louis de Bernage, Versailles, 9 mars 1755.
Pour d'autres pièces sur le projet de la Ville, voir BN, Ms Joly de Fleury, 313, Dossier 3408, f° 47 et suiv.

24. Voir AN, H2*1866, Registres des délibérations du Bureau de la Ville, 25 avril 1755, f°3 v°.

25. Ibid., f°4 r°.

26. AN, H²* 1866, Registres des délibérations de la Ville, f°5 v° - f°6 v°.
« Lettres Patentes du Roi qui autorisent les Prévôt des Marchands et Echevins de la Ville de Paris de faire l'acquisition de l'ancien Hôtel de Soissons. Compiègne, août 1755. »

27. Voltaire, *Des Embellissements de Paris* (1749), Ed. Moland, t. XIII, p. 297-8.
Sur la situation des Halles au XVIIIème siècle, voir l'excellente synthèse de F. Boudon: «La salubrité du grenier de l'abondance à la fin du siècle», *Dix-huitième siècle,* IX, 1977, 170 - 180.

28. Plusieurs projets de halle furent ainsi conçus à partir d'une refonte du secteur englobant le pilori et l'ancienne Halle au blé, ceux entre autres de Barbié (1765), de Loret (1780) et d'un anonyme (1784) qui proposa un tracé inspiré du Tempietto de Bramante. Voir, «L'aménagement du marché central de Paris, II», *Bulletin monumental,* CXXVII, 1969, 70-106.

29. J.F. Blondel, *Cours d'architecture,* t. II, p. 429.

30. *Journal de Paris,* n° 339, 5 décembre 1782, 1380.

31. Cité dans «l'aménagement du marché central de Paris», *Bulletin monumental,* CXXVII, 1969, 101. «Rapport de la commission des artistes 7 ventôse, an IV».

32. N. Delamare, *Traité de la Police,* Paris, 1738, t. IV, p. 369.

33. M. Dussausoy, *Le citoyen désintéressé ou diverses idées patriotiques concernant quelques établissemens et embellissemens utiles à la Ville de Paris,* Paris 1767 - 68, p. 70.

34. AN, H²* 1866, Registre des Délibérations du Bureau de la Ville, 25 avril 1755, Délibération pour l'acquisition du terrain de l'Hôtel de Soissons, f° 2 v°.

35. Sur la salubrité assurée par l'air, voir R. Etlin, «L'air dans l'urbanisme des Lumières», *Dix-huitième siècle,* IX, 1977, 123-134.

36. Les démêlés entre la Ville et le Parlement de Paris sont longuement évoqués dans AN, H²* 1870, Registres des délibérations du Bureau de la Ville, février 1764, f° 474 v° - f° 487 r°, «Mémoire remis à M. Le Contrôleur Général qui prétendoit que la Ville de Paris étoit cencée comprise dans la déclaration du roi du 11 février 1764...»
Ils firent également l'objet d'un commentaire du marquis d'Argenson: «(...) voilà nos parlements qui vont en avant pour détruire l'autorité et l'administration du conseil par les intendants; car le Prévôt des Marchands de Paris n'est véritablement qu'un intendant, ou commissaire départi préposé par le conseil. (...) les Parlements et autres cours supérieures vont partout réduire les intendants à presque rien, et leur faire abandonner l'administration des communautés et surtout des Hôtels de Ville». E.J.B. Rathery, *Journal et mémoires du marquis d'Argenson,* Paris 1859 - 1867, t. IX, p. 270.

Pour une étude historique sur cette période de crise, voir J. Egret *Louis XV et l'opposition parlementaire,* Paris, 1970.

37. Voir, BHVP, Ms Cp 3452, Lettre de Bernage à Moreau de Séchelles, Paris, 12 avril 1756.

38. AN, H²* 1870, Registres des délibérations du Bureau de la Ville, février 1764, f° 483 v°.

39. Ibid., f° 484 r°. L'enregistrement se fit le 21 juin.

40. AN, H²* 1867, Registre des délibérations du Bureau de la Ville, 13 août 1758, f° 514 v°.
«Arrêt du Conseil portant qu'il sera annuellement expédié des ordonnances sur le Trésor Royal pour les interests du prix de l'acquisition de l'emplacement de l'hôtel de Soissons, destiné à faire une nouvelle halle au Bled».

41. AN, H²* 1868, Registres des délibérations du Bureau de la Ville, 21 août 1758, f° 24bis.
«Contract d'acquisition faite par la ville de Paris de l'emplacement de l'hôtel de Soissons et ses dépendances...»

42. AN, H²* 1868, Registres des délibérations du Bureau de la Ville, 20 juin 1760, f° 465 r°/v°.

43. Ibid., f° 465 v°, Lettre de M. le Contrôleur Général, Paris, 10 avril 1760.

44. Ibid., f° 465 bis v°.

45. AN, H²* 1869, Registres des délibérations du Bureau de la Ville, 19 juin 1762.

46. AN, Min. Centr. LXXXVIII, 1328. Ordre des créanciers de M. Oblin et de M. Le Camus de Mézières. Annexé à une délibération du 17 janvier 1791. «Parmi les différents projets qui furent présentés alors, on donna la préférence à celui des frères Oblin...»

47. AN, H²* 1873, Registre des délibérations du Bureau de la Ville, f° 378 r°, 22 août 1769: «(les Sieurs Oblin et Cie) furent chargés par les Prévot des Marchands et Echevins de travailler à un plan d'opération relatif tant aux Dépenses de construction de cette halle, qu'au payement du prix du terrain.»
L.V. Thiery donne une version similaire dans son *Guide des amateurs et des étrangers voyageurs à Paris,* Paris, 1787, I, p. 413 :
«(M. de Viarmes, Prévot des Marchands) communiqua ses idées à feu M. Oblin, lui demanda un projet, par lequel sans altérer les fonds de l'Hôtel de Ville, on pût, en abandonnant plusieurs parties de l'emplacement, subvenir à la dépense de la nouvelle halle.»

48. AN, H²* 1869, Registres des délibérations du Bureau de la Ville, 19 juin 1762, f° 405 et suiv.
«Délibération du Bureau pour parvenir à obtenir les Lettres patentes qui autorisent la Ville à revendre les Portions de Terrain qui pourront lui rester...»

49. AN,H² 2157. Lettres patentes du roi en forme de déclaration, portant établissement dans la ville de Paris, d'une nouvelle Halle au Blé et d'une Gare pour les bateaux. Données à Versailles le 25 novembre 1762.

50. Sur ce rebondissement du conflit entre la Ville et le Parlement, voir, AN, H²* 1870, Registres des délibérations du Bureau de la Ville, février 1764, «Mémoire remis à M. le Contrôleur Général...» f° 484 v° 485 r°.
«La Ville n'eut connaissance de cet enregistrement qu'après coup. Dès qu'il lui fut envoyé, elle sentit toutes les conséquences qui pouroient en résulter contre elle. Il fut agité si elle prendroit le parti de renoncer à l'exécution des ouvrages dont le roi l'avait chargée, ou si elle pourvoiroit en cassation contre l'arrêt de l'enregistrement. (...) Le ministre [le contrôleur général Bertin] enfin parut désirer que la Ville se prêtât pour cette fois au ménagement que le Parlement avait cru devoir garder avec le public: ce furent là les motifs de l'adhésion apparente de la Ville.»

51. P. Patte, *Monumens érigés en France à la gloire de Louis XV,* Paris 1765, p. 29.

52. *Mercure de France,* avril 1763, p. 9.

53. Exposé au salon de 1765, le tableau est aujourd'hui conservé au Musée de Versailles. Lors de sa présentation au public, il s'attira les flèches de Diderot qui y vit «une énorme sottise».

54. Lettre de Voltaire à Deparcieux, *Correspondance,* Best. 13389 (17 juillet 1767) t. LXVI, pp. 101-102.
Sur le rôle de Gabriel de Sartine, voir, S.L. Kaplan, *Bread, Politics and Political Economy in the Reign of Louis XV,* La Haye 1976.

55. P. Patte en salua l'achèvement en 1766, voir «Lettre sur les avantages des nouveaux greniers d'abondance établis depuis peu à Corbeil», *L'Année Littéraire,* 1766, IV, 186 - 196. On en trouvera une description dans: L. Bruyère, *Etudes relatives à l'art de la construction,* Paris 1823, pp. 6 - 7 et pls. 2 - 3.

56. La première a récemment été acquise par le Musée Carnavalet; le second, attribué à Fragonard, est conservé au Musée des Beaux-Arts de Marseille. L'esquisse paraît en tout cas devoir être une étude préliminaire du tableau de Marseille, lui-même inachevé. Voir, R. Leprévots, «Une allégorie de la Ville de Paris peinte à l'occasion de l'année jubilaire du règne de Louis XV», *Bulletin du Musée Carnavalet,* n° 2, 1977, 21 - 26.

57. *Le provincial à Paris ou l'état actuel de Paris,* Paris 1787, t. IV, p. 47.

58. Dans une requête adressée à la Ville au sujet d'honoraires, Le Camus déclare «avoir passé près de dix-huit mois à faire les plans de ladite Halle», AN, H²* 1870, Registres des délibérations du Bureau de la Ville, 23 août 1763, f° 240 quater v°.

59. AN, H²* 1869, Registres des délibérations du Bureau de la Ville, 19 juin 1762.

60. Voir, AN, H²* 1870, Registres des délibérations du Bureau de la Ville, 23 mars 1763, (f° 134 quater r°) et 25 avril 1763 (f° 151 bis r°).

61. J.R. de Petity, *Etrennes françoises dédiées à la ville de Paris pour l'année jubilaire du règne de Louis Le Bien-Aimé,* Paris, 1766, pp. 38-43. L'allégorie fut gravée par Duclos, d'après une composition de Gravelot. On la préféra au projet de vignette qu'avait soumis, sur le même thème, Gabriel de Saint-Aubin. Voir infra, illus. p.103.

62. «Ordonnance de Police pour l'ouverture de la nouvelle halle construite sur une partie du terrain de l'Hôtel de Soissons, et qui fixe les limites du quartier des Halles, du 30 décembre 1766,» p. 1
L'achèvement de la Halle au blé fut salué par F.N. Guérin dans son épître consacrée aux grands chantiers édilitaires de la capitale: *Deambulatio poetica sive Lutecia Recentibus Aedificiorum substructionibus His Annis magná ex parte Renovata, ornata, amplificata,* Paris, 1768, pp. 7-8.

63. Voir AN, Q¹ 1193, «Rapport pour les alignemens et le Pavé des rües à la Nouvelle halle au Bled.»

64. Pour les plaintes formulées à ce sujet par les entrepreneurs de la Halle, voir H² 2157, «Mémoire et toisé général des ouvrages de maçonnerie...»
Des entrepreneurs de la Halle, seuls Bellanger, Dupuis et Mangin participèrent à la construction de quelques maisons. Ceux ayant travaillé au lotissement furent – pour la maçonnerie: Cailloux, Caubert, Chamaron, Couesnou, Ducamp, Favier, Falize, Gerard, Hersant, Janniot, Laisne, Le Boiteux, Le Neveu, Le Seigneur, Martin, Michaud,

Rousseau, Valette ; – pour la menuiserie : Faubert, Louis, Perinet, Perinet fils, Prenelle, Wibert ; – pour la charpente : Pellagot.

Voir aux Archives nationales, utiles pour établir une chronologie, les procès-verbaux de la Chambre des Bâtiments : Z¹J 903 - 905 - 906 - 907 - 909 - 910 - 911 - 914 - 919 - 920 - 921 - 922 - 923 - 924 - 925 - 926.

65. L'affaire du lotissement de la halle bénéficie aux Archives nationales d'une abondante documentation répartie, pour l'essentiel, dans les liasses H² 2157, Q¹ 1193-1194, dans les Registres des délibérations du Bureau de la Ville, H²* 1869 à 1873, de même que dans les fonds du Minutier central, en particulier celui de l'étude LXXXVIII, 1325 à 1328. Voir aussi BHVP, Ms Cp 4821 «Plan de la halle aux grains et farines et des bâtiments qui l'environnent avec le détail des produits des locations en dits bâtiments, par maison et par étage». ca. 1775.

66. Sur ce sujet, relativement peu traité, voir la mise au point de P. Pinon, «Lotissements spéculatifs, formes urbaines et architecture à la fin de l'Ancien Régime», dans *Soufflot et l'architecture des Lumières*, (Actes du colloque de Lyon, 1980), Paris 1980, pp. 178-191.

67. J.A. Piganiol de la Force, *Description historique...*, Paris 1765, t. III, pp. 494-495.
Pour une réponse à ses critiques, voir : Jaillot, *Recherches critiques, historiques et topographiques sur la Ville de Paris*, Paris, 1782, t. III, p. 19.

68. AN, H²* 1870, Registre des délibérations du Bureau de la Ville, 23 août 1763, f° 240 quater v°.

69. L'opération de la gare fluviale se solda par un échec total. Devant le coût excessif des travaux et les difficultés matérielles rencontrées sur le terrain, le Parlement suspendit le cours du chantier le 23 avril 1765 (voir AN, H²* 1871, f° 120

bis v°). Perronet et l'expert Regemorte furent alors chargés de dresser un bilan et de proposer des solutions en vue d'achever l'ouvrage à moindres frais (pour leur rapport, voir AN,H² 2157). Malgré l'ordre du roi de reprendre les travaux en 1768, ceux-ci n'aboutirent jamais. Pour divers projets de gare et autres pièces relatives à cette affaire, voir BN, Ms. Joly de Fleury, 1425.

70. Voir AN, H² 1873, Registres des délibérations du Bureau de la Ville, 22 août 1769, «Délibération du Conseil de la Ville, relative à l'arrangement sur ce qui est dû à la Ville par les Srs. Oblin», f° 383 r°.

71. Voir, AN, H² 2157, «Compte au roi (...) 16 octobre 1786».

72. Voir, Arch. de Paris, DQ ¹⁰ 1392, dossier 3046 et Lacroix, *Actes de la commune de Paris pendant la Révolution*, Paris 1908, t. VI, pp. 191 - 192.

73. AN, Min. cent. LXXXVIII, 1328, Délibérations, 5ème cahier, 8 avril 1791.

74. Voir, M. Fleury, «(...) note sur la date du décès de l'architecte Nicolas Le Camus de Mézières», Commission du Vieux Paris, séance du 9 octobre 1961, procès-verbal n° 6, *Bulletin municipal officiel de la Ville de Paris*, n° 286, 13 décembre 1962, p. 2961.

75. Sur cette porte qui se trouvait au 123 rue Saint-Jacques, voir, E. Rivoalen, «Porte du Lycée Louis-le-Grand», *La construction moderne*, 1889 - 1890, 363 - 364.

76. Voir N. Le Camus de Mézières, *Traité sur la force des bois*, Paris, 1782, pp. 9 - 14.

77. *Procès-verbaux de l'Académie royale d'architecture*, H. Lemonnier, éd., t. VII, p. 253, (2 juin 1766). Voir aussi, sur cette affaire, *Ibid.*, pp. 238-239, 245 et 250.

78. Aucune étude, semble-t-il, n'a été entreprise sur l'hôtel de Beauvau.

79. J. Hillairet fournit quelques précisions sur ce pavillon attribué à Le Camus par M. Gallet (*Stately Mansions*, Londres, 1972, p. 169) et démoli en 1929 ; voir, *Dictionnaire des rues de Paris*, Paris 1963, t. II, p. 338. Le gendre de Le Camus le vendit en 1793.

80. «Projet d'une église pour les dames Carmélites, rue de Grenelle, faubourg Saint-Germain, 1770», conservé à la Bibliothèque municipale de Rouen, Coll. Coquebert de Montbret.

81. Les faits ont été rétablis grâce à la publication de la lettre de candidature à l'Académie d'architecture soumise par Louis-Denis Le Camus.
Voir, H. Ottomeyer, «Autobiographie d'architectes parisiens, 1759-1811», *Bulletin de la Société de l'histoire de Paris*, 1971 (1974), 177 - 178.

82. En 1781 et 1782, Le Camus effectua des aménagements à l'ancienne Ecole de chirurgie transformée en Ecole gratuite de dessin. Voir, P. Vitry, «l'amphithéâtre des chirurgiens et l'école des arts décoratifs», *Gazette des Beaux-Arts* 1920, I, 205.
Puis, en 1784, les travaux de charpente à l'ancienne Ecole de médecine, rue de la Bucherie. Voir, Manuscrits de la faculté de Médecine de Paris, 571, f° 176.

83. Ce recueil fut dédié à Jérôme Bignon, successeur de Pontcarré de Viarmes à la prévôté de Paris. Y collaborèrent pour les gravures, L.G. Taraval – architecte et sculpteur qui devait plus tard travailler pour Boullée – Michelot et Dien.
Des variantes dans le nombre des planches, leur orde et leur degré de finition distinguent châque exemplaire. Celui conservé à la BHVP, sous la cote F° M° 4022, est le plus complet avec un portrait de Bignon et une dédicace de Le Camus. Mais celui que possède l'Avery Library à l'Université de Columbia (New York) semblerait avoir appartenu à l'architecte lui-même ; son état est excellent et la page de garde porte l'annotation :

«Exemplaire de Lecamus de Mezieres». Les légendes y sont toutes portées au crayon.

84. *Le génie de l'architecture* a fait l'objet d'une première analyse dans: R.G. Saisselin, «Architecture and Language: the Sensationalism of Le Camus de Mézières», *British Journal of Aesthetic,* XV, 1975, 239 - 253.
Voir aussi, E. Kaufmann, «Die Architektur Theorie der französischen Klassik und das Klassismus», *Repertorium für Kunstwissenschaft,* XLIV, 1923 - 1924, 220 et suiv.

85. Publiée dans G. Huths, *Allgemeinen Magazin für die Bürgerliche Baukunst,* 1789.

86. W. Herrmann a noté que Le Camus - un adversaire affirmé des théories de Perrault - relança le problème d'une analogie de l'architecture avec l'harmonie musicale à une époque où il n'en était plus guère question. Son attachement à un système proportionnel le rapprochait, en revanche, des thèses de Ch. E. Briseux, auteur d'un *Traité du beau essentiel dans les arts* (Paris 1752). Voir, H. Herrmann, *The Theory of Claude Perrault,* Londres, 1973, p. 175.
Sur «l'architecture harmonique» au milieu du dix-huitième siècle, l'intérêt qu'elle suscitait alors en Italie et les critiques qu'elle provoqua, voir R. Wittkower, *Architectural Principles in the Age of Humanism,* New York, 1971 pp. 142 - 154.

87. Ce mémoire de quatorze pages fut publié chez Benoit Morin et signalé par le *Journal de Paris* (nº 298, 25 octobre 1781, 1200) comme étant de l'auteur du *Guide de ceux qui veulent bâtir.*

88. N. Le Camus de Mézières, *Traité de la force des bois,* Paris 1782, p. 33.

89. *Mémoire sur la manière de rendre incombustible toute salle de spectacle,* p. 33.

90. Il fut successivement à l'Etoile Polaire, de 1773 à 1774, puis aux Cœurs Simples de l'Etoile Polaire, de 1776 à 1783. Voir, A. Le Bihan, *Francs-maçons parisiens du Grand Orient de France,* Paris 1966, p. 299.

91. Son répertoire parut en 1781 dans *Mes délassements ou les Fêtes de Charonne.* Voir, H. d'Alméras et P. d'Estrée, *Les théâtres libertins au dix-huitième siècle,* Paris 1905, p. 5.

92. Voir AN, Z^1 J 896, 13 septembre 1765. «Estimation de terrains place Louis XV pour Nicolas Le Camus de Mézières».

CHAPITRE II

UNE HALLE NOUVELLE

LES DONNEES TYPOLOGIQUES

**L'ancienne Halle au blé de Paris, détail du
plan de Bretez, dit «de Turgot», 1739.**

DEUX TRADITIONS EN PRESENCE

L a décision d'établir à Paris une nouvelle Halle au
blé fut, en son temps, prétexte à une réflexion critique sur ce type d'installation utilitaire. Malisset,
l'un des principaux responsables de l'approvisionnement de la capitale, devait y prendre part [1]. Ainsi,
alors que le débat autour du plan définitif demeurait
ouvert, il jugea opportun que des architectes fussent
chargés de visiter un certain nombre de halles au blé
afin d'en connaître les imperfections. Révélatrice
d'un désir de réforme, la suggestion de Malisset pose
ici le problème essentiel des traditions et différents
modèles de halles auxquels Le Camus de Mézières ne
manqua pas de se référer. Les connaître constitue
l'étayage indispensable à la juste interprétation de sa
composition.

Au terme de «halle», dans la première moitié du dix-
huitième siècle, correspondait une définition somme
toute assez floue. Sur ce point, l'*Encyclopédie,* en

dépit de certaines précisions, ne parvient pas à lever
toute ambiguïté [2]. Ainsi, indiquant d'abord qu'il faut
entendre par «halle» une «place publique» consacrée aux activités marchandes, elle spécifie, dans un
second temps, que le terme désigne en fait «cette portion de la place qui est couverte d'un appentis, et
quelquefois enfermée de murs». De surcroît, en référence aux halles anciennes, elle signale qu'il peut
aussi s'appliquer à «ces grands édifices de charpentes
couverts de tuiles, entourés de murs et fermés de portes». Un même terme qualifiait donc des partis distincts: une place, un espace abrité ou clos et une
construction fermée. De là, inévitablement, naquit
une confusion entre «halle» et «marché». On la
relève, par exemple, dans le *Dictionnaire universel de
Commerce* de Savary: «Marché signifie aussi la
halle, le lieu où l'on étale, où l'on vend les marchan-
dises(...) A Paris, les lieux où se tiennent les Marchés
ont différents noms. Quelques-uns conservent le

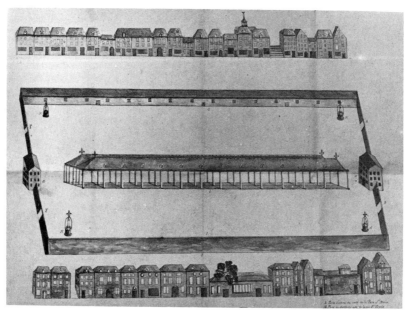

Projet de halle pour le terrain de la Villeneuve, près de la porte Saint-Denis, 1714
(AN, G⁷ 331).

nom de Marché(...) d'autres se nomment *Places*(...) d'autres enfin s'appellent *Halles :* la Halle au blé[3].» En fait, il s'agissait là d'une confusion d'autant plus révélatrice que, fondée sur la présence ou l'absence d'une forme quelconque de couverture, elle réfléchissait la diversité même des types de halles au blé. Elles étaient en effet de deux sortes.

Les premières – les halles couvertes – consistaient le plus souvent, selon la tradition des halles-nefs médiévales, en bâtisses édifiées sur un plan oblong. Alors que la plupart des villes de province en possédaient une, Paris, au contraire, en était totalement dépourvue. Seuls certains commerces comme celui des toiles et des draps, de la marée et du cuir y bénéficiaient d'abris durables.

Deux projets, toutefois, attestent qu'au début du dix-huitième siècle, on souhaitait voir le type de la halle au blé couverte introduit dans la capitale, idée qui avait déjà été émise au siècle précédent. Ainsi, en 1714, on projeta d'établir, sur le terrain de Villeneuve, une nouvelle halle comportant deux hangars parallèles – dont un réservé à la vente du blé – élevés au centre d'un vaste enclos [4]. D'une conception rudimentaire, ils sont constitués d'une couverture à deux versants reposant sur des rangées de piles. Ici, la définition de «portion de place couverte» donnée par l'*Encyclopédie* revêt donc tout son sens [5]. Plus élaboré et sans doute un peu plus tardif, l'autre projet – pour un site inconnu – se présente comme une construction en maçonnerie édifiée sur un plan longitudinal [6]. Ouverte au rez-de-chaussée, elle se compose

56

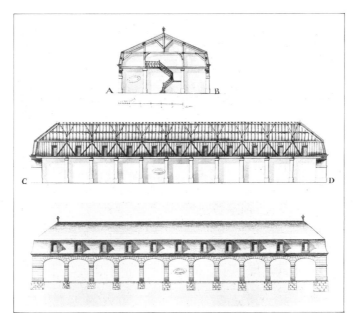

Elévation et coupe d'un projet anonyme pour une halle au blé couverte, début du XVIIIème siè-cle (*AN, N III Seine 863*). Les marchands, et non les pouvoirs publics, souhaitaient voir ce type de halle introduit à Paris.

d'arcades et, à l'intérieur, de deux rangées de piles. A l'étage, accessible par un escalier tournant à deux volées droites, se trouve un grenier mansardé équipé de lucarnes.

Les projets en vue de doter Paris d'une halle au blé couverte émanaient, non des pouvoirs publics, mais de milieux d'affaires proches des intérêts des grands fermiers et des marchands. Pour ces derniers, en effet, un tel parti architectural offrait l'avantage de protéger les grains des intempéries mais aussi – et surtout – permettait d'entreposer, sur place et dans des conditions satisfaisantes, les blés non débités le jour même. De crainte qu'une commodité semblable n'encourageât la spéculation sur une denrée de pre-mière nécessité, l'administration resta longtemps hostile à tout projet de halle au blé couverte. Déjà en 1689, le lieutenant de police La Reynie repoussait une proposition en ce sens. En 1744, l'idée de bâtir des hangars sur le carreau de la Halle au blé ne fut pas mieux accueillie [7]. Face à l'opposition de la Ville, les partisans de la solution couverte usèrent, à chaque reprise, des mêmes arguments: le bien public et le fait qu'il paraissait singulier que la capitale se privât d'une disposition pratiquée dans le restant du royaume [8].

Les secondes – les halles découvertes – que l'on peut classer parmi les «places publiques», suivant la ter-minologie de l'*Encyclopédie* et du *Traité de la police* de Delamare, étaient formées pour l'essentiel d'un carreau, large espace à ciel ouvert.

A Paris, c'est ainsi que, depuis le moyen-âge, se présentait la «Halle au Bled». Désignée comme la «grande halle», elle consistait en une aire pavée que délimitaient des maisons d'habitation élevées selon un tracé parcellaire dessinant un vaste quadrilatère irrégulier. Cinq passages, dont deux nommés d'après les principales régions céréalières «Porte de Beauce» et «Porte de France», y donnaient accès. Certaines sources [9], en outre, font état d'arcades qui, on peut le présumer, devaient s'ouvrir sur le carreau.

Critiqué par les marchands qui n'y voyaient qu'une entrave à leurs activités [10], le parti découvert était en revanche le seul que les édiles parisiens admettaient pour la vente du blé. A leurs yeux, il répondait le mieux aux exigences particulières imposées par l'approvisionnement de la capitale, plus ample et plus complexe que celui des villes de province. En premier lieu, exposant les denrées à l'air libre, il en favorisait un écoulement rapide. Formule du carreau et règlements concouraient, en vérité, à ce que ne fussent importées sur la halle que des quantités susceptibles d'être débitées dans la journée. Ce qui restait, à la clôture de la vente, devait être laissé sur le lieu, entassé dans des sacs sujets aux injures du temps. Il y avait donc là moyen de contraindre les marchands à vendre et, aussi, à ne pas constituer de stocks. De surcroît, on évitait par là le délicat problème de la conservation et assurait, du même coup, une meilleure qualité des blés par un renouvellement constant des arrivages.

Adapté aux pratiques commerciales alors en vigueur, le parti du carreau à découvert n'en satisfaisait pas moins à certains impératifs liés au service de la halle. Ainsi, celui de la circulation, grâce à un dégagement de la surface utile qui facilitait la manœuvre, déjà difficile, des nombreuses voitures allant et venant sur la place. En outre, comme le souligne Delamare, la halle bénéficiait de l'avantage d'être inondée de lumière: «Les marchandises y étant exposées au grand-jour, il est difficile d'être trompé, par la facilité qu'il y a de les voir et de les examiner; que chaque particulier a la liberté du choix, qu'il n'auroit point s'il achetoit dans les maisons des Marchands et des Revendeurs; qu'enfin l'exercice de la Police en devient plus aisé et plus exact [11].» Finalement, l'absence de couverture semblait garantir une aération des lieux propre à prévenir les «infections» et les nuisances de la fleur de farine. A double tranchant toutefois, cette liberté de l'air n'était pas sans inconvénients: elle perturbait les opérations de vente de la farine, denrée hautement volatile. Aussi – désaveu partiel et tardif du parti découvert – fut-il décidé, en 1759, d'élever sur le carreau de la Halle au blé une construction destinée à abriter sous «une espèce de peristile» fariniers et boulangers. Elle devait également loger un petit bureau et trois balances du «poids-le-roi» [12]. C'était dans la capitale, la première forme de halle au blé couverte.

Le principe de la halle au blé découverte était donc, à Paris, tradition locale fermement établie, du moins jusqu'au milieu du dix-huitième siècle. Différents projets, visant à transplanter la halle en d'autres sites pour remédier à l'insuffisance de sa superficie, s'y montrèrent conformes.

Celui proposé en 1717, utilisant une partie du terrain de la Villeneuve, [13] se compose principalement d'un enclos pavé de forme rectangulaire. Des échoppes sont adossées le long des murs d'enceinte et, à chaque extrémité, se trouve un bâtiment à étage mansardé, sans doute des auberges pour les forains [14]. Le problème des accès – donnée majeure du programme d'une halle de ce type – était ici traité de façon rationnelle. Adjacentes aux angles du terrain, des demi-lunes biaises permettaient à la fois un mouvement aisé des voitures et une circulation à sens unique. Le passage des piétons, quant à lui, s'effectuait par deux portes percées au milieu des murs des grands côtés.

Deux autres projets, obéissant aussi au parti découvert, furent conçus – circonstance en elle-même

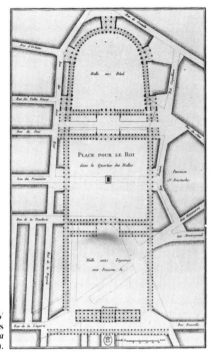

G. Boffrand, projet d'une place Louis XV sur l'emplacement des Halles, 1748, (dans P. Patte, *Monumens érigés en France à la gloire de Louis XV*, Paris, 1765, pl. XLV).

La Halle au blé devait être associée à la célébration du pouvoir monarchique; un programme utilitaire se trouvait ainsi lié à un programme symbolique.

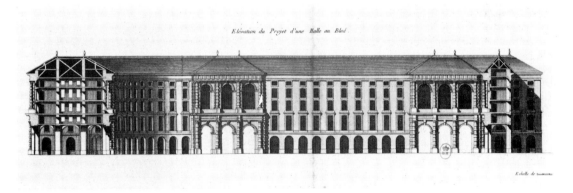

G. Boffrand, élévation de la Halle au blé implantée sur le site de l'hôtel de Soissons, (*Ibid.*, pl. XLVI). S'il monumentalisa la fonction de halle urbaine, Boffrand n'en respecta pas moins l'usage traditionnel du «carreau» bordé de logements.

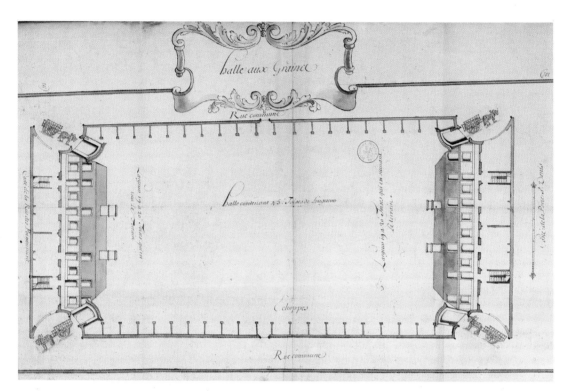

Projet dit «de Lambrosse» pour une halle au blé découverte sur le terrain de la Villeneuve, 1717 (*BN, Ms Joly de Fleury, 7, 40, f° 108*).
La formule du carreau à l'air libre permettait une meilleure surveillance des grains et un écoulement rapide des marchandises.

significative – à l'occasion du concours de 1748 sur le thème d'une place royale. Ainsi, Boffrand, dans le cadre de sa restructuration du quartier des Halles autour de la statue de Louis XV, eut-il recours, pour l'emplacement réservé au commerce du blé, à un vaste carreau à l'air libre[15]. Fidèle à la disposition de l'ancienne Halle, il le circonscrivit d'un ensemble architectural imbriquant, au-dessus des portiques, magasins et immeubles d'habitation. La communi-cation avec l'extérieur – objet d'un soin particulier – devait être assurée par un éventail de cinq passages voûtés donnant sur des rues ou des dégagements; un sixième, dans l'axe principal, établissait une liaison avec les deux autres places incluses dans la compo-sition générale. Enfin, un certain La Bruyère proposa la création, vis-à-vis le prieuré de Saint Martin-des-Champs, d'une place carrée remplissant le double rôle de place royale et de halle au blé[16].

DE L'ENCLOS AU FORUM

Si Boffrand et La Bruyère ne cherchèrent pas à définir les termes d'une typologie nouvelle, ils se montrèrent en revanche soucieux de conférer aux activités de la Halle un cadre neuf, digne d'une nation éclairée. Leurs projets, en cela, marquaient un tournant décisif. Monumentalité et caractère – notions par la suite essentielles à l'architecture de la seconde moitié du siècle – apparaissaient en effet ici dans une catégorie d'établissements publics traitée jusqu'alors sous l'angle exclusif de la fonction.

L'exemple antique cautionnait une pareille approche. Au regard de l'embellissement de la capitale, il prenait d'autant plus de valeur que ruines et sources historiques témoignaient de l'importance des places marchandes dans l'organisation des anciennes cités grecques et romaines. Il y avait donc là prétexte à prolonger l'œuvre de l'antiquité tout en satisfaisant à des besoins modernes. Sur ce point, Boffrand fut explicite. Dans un mémoire sur «ce que les Grecs et les Romains faisoient pour les marchez», joint à ses dessins lors de leur expédition,[17] il précisa cette filia-tion, justifiant, par l'évocation des grands ensembles des anciens, un parti apte à placer Paris au rang de Rome.
En établissant des portiques sur tout le pourtour de la nouvelle halle, ce n'était autre qu'un schéma idéal dérivé des modèles antiques qu'il proposait de subs-tituer à une disposition irrégulière héritée du moyen-âge. Dans la même ligne de pensée, Boffrand intro-duisit ici les ordres de l'architecture au service d'un programme ordinairement condamné à l'anonymat. Les avant-corps à trois travées qui marquent les pas-sages sont à ce titre les éléments forts du projet. De proportions imposantes, ils se déploient sur deux niveaux et se composent – connotation rustique appropriée – d'ordres à bossages, toscan au rez-de-chaussée et dorique à l'étage. Ainsi, la halle au blé, différenciée des places voisines par son élévation, portait-elle l'empreinte de sa destination particu-lière. Aux yeux de Patte, sa décoration «d'un genre simple» apparaissait «convenable à son usage»[18]. Pour La Bruyère, de façon identique, les façades environnant la halle devaient «annoncer» une place marchande.

Evidente, tant au niveau des intentions qu'au travers des formes adoptées, la référence au forum, dans ces deux projets, se trouvait soulignée par la décision d'associer l'effigie royale à la halle. «C'est ainsi que la statue de l'empereur Trajan, ce prince adoré des Romains fut placé au milieu du marché de l'ancienne

Rome [19]». Au-delà d'une évocation du culte des héros tel qu'il était pratiqué dans les espaces publics antiques, il s'agissait en vérité – effet d'une volonté nouvelle – d'investir ce lieu d'un contenu politique affirmé: «Ce prince chéry, élevé au Milieu de son peuple, *in foro* procurant l'abondance à ce peuple et luy rendant amour pour amour [20]». On était ici fort éloigné des discrètes fleurs de lys couronnant les projets de halle au blé du début du siècle. Chez Boffrand, et plus encore chez la Bruyère – où glorification du pouvoir et commerce des blés se confondaient en une même place: «il ne faut point séparer ce Père Majestueux de ses chers enfants» – l'image traditionnelle du roi comme père-nourricier revêtait toute l'étendue de son sens. Elle prenait davantage de poids dès lors que prévalait, au nom de la raison d'Etat, la notion d'une prise en charge de l'approvisionnement céréalier par l'administration royale. En 1753, Boffrand inclut des greniers d'abondance à son projet d'aménagement pour la place Louis XV, idée qui ne pouvait, selon Marigny, que servir «la gloire du Roy, en ce que sa statüe se trouveroit entre des magasins qu'il auroit élevé pour assurer à son Peuple, le pain toujours au même prix [21]». Néanmoins, considérant la fragilité du système des subsistances, Montesquieu sentit qu'il y avait là, dans cette association du monarque et des blés, une source de périls: «que seroit-ce si le peuple dans ses malheurs, pouvoit soupçonner ceux qu'il faut qu'il aime? [22]». Les 5 et 6 octobre 1789, le «boulanger, la boulangère et le petit mitron» étaient délogés de Versailles et ramenés à Paris par les femmes des Halles.

J.M. Vien, «Marc-Aurèle fait distribuer au peuple des secours dans un temps de famine et de peste» (*Amiens, musée de Picardie*)**, exposée au salon de 1765 et contemporaine de la nouvelle Halle au blé de Paris, cette œuvre illustre le thème du souverain paternel pourvoyant à la subsistence de ses sujets.**

LA SYNTHESE DE LE CAMUS

«DEUX HALLES EN UNE»

C'est en tenant compte de pareilles données – d'un côté: deux traditions de halles au blé opposées, de l'autre: amorcée vers le milieu du siècle, une valorisation architecturale du lieu consacré aux subsistances – que le Camus de Mézières devait créer un type nouveau de halle. Son originalité première se fondait sur une synthèse de formules séculaires jusqu'alors antagonistes. «Former deux halles en une» [23], tel fut bien, en effet, l'un des principaux desseins de l'architecte lorsqu'il élabora le plan d'un bâtiment en arcades déployé autour d'une aire centrale. Ainsi, réponse concertée aux exigences diverses du programme, combinait-il en un ensemble cohérent carreau et halle couverte. Au regard de cette innovation, il est particulièrement révélateur, quant à la typologie, que ce parti ait été perçu par les contemporains soit comme un édifice renfermant une cour [24], soit, à l'inverse, comme une place circonscrite par un bâtiment de même forme [25].

La désignation de «Halles couvertes», portée sur différents plans de l'oeuvre de Le Camus, en témoigne: l'inclusion d'une partie abritée au programme d'une halle au blé constituait, à Paris, une réforme majeure. Elle confirmait, de surcroît, un changement d'attitude des pouvoirs publics. N'avaient-ils pas, quelques années plus tôt, reconnu la validité d'une pareille disposition – pourtant contraire aux pratiques établies – en faisant dresser une construction sommaire au sein de l'ancienne Halle? Par son revirement, l'administration de la Ville satisfaisait donc aux voeux les plus instants des négociants. Il semblerait en fait qu'il faille voir ici, lié au progrès de la mouture, le signe d'un développement du commerce de la farine lequel, on l'a vu, s'accommodait mal de la vente à l'air libre. Les édiles parisiens ne parvinrent pas, toutefois, à se départir complètement des thèses dont ils avaient, depuis plus d'un siècle, fait usage pour justifier le maintien du parti découvert. L'effet préventif du carreau ne jouant plus, ils craignaient que la nouvelle Halle ne fût souvent encombrée par des arrivages devenus trop massifs. «Il peut (...) arriver que les Marchands et les Laboureurs assurés que leurs marchandises seront toujours à couvert, en enverront dans certaines saisons avec une telle abondance, qu'elles ne seront contenues que difficilement dans la dite Halle, et que le service ne pourra s'y faire commodément [26].»

Le corps de bâtiment conçu par Le Camus offrait, en effet, de multiples commodités, celles-là mêmes réclamées à maintes reprises par les milieux d'affaires, et en particulier par Malisset, chargé des grains du roi. Grâce à son portique au rez-de-chaussée – destiné à la vente au détail de la farine – et, sous les combles, sa halle «haute» réservée au commerce de gros, il garantissait la protection des denrées et en favorisait l'entrepôt. En outre, avec un système de treuils installé à l'étage et l'ouverture d'oculi à l'aplomb des passages pour voitures, il rendait un déchargement à couvert possible. Enfin, l'édifice permettait d'abriter, dans des locaux appropriés, les

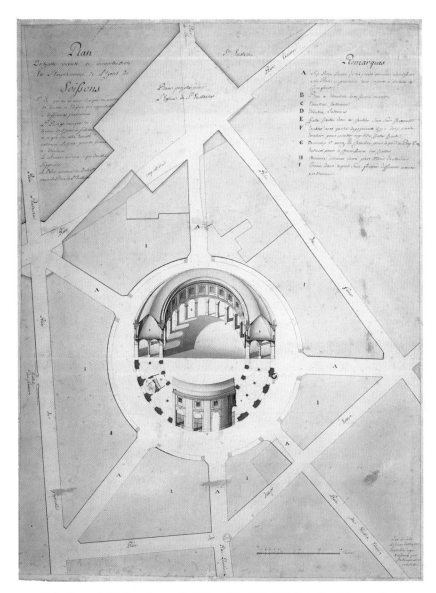

N. Le Camus de Mézières, la nouvelle Halle au blé, 1763, (*BN, Cab. Est. Coll. Destailleur***).**
Le Camus fit de la halle un édifice autonome, un monument public isolé de toutes parts.

«Le citoyen Heureux goûtant les délices de la tranquillité d'esprit et réfléchissant sur le bonheur dont il jouit sous les auspices de la bienfaisance de notre Auguste Monarque», (P. Patte, *op. cit.*, pp. 174-175); figure de J.B. Pigalle accompagnant l'effigie de Louis XV sur la place royale de Reims (1765). La Halle-neuve devait procurer l'abondance des «choses nécessaires à la vie des citoyens».

balances du poids-le-roi, ainsi que divers bureaux. Or, parmi ceux-ci, s'en trouvait un d'une importance particulière: celui du commissaire chargé de contrôler l'état journalier des approvisionnements de la halle. Y étaient consignés les différents arrivages comme les moindres ventes, les noms des marchands comme ceux des clients, autant d'informations qui parvenaient ensuite au lieutenant de police. Pour Sartine, c'était donc là connaître au mieux les divers mouvements des grains dans la capitale. Aussi, les partisans de leur libre commerce, tel le pamphlétaire Goret, virent-ils en ce bureau – et, par extension, en la Halle elle-même – un symbole odieux de l'emprise de la police: il «devoit lui fournir l'occasion de se rendre maîtresse de l'approvisionnement de Paris. Elle y réussit. L'espionnage, son grand mérite, fit des progrès rapides en cette partie, surtout sous le célèbre M. Sartine, qui savoit en cela tirer avantage jusque dans les moindres choses; on le voyait s'en pavaner jusqu'au pied du trône, où, parvenant à travers les courtisans, il annonçoit au roi que M. un tel, madame ou mademoiselle une telle s'étaient régalés de petits pois à tel prix le litron; belle découverte qui amusoit et faisoit sourire un instant le monarque oisif[27]».

Si, parce qu'en partie couverte, la Halle de Le Camus innovait, elle obéissait néanmoins à la tradition locale en se composant pour moitié d'un espace à ciel ouvert. Assimilable à une place, il remplissait la même double fonction que le carreau de l'ancienne Halle ou le vaste dégagement prévu par Boffrand: à la fois lieu d'exposition de certains produits – avoine, orge, seigle, pois, fèvres et lentilles – et aire de manoeuvre pour les charrettes. Compromis entre deux conceptions longtemps opposées, la nouvelle Halle au blé de Paris pouvait donc, du point de vue de l'efficacité du service, apparaître comme un modèle idéal.

Toutefois, ceux qui s'étaient élevés contre l'établissement d'un bureau de police dans la Halle, condamnèrent, avec la même vigueur, la formule adoptée par Le Camus. Elle marquait, à leurs yeux, la corruption des temps présents. Goret alors de rappeler les vertus des pratiques ancestrales, mais aussi – écho inattendu des vues d'un Laugier ou d'un Rousseau sur l'autorité de la cabane primitive [28] – d'invoquer le souvenir d'une halle originelle faite de branchages. Selon lui, en effet, le commerce des blés périclitait «depuis le superbe abri que lui a offert la nouvelle halle, avant la construction de laquelle, quelques morceaux de toile, quelques branches d'arbres lui servoient de couvert. Alors on ne s'étoit pas encore écarté entièrement de la nature des choses: *Hallae vel rami.* Alors (...), les besoins réels ne s'étoient pas confondus avec ceux de l'imagination, les arts n'avoient pas allié les choses commodes et utiles avec les graces trompeuses du luxe et de l'ornement; alors le marchand forain vendoit ses denrées au prix courant, au lieu de les laisser se corrompre par une trop longue garde que cet abri trompeur favorise, et que l'avidité de faire un gain sordide occasionne; (...) [29]».

TIRER PARTI DU SITE

Outre la définition d'un type de halle inédit, il s'agissait pour Le Camus, sous le double rapport de l'utilité et de l'esthétique, de concevoir un schéma d'implantation qui répondît à la particularité même de la formule adoptée: un édifice, mais aussi une place. C'est sous cet angle qu'il convient de considérer son plan d'ensemble. En effet, jouant avec l'espace disponible et les contraintes imposées par le découpage d'un lotissement spéculatif, il traduisait des options fondamentales quant à la mise en oeuvre urbaine d'une architecture édilitaire nouvelle.

Le terrain de l'hôtel de Soissons était un site astreignant. Comme l'avaient démontré les projets antérieurs pour son utilisation, il se prêtait difficilement à un programme d'envergure. Outre sa forme pentagonale – peu propice aux plans équilibrés – l'enclave formée par les deux pâtés de maisons particulières bordant le cul-de-sac de Carignan, la maison isolée de la rue des Deux-Ecus – dite «du pigeon blanc» [30] – et la colonne de Médicis, vestige solitaire de l'ancien hôtel de la Reine, constituaient autant de servitudes avec lesquelles Le Camus devait composer. La parcelle, néanmoins, présentait l'avantage majeur d'être circonscrite par des voies de circulation – ce qui, avec un carrefour à chaque angle, favorisait la mise en place d'un schéma en étroite relation avec les rues avoisinantes [31].

De cette topographie, Le Camus de Mézières sut, avec beaucoup d'habileté, en tourner les contraintes comme en exploiter les atouts. Racheter l'irrégularité du terrain constituait la condition première de son aménagement. A cette fin, il situa la halle au coeur de la parcelle, mais surtout – choix capital dont on verra qu'il obéissait aussi à des motifs autres touchant à la fonction comme au caractère de l'édifice – il tira parti des qualités de la forme circulaire. Ici, mieux qu'aucune autre figure, le cercle permettait de régir l'agencement du plan d'ensemble selon une

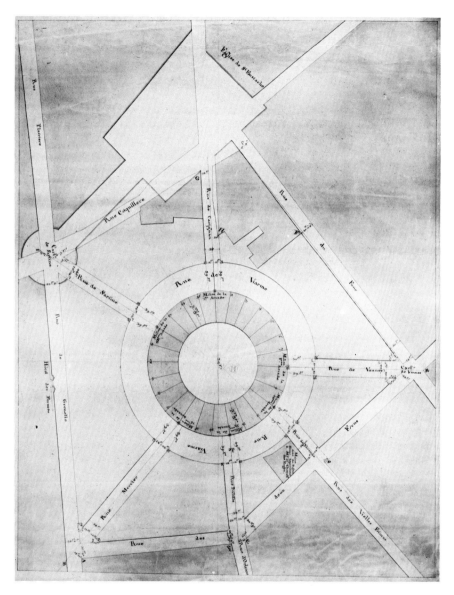

Plan d'alignement des rues de la nouvelle Halle au blé, 1765, (*AN, Q¹ 1193*). **La situation de l'édifice et l'originalité de son parti architectural justifiaient une implantation urbaine fondée sur un tracé en étoile.**

67

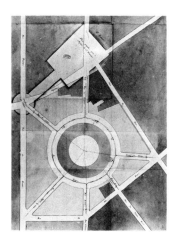

Pente des ruisseaux de la nouvelle Halle,
(AN, Q¹ 1193).

relative symétrie. L'accessibilité de la Halle – impératif essentiel à son service – ne faisait qu'y gagner ; de même l'organisation du lotissement à sa périphérie. En outre, compte tenu des entraves créées par les propriétés étrangères, le recours au cercle favorisait un profit maximal de l'emplacement. Sa courbe venait en effet s'inscrire, de la façon la plus heureuse, dans l'espace laissé libre par les maisons. Assujetti à leur présence, Le Camus dut néanmoins décentrer quelque peu sa composition avec, pour conséquence, un amoindrissement de deux des îlots bordés par la rue des Deux-Ecus. Les quatre autres, en revanche, disposaient d'une profondeur à peu près égale.

L'adoption d'un tel parti – centralité et tracé circulaire – se justifiait, dans une large mesure, par les avantages sensibles qu'il procurait à l'aménagement des accès. Dans l'axe de chacune des six arcades de la halle faisant face à l'un des carrefours adjacents, Le Camus établit une rue de vingt-quatre pieds de large (7,70 m) ; l'une d'entre elles prolongeait l'ancien cul-de-sac de Carignan [32]. Il obtint par là un schéma en étoile dont les branches convergeaient vers le car-reau, centre de la composition, partageant le reste de l'emplacement en îlots à bâtir [33]. Le projet de Boffrand en 1748 n'était, sur ce point, guère différent : un tracé curviligne allié à un éventail de passages communiquant avec l'extérieur [34].

Reflet d'un idéal géométrique, le plan de Le Camus n'en dépendait pas moins des servitudes de la topographie. Ainsi, à partir de la seule rue des Deux-Ecus, quatre voies fort rapprochées les unes des autres aboutissaient à la Halle, alors qu'à l'opposé, à partir de la rue Coquillière, il n'y en avait seulement que deux. Il en résultait un déséquilibre d'autant plus gênant que la part la plus importante du trafic vers la Halle devait s'effectuer du côté de Saint-Eustache, là où débouchaient les arrivages ayant emprunté les portes Saint-Denis et Saint-Martin. La solution consista donc à tracer au pourtour de l'édifice une rue circulaire dans laquelle donnaient les six autres voies. Plus large que celles-ci (trente-neuf pieds – 12,50 m), un de ses rôles était précisément, en facilitant l'accès aux différents points d'entrée du bâtiment, de corriger l'inégale répartition des approches ;

elle contribuait de surcroît à rééquilibrer l'ensemble en élargissant le diamètre du cercle formé par la Halle [35].

Les caractéristiques du schéma conçu par Le Camus s'expliquaient en fonction de l'espace à ciel ouvert qu'entourait le corps de la Halle. Or, on l'a vu, conformément à la tradition parisienne du carreau et à la terminologie alors en vigueur, cet espace s'assimilait à une véritable place. Les Lettres patentes et délibérations du Bureau de la Ville ne l'avaient-elles pas d'ailleurs précisé: établir une halle au blé en ce lieu équivalait à l'ouverture d'une place où loger les installations commerciales [36]. Le problème ici était donc urbanistique autant qu'architectural. De ce point de vue, la présence d'un dégagement au coeur de la parcelle – aire de manoeuvre pour les voitures – justifiait pleinement un tracé de rues rayonnantes destinées à écouler une importante circulation.

LE ROND ET L'ETOILE: LA PLACE IDEALE

On rejoignait là, avec ce plan en étoile, la définition par Laugier de la place idéale qui devait être, selon lui «un centre commun, d'où l'on peut se répandre en différent quartier, et où de différents quartiers on peut se réunir; il faut donc que plusieurs rues y aboutissent, comme les routes d'une forêt dans un carrefour» [37]. Par conséquent, il n'est guère surprenant que la disposition de Le Camus ait présenté quelques affinités avec – toujours d'actualité en ces années – le thème de la place royale [38]. Parenté formelle d'abord, si l'on rapproche l'implantation de la Halle d'un projet comme celui de Polard soumis au concours de 1748 et publié par P. Patte [39]. On y relève en effet, bien que plus rigoureux, un parti similaire: une vaste place circulaire dans laquelle, convergeant vers la statue du roi, aboutissent huit rues rayonnantes distribuées symétriquement. Ainsi, visant, l'un à établir de grands axes perspectifs centrés sur l'effigie royale, et l'autre – avec davantage de souplesse – à mettre le carreau de la halle en étroit rapport avec l'extérieur, les schémas de Polard et Le Camus obéissaient-ils tous deux à une même volonté de soumettre la structure d'ensemble à une centralité prononcée. Conçu pour le quartier de la foire Saint-Germain, le projet de Polard participait en outre à la rénovation d'installations marchandes d'un type voisin de celui de la halle. Il prévoyait, en bordure de la place, de nouvelles boutiques dont l'accès devait être facilité par une «rue tournante» reliée aux rues rayonnantes: c'était là l'essentiel du plan adopté plus tard par Le Camus.

Sensible quant aux formes, cette parenté se manifestait autant au niveau du contenu symbolique. Elle s'affirma même de façon éclatante en 1785 avec l'intention de Legrand et Molinos d'élever une statue de Louis XVI au coeur de la Halle au blé [40]. Ils renouaient par là avec l'idée – esquissée par Boffrand en 1748, puis clairement énoncée par De La Bruyère dans sa proposition de place royale – d'associer l'image d'un monarque paternel à l'emplacement réservé à la vente des blés. Déjà, selon certaines sources, la halle annulaire se trouvait pourvue d'un «buste» de Louis XV sculpté sur l'un des piliers du carreau [41]. Les connotations politiques immédiates du projet de Legrand et Molinos étaient évidentes: après la brève expérience du libéralisme en matière de grains, on revenait à la notion traditionnelle d'un contrôle royal sur le commerce céréalier. Pour eux cependant, au-delà de pareilles considérations, la multiplicité des points de vue procurés par le schéma rayonnant justifiait l'érection d'une effigie pédestre

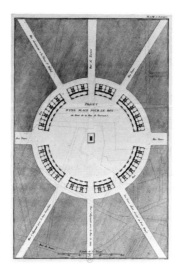

Polard, projet pour une place Louis XV près de la foire Saint-Germain, 1748, (dans P. Patte, *op. cit.*, pl. LVII).

Plus d'un lien de parenté unissait le schéma rayonnant de Le Camus aux places royales.

du roi là où aboutissaient les axes d'approche. «En se plaçant au centre de ce monument le grand nombre de rues qui y aboutissent ont convaincu M. le Contrôleur G[al] qu'une statue y feroit le plus bel effet et où peut-on mieux placer celle d'un roy pacifique et père de ses sujets qu'au milieu d'un grenier d'abondance dont lui-même aplanit les accès?»

Excepté un dessin du sculpteur Roland – aujourd'hui perdu – et l'idée d'installer en l'endroit prévu un modèle en plâtre de la statue, le projet, bien qu'approuvé en haut lieu, ne reçut jamais le moindre début d'exécution. Accentuant la signification attachée au schéma urbain et cadre monumental de la Halle, sa réalisation aurait pourtant permis, en ces années pré-révolutionnaires, d'établir à Paris, avec un minimum de dépenses, la première place dédiée à «Louis le Bienfaisant»[42]. Environné de portiques recélant l'abondance, le souverain y aurait été représenté «debout dans ses habits royaux tenant d'une main un rameau d'olivier et de l'autre un jeune enfant jouant à ses pieds et qui présente au peuple des épis et des fruits qu'il prend dans la couronne du Roy».

Alors que le projet de Legrand et Molinos exaltait les vertus civiques d'un monarque éclairé, le réseau des rues nouvelles tracées aux abords de la Halle présenta, par le biais de leur désignation, une occasion opportune de célébrer l'édilité du corps de ville. A cet effet, la rue circulaire – la plus importante – fut baptisée de Viarmes d'après le prévôt des marchands. Aux autres, on assigna les noms des échevins Mercier, Babille, Deshayes et de Varenne ainsi que ceux du lieutenant général de police Sartine et du procureur du roi de Vannes. Ainsi, le schéma du cercle et du rayon se prêtant commodément à une transposition de la hiérarchie municipale, le plan de Le Camus pouvait-il prendre une valeur allégorique. En fait, cette mesure traduisait tout autant la volonté de quelques magistrats – ceux-là mêmes peints par Hallé[43] – de transmettre leurs noms à la postérité: «un bourgeois est au terme de la gloire quand il devient échevin, il est rassasié d'honneurs quand il voit une rue porter son nom»[44]. Pour Babille et

70

Varenne, cette consécration se doublait d'un sens plus précis encore puisque tous deux participèrent, dès 1763, aux opérations spéculatives menées autour des parcelles du lotissement [45]. La pédagogie, et non les honneurs, aurait cependant pu dicter ici la désignation des rues. L'abbé Grégoire songeait-il à la Halle au blé lorsque, dans son *Système de dénominations topographiques* destiné aux communes de la République de l'An II, il décrivait la «place de l'*agriculture*» comme un «centre dont les rues seroient les rayons; elles rappelleroient la *charrue*, le *versoir*, la *herse*, le *fléau*, le *rouleau*, la *gerbe* [46].» Un autre exemple significatif à Paris d'une pareille relation entre un édifice public moderne et le nom des rues adjacentes devait être, articulé autour du théâtre conçu par Peyre et De Wailly, le quartier de la Nouvelle Comédie dont on nomma les rues d'après les grands auteurs du répertoire national.

Un épisode de l'opération de voirie liée à la Halle montre bien la valeur dont était investie la désignation de ces rues. Vers la fin de 1763, alors que le plan de Le Rouge venait d'être gravé et dédié au prévôt, on découvrit les agissements frauduleux de l'un des membres du Bureau de la Ville, l'échevin André-Guillaume Deshayes. L'affaire s'avérait d'autant plus embarrassante que l'un des chefs d'accusation retenu contre lui était «d'avoir en abusant de sa qua-lité d'échevin annoncé des emplois publics, particulièrement sur le Domaine de la Ville, qui dans la réalité n'avoient pas lieu (et) d'avoir par ce moyen attiré nombre de personnes (...) de l'inexpérience et de la foiblesse desquels il sçu profiter [47]». La justice, se prononçant pour une sentence exemplaire, le condamna, le 2 février 1764, à la pendaison. Deshayes, en fuite, ne subit sa peine qu'en effigie [48].

La Ville, quant à elle, s'empressa par ordonnance de faire disparaître le nom de l'échevin des monuments publics et, à plus forte raison, de changer la désignation de la rue qui lui était originellement assignée [49]. Comme cette dernière avait été ouverte à partir du cul-de-sac de Carignan, on choisit d'y rétablir le nom de l'ancien propriétaire de l'hôtel de Soissons. A la vérité peu compromettante, une telle substitution contredisait cependant le désir initial des pouvoirs publics. Aussi, le 11 septembre 1766, alors que la Halle était en cours d'achèvement, le prévôt des marchands décida-t-il de supprimer le nom de Carignan pour le remplacer par celui d'Oblin, «un citoyen qui a bien mérité du Bureau et du Public». Ce geste consacrait le rôle d'un promoteur [50]. On mesure, à travers lui, toute l'importance qu'avaient prise ces hommes d'affaires dans la mise sur pied d'opérations d'urbanisme ponctuelles, tels les lotissements à caractère spéculatif.

UNE HALLE AUTONOME

Place circulaire reliée à son environnement urbain par un réseau de rues rayonnantes, la Halle de Le Camus consistait aussi en une partie couverte. Or, à l'égard de celle-ci, l'architecte adopta une approche résolument nouvelle. Son originalité n'en est d'ailleurs que plus manifeste lorsque l'on considère, à titre comparatif, la démarche suivie par Boffrand, quinze ans plus tôt, dans son projet de halle au blé. Si, par certains côtés – présence de portiques, emploi d'un tracé courbe – le projet de 1748 annonçait distinctement le plan de 1763, ce dernier devait en différer sur un point fondamental: la halle était en effet isolée de toutes parts. Cette situation, riche d'implications quant à la typologie et l'esthétique, révélait l'ampleur de l'évolution intervenue entre-temps dans la manière de concevoir l'édifice édilitaire et son rapport à l'environnement. Là où, fidèle à la tradition locale, Boffrand mêlait encore en un seul ensemble habitations et galeries marchandes, Le Camus traita la halle non comme un élément intégré, mais bien comme une composition autonome. Les contemporains virent là un signe évident de modernité: «Ce monument a (...) le mérite d'être isolé, avantage précieux, indispensable à tous les édifices publics et malheureusement trop rare parmi les nôtres presque tous étant encombrés dans des maisons particulières qui nuisent à leur usage autant qu'elles en défigurent l'aspect. La masse des grands édifices privés de cet avantage obstrue les villes, au lieu de les embellir, comme il arrive lorsqu'on peut circuler librement autour d'eux et que les abords en sont faciles. Mr. Le Camus de Mézières architecte de la nouvelle halle et des bâtiments qui l'environnent a rempli à cet égard toutes les conditions [51].»

Par delà les impératifs utilitaires – conjurer les risques de propagation d'incendies et, surtout, garantir la facilité d'accès – l'isolement complet du corps de bâtiment contribuait à élever la Halle au blé au rang de monument public. Mise en valeur de la sorte, elle atteignait la «grandeur» qu'appelait sa destination spécifique de lieu entièrement consacré au bien-être des citoyens. Se posait alors, en termes neufs, le problème de sa caractérisation distinctive, problème qu'avait déjà abordé Boffrand.

Remarquables parce qu'ils concernaient un type d'installation longtemps négligé, de pareils développements faisaient écho aux transformations affectant, autour des mêmes années, l'architecture théâtrale. Ne s'agissait-il pas, dans les deux cas, de répondre à des besoins identiques – sécurité et circulation – comme de valoriser une fonction dont l'importance au sein de la vie urbaine était alors nouvellement reconnue? L'isolement de la Halle au blé annonçait en cela le parti adopté par Peyre et De Wailly à la Nouvelle Comédie [52] et par Boullée dans son projet d'opéra de 1781. Semblable disposition devait d'ailleurs être reprise – on ne s'en étonnera pas – par Le Camus lui-même dans sa proposition de salle de spectacle incombustible, et ce au nom de la «grandeur» et de la «magnificence». [53]

* *

*

72

NOTES

1. Voir BN, Ms, Joly de Fleury, 1425, f° 26 r°/27 r°. Lettre du 7 janvier 1763 adressée au procureur général dans laquelle Malisset fait part des améliorations qu'il souhaiterait voir introduites à la nouvelle Halle de Paris. Il s'agit donc d'un document capital, reproduit ici en annexe.

2. *Encyclopédie ou Dictionnaire raisonné des sciences, des arts et des métiers,* Lausanne - Berne, 1782, t. XVII, «halle», pp. 6-7.

3. Savary, *Dictionnaire universel de commerce,* Copenhague, 1761, t. III, p. 777. Cette confusion, entre «halle» et «marché» fit l'objet de plusieurs essais de clarification, notamment de la part de Blondel: «Les Halles diffèrent des Marchés en ce que ceux-ci sont à découvert et que les Halles sont couvertes dans leur plus grande partie» (*Cours,* t. II, p. 428) et de Quatremère de Quincy «La halle emporte avec soi l'idée d'un grand emplacement fermé, clos et couvert, où l'on tient en dépôt pour la consommation et où l'on expose en vente des marchandises de différentes espèces (...) On doit donner plutôt le nom de marché à ces emplacements, soit tout à fait découverts, soit formés de portiques, d'échoppes, de boutiques, où se vendent les denrées et les objets d'une consommation journalière». (*Encyclopédie méthodique,* t. II, p. 505).

4. AN , G⁷ 441. Mémoire anonyme avec plan joint. Publié dans 'Groupe de recherche de l'Université de Paris sous la direction d'A. Chastel, «L'aménagement du marché central de Paris (...)» *Bulletin monumental,* C XXVII, 1969, 14, 24-25, fig. 6.

5. J.F. Chasles donne une définition similaire dans son *Dictionnaire universel chronologique et historique de justice, police et finances,* Paris, 1725, t. II, p. 369.

(halle) «C'est un lieu couvert qui est ordinairement ouvert de tous côtés, élevé sur des piliers de bois ou de pierre, au milieu des grandes places des Bourgs ou des Villes».

6. AN., N III Seine 863. Sous cette cote sont conservés, avec un projet de halle aux toiles, les plans, coupe et élévation d'une «halle au blé». Pour une discussion des problèmes d'identification voir «L'aménagement du marché central de Paris (...)», *Bulletin monumental,* CXX-VII, 1969, 16-17.

7. Voir, BN, Ms. Joly de Fleury, Dossier 2245, f° 218 r° - 219 r'. «Proposition d'une halle couverte. Rejettée dans une assemblée de Police du 16 juillet 1744». (f° 218 r°) «Les proposans ont joint à leur mémoire le plan des hangards et batimens (...) et un plan des plus riches fermiers et marchands de Bleds et farines signé d'eux qui demandent l'execution de projet. (...) Cette affaire paraissait faire autant moins de difficultés que c'est l'avantage du public et de l'Etat. (...) De l'état en ce que les marchands ne craignant plus les mauvais temps pour leurs marchandises, ils en apporteront avec plus d'abondance».
Il s'agissait de transformer le carreau en une place couverte: (f° 218 v°) «La couverture de cette halle sera élevée de 40 pieds ouverte de toutes parts et ouverte avec des fenêtres au comble de six pieds en carré et de huit ou dix pieds de distance des unes des autres, ainsy cette place (f° 219 r°) sera suffisamment aérée...»
Dans ce mémoire, particulièrement instructif sur la question d'une halle au blé couverte parisienne, sont confrontés – de façon originale – arguments en faveur d'une pareille formule et arguments contre.

8. Voir, BN, Ms. Joly de Fleury, Dossier 2245, (f° 218 r°), «une infinité d'exemples prouvent la nécessité de cette construction, toutes les halles du Royaume sont couvertes, même celles de Paris, à la réserve de celle au Bled.»

9. Entre autres: AN, N III Seine 132, Plan de la halle au blé avec numération des arcades indiquées d'après les comptes du domaine de 1646.

10. Ledoux, dans le style qui lui est propre, devait se faire l'écho de l'hostilité des marchands envers le principe de la vente à découvert: «Ce qui nuit le plus à l'extension de l'esprit humain, c'est l'éloignement des jouissances usuelles que l'on meconnoit dans les établissements où l'industrie se rassemble. Comment veut-on, par exemple, qu'un négociant s'appesantisse sur le moyen de déployer ses facultés, quand il est constamment inquiet, outragé par les déluges capricieux de l'équinoxe, quand la pluie, la neige, les rayons insoutenables du soleil pèsent sur sa tête, quand il est obligé de céder la place à la persecution qui le chasse? (...) nos marchés sont à découvert, on n'a rien fait pour la classe agissante. Les monuments que l'on destine aux spéculations utiles n'offrent aucun abri, aucun promenoir». (*L'Architecture...,* Paris 1804, p. 166).

11. N. Delamare, *Traité de la police,* Paris, 1713-1738, t. IV, p. 369

12. Voir, AN, F¹¹ 265, «Mémoire sur l'établissement d'un poids a la halle de Paris pour y peser les farines».
Cette construction fut décrétée par un arrêt du Parlement du 30 mars 1759, approuvée par le lieutenant général de police et achevée le 27 septembre de la même année.

13. Projet dit «de Lambrosse» (BN, Ms, Joly de Fleury, 7, dossier 40, f° 109). Publié dans «l'aménagement du marché central de Paris», *Bulletin Monumental,* CXX-VII, 1969, 25-26.

14. Le mémoire explicatif ne précise pas quelle devait être la fonction de ces deux constructions. Leur plan, le type de leur élévation et, surtout, la présence de cheminées indiquent cependant qu'il ne peut s'agir de magasins mais plutôt

d'auberges, comme déjà en avaient prévues les projets pour le terrain de la Villeneuve de 1660 et 1714.
C'est l'hypothèse retenue dans *Ibid.*, 25.

15. Publié dans P. Patte, *Monumens érigés
en France à la gloire de Louis XV*, Paris
1765, p. 195, «Ce marché (l'emploi du
terme est à relever) suivant l'usage,
devoit être fermé la nuit, pour la sureté
des grains qui sont sur le carreau de la
halle, et qui ne sont enlevés qu'après
qu'ils sont vendus ».

16. AN, K 1025, 6. «Plan raisonné de l'établissement de la place de Louis le bien
Aimé à Paris, et Projet de l'Elevation de
sa Statüe». Ce mémoire, conservé parmi
divers papiers ayant trait aux places
royales, n'est ni signé, ni daté. Cependant, à la lumière de recoupements entre
«l'Inventaire des papiers et plans (...) de
Monsieur de Tournehem» (AN, id., 134)
et une lettre du 18 mars 1749 d'un certain de la Bruyère (AN, id., 40), on peut
raisonnablement l'attribuer à ce dernier,
ancien militaire de son état.
Il est à noter que son projet souscrivait à
l'ancienne idée d'une décentralisation
des Halles: «Pour la facilité de la Ville et
de l'arrivée des grains, il convient de
transférer le marché au bled sur cette
place». (fᵒ 4, vᵒ).

17. Voir, AN, K 1025, 13. Lettre de Boffrand du 23 décembre 1748.

18. P. Patte, *Op. cit.*, p. 196.

19. P. Patte, id.

20. De la Bruyère, AN, K 1025, 6. «Plan raisonné (...) fᵒ 3 rᵒ/vᵒ.

21. AN, Oᶦ 1908, correspondance entre Boffrand et Marigny du 27 janvier et du 17
février 1753; AN, Oᶦ 1585, minutes sur
le concours pour la place Louis XV.

22. Montesquieu, «Grenier public», frag-
ment de l'*Esprit des Lois* non publié
(Dossier de la Brède) dans *Oeuvres com-*

plètes, Paris, Gallimard, 1951, t. II,
p. 1021.
Pour une analyse de l'image du «roi-
nourrissier», voir l'excellent chapitre
«The Police of Provisioning» de S.L.
Kaplan dans *Bread, Politics and Political
Economy in the reign of Louis XV*, La
Haye, 1970, t. I, p. 1 et suiv.

23. La formule – l'une des observations les
plus pertinentes sur la halle de Le Camus
– est de J.E. Thierry. Voir, «Idées d'un
artiste sur la reconstruction de la coupole
de la halle au bled de Paris», *Journal des
bâtiments civils*, nᵒ 239, 24 frimaire, an
XI, 392.

24. Hébert, *Almanach pittoresque...*, Paris,
1779, p. 177, «Cet édifice (...) est une
double Galerie de forme circulaire, et qui
renferme une Cour très vaste».

25. A.N. Dezallier d'Argenville, *Voyage pittoresque...*, Paris, 1778, p. 166, «une
vaste esplanade entourée de bâtiments
ouverts en arcades».

26. Ordonnance de Police, concernant la
Vente des Bleds, Avoines et seigles les
Lundi, Mercredi et Samedi de chaque
Semaine à la Nouvelle halle (...) du 4
novembre 1767, p. 2.

27. Ch. Goret, *La lanterne sourde, accompagnée de notes lumineuses,* Paris, 1791,
p. 2.

28. Voir à ce sujet, J. Rykwert, *On Adam's
House in Paradise*, New York, 1972, en
particulier le chapitre «Positive and
arbitrary», p. 43 et suiv.

29. Ch. Goret, *op. cit.*, pp. 53-54.

30. Elevée sur une parcelle déjà existante à la
fin du XIVème siècle, cette maison
appartenait alors à un certain Chevalier
Des Forges. Mise à contribution durant
la construction de la halle, sa façade servit à maintes reprises de fond aux épures
de différentes parties de l'élévation. En
outre, dans un but expérimental, on y

hissa, à l'aide d'un échafaudage spécial,
un bout d'entablement destiné à la halle.
Voir AN, H² 2157, «Mémoire et toisé
général des Ouvrages de Maçonnerie
faits pour la construction de la nouvelle
halle».

31. Cette caractéristique du terrain fut souvent évoquée par les contemporains, voir
Bibl. de l'Arsenal, Ms 4041, fᵒ 206.
«Mémoire sur l'emplacement qu'occupait l'Hôtel de Soissons, avril 1750». «Il
est à observer qu'autour du terrain de
l'Hôtel de Soissons il y avoit une rüe
tournante qui l'environnoit dans laquel-
les tomboient plusieurs rues adjacentes.
Il n'est pas douteux que quelques personnes que ce soit qui acquièrent le terrain
de l'Hôtel de Soissons ou en total ou en
parties. Elles ne l'acquéreront que pour y
bâtir des maisons ou pour y former une
place, une Halle, un marché ou tout
autre chose, quelque parti qu'on prenne
il y faudra former des rues pour entrer et
sortir de ces maisons, pour arriver à cette
place, ou la traverser, auquel cas il faudra
proposer des plans (...)».
AN, H² 1866, Registres des délibérations du Bureau de la Ville, 25 avril
1755, fᵒ 3 rᵒ suppl. «Cet emplacement
(...) est entouré de rües qui procurent des
débouchés de tous les côtés».

32. Pour l'ouverture des rues autour de la
halle au blé, voir AN Qᶦ1193, «Rapport
pour les allignemens et le Pavé des Rües
a la Nouvelle halle au Bled, 11 avril
1765».

33. Déjà en 1734, dans un projet de lotissement du jardin, lui aussi pentagonal, un
nommé Bruand eut recours à une disposition voisine en créant une place circulaire sur laquelle débouchaient des rues.
D'après F. Boudon, il aurait également
prévu d'appliquer ce plan à l'ensemble
du terrain, voir F. Boudon, «Urbanisme
et spéculation...», *JSAH*, 1973, 296 et
fig. 5.

34. L'origine d'un tel parti se trouve peut-
être dans l'un des deux remarquables

projets pour le jardin de l'hôtel de Soissons que F. Boudon date de 1718 et attribue à Boffrand. Leur schéma compositionnel – une place bordée d'immeubles en étroit rapport avec le quartier environnant – annonce en effet celui de la halle au blé de 1748. Voir F. Boudon, «Urbanisme et spéculation à Paris au XVIIIème siècle», *JSAH*, 1973, 288-291, fig. 8, 28, 29, 31, 32.

35. Aspect évoqué dans le *Journal des bâtiments civils*, n° 266, 8 brumaire, an XI, 171.

36. Dès 1755, au sujet du transfert de la halle sur le terrain de l'hôtel de Soissons, la Ville évoquait la nécessité de «former dans le centre une place très suffisante» (AN H²* 1866, 25 avril 1755, f° 3 r°). En 1763, au début des travaux, il était question «des alignements qui seroient données aux Bâtiments à construire (...) dans l'intérieur de la Place destinée pour servir de halle au Bled...» (AN H²* 1970, 17 novembre 1763, f° 333bis r°).

37. M. A. Laugier, *Essai sur l'architecture*, Paris 1752, p. 165.

38. En ce qui concerne Paris et le grand concours de 1748 pour une place Louis XV, voir le célèbre recueil de Patte, *op. cit.*, et l'étude de S. Granet, «La place Louis XV», *La vie urbaine*, 1962, n° 3, 161-218.

39. P. Patte, *op. cit.*, pp. 208-209, pl. LVII.

40. Deux ans après l'achèvement de la coupole en charpente élevée sur la halle, les deux architectes formèrent ce projet qui nous est connu grâce au rapport d'une visite du quartier des Halles effectuée le 20 juillet 1785 par Calonne, contrôleur général des Finances. Ils le soumirent au ministre, à cette occasion, alors que tous se trouvaient réunis à l'intérieur de la Halle au blé, dernière étape de l'inspection.
Voir AN, Q¹1187, «Opérations arrêtées par Monsieur le Contrôleur Général des Finances dans sa visite faite aux halles de Paris avec Monsieur le Lieutenant Général de Police le 20 juillet 1785» et aussi D. Genoux, «Travaux de sculpture exécutés par Roland», *BSHAF*, 1966, 189-198.

41. *Almanach parisien en faveur des Etrangers*, cité dans *l'Esprit des Almanachs* (attribué à Le Camus de Mézières), Paris 1783, p. 51.

42. De 1775 à 1791, le thème de la place Louis XVI fut la source de maints projets urbanistiques destinés à Paris ainsi qu'aux grandes villes de province. En 1790, année de la Fédération, plusieurs architectes l'associèrent à un palais pour l'Assemblée Nationale. Voir, P. Lavedan, «Les places Louis XVI». *La vie urbaine*, 1958, n° 1, 3-30.

43. Le corps de ville est représenté dans l'oeuvre de Hallé, déjà citée «Les magistrats de la Ville de Paris reçoivent la nouvelle de la paix en 1763».
Le personnage en arrière de Pontcarré de Viarmes, situé au centre, est Louis Mercier. Derrière lui, légèrement penché, se trouve Pierre de Varennes, enfin, à la gauche du prévôt, fixant le spectateur, se tient Jean-Laurent Babille.

44. L.S. Mercier, *Tableau de Paris,* Amsterdam, 1783, t. II, pp. 22-23.

45. Babille acquit quatre parcelles dont deux bordaient la rue portant son nom et Varenne, onze.
Voir, AN Q¹1194, «Etat des adjudications des terrains de l'hôtel de Soissons et des payements et employs du prix des dittes adjudications».

46. Grégoire, *Système de dénominations topographiques pour les places, rues, quais, etc... de toutes les communes de la République,* Paris, an II, p. 12.
Auteur d'une *Géographie parisienne* (Paris 1762), l'abbé Teisserenc avait déjà songé à une réorganisation pédagogique de la toponymie de Paris.

47. BN, Ms. Clairembault 1087, f° 105, Extrait des Registres du Greffe Criminel du Châtelet de Paris, du 2 février 1764.

48. Voir BN, Ms. fr. 6680, Hardy, «Mes loisirs, ou Journal d'Evenemens tels qu'ils parviennent à ma connoissance», I, f° 49, vendredi 24 février 1764.

49. Voir AN, H²* 1870, Registres des Délibérations du Bureau de la Ville, f° 354, 17 janvier 1764. Aussi Q¹1194, «Ordonnance pour supprimer le nom de Deshayes, 26 janvier 1764».

50. AN, Q¹1194, délibération du Bureau de la Ville du 11 septembre 1766 insérée entre les f° 12 et 13 du cahier des ventes de terrains de l'hôtel de Soissons.
«(...) Monsieur le Prevost des Marchands a dit que le zèle avec lequel le Sr François Bernard Oblin s'est livré tant aux opérations de la détermination et des moyens pour parvenir à la construction de la halle aux grains, qu'à toutes celles qui ont suivi pour porter ce projet au point de perfection où il touche, il sembloit mériter de la part du Bureau un témoignage de satisfaction honorable auquel il est persuadé que le Sr Oblin seroit plus sensible que tout autre. Que cette marque de satisfaction seroit de donner son nom à la rüe qui est entrer le dit pour l'Eglise de Saint-Eustache et à l'alignement de la rue du four conduit de la ditte halle, (...) et par là d'honorer un citoyen qui a bien mérité du Bureau et du Public. (...) (v°) (...) avons fait entrer le dit Sr François Bernard Oblin lequel après que lecture lui a été faite de notre présente Délibération nous a supplié d'agréer ses très humbles remerciemens de la grace particulière dont nous voulons bien l'honorer laquelle sera à jamais un nouveau motif pour augmenter s'il était possible son respectueux dévouement pour le Bureau».

51. BHVP, Ms Cp 4823. «Description de la halle au bled et de la nouvelle Coupolle qu'on vient d'y ajouter». Notice destinée à l'*Almanach du voyageur.*

75

52. Quatremère de Quincy, *Encyclopédie méthodique,* Paris, 1825, t. III, p. 418: «C'est encore, sous le point de vue de l'architecture et des convenances modernes, le seul théâtre de Paris, que l'on puisse citer comme méritant le titre de monument. Ses abords, la régularité de la place où il est situé, et des rues qui y correspondent, son isolement surtout, ce qui est rare dans une ville aussi serrée que Paris, en recommandent l'aspect, ainsi que de facilité de circulation, aucun autre n'en approche».

Voir aussi: D. Rabreau et M. Steinhauser, «Le théâtre de l'Odéon de Ch. De Wailly et M. J. Peyre, 1767-1782» *Revue de l'Art,* 1973, n° 19, 9-49 et, à paraître, l'étude générale de D. Rabreau sur l'architecture théâtrale et l'embellissement des villes au XVIIIème siècle: *Apollon dans la ville.*

53. Voir, (s.n.) *Mémoire sur la manière de rendre incombustible toute Salle de Spectacle,* Paris, 1781, p. 6.

CHAPITRE III

UN ÉDIFICE «ÉCLAIRÉ»

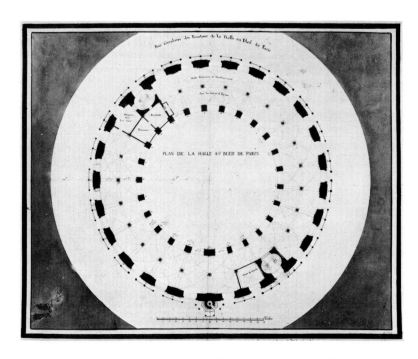

Plan de la nouvelle Halle au blé, 1763 *(Musée Carnavalet,Cab. Est.)*

UNE CONSTRUCTION D'AVANT-GARDE

PLAN, ELEVATION ET DISTRIBUTION

En organisant le plan annulaire de la Halle au blé, Le Camus voulut avant tout privilégier la relation de l'édifice avec son environnement, en particulier le réseau des rues adjacentes. Aussi, afin de favoriser un accès aux différentes parties de la halle, le corps de bâtiment en couronne était-il percé, tant à l'extérieur sur la rue circulaire qu'à l'intérieur sur la place centrale, d'une série de vingt-cinq arcades. Six d'entre elles, situées dans l'axe des voies nouvelles, servaient exclusivement de passage aux voitures. Pour des raisons de sécurité – aspect non négligeable du programme – les arcades ouvertes sur la rue de Viarmes furent dotées de grilles de deux types différents. Elles étaient à deux vantaux là où s'effectuait le passage des voitures et, ailleurs, à guichet pour permettre et éventuellement filtrer le va-et-vient des «gens de pied». La distribution régulière de baies, égales entre elles, sur toute la circonférence de la halle contribuait en outre, de pair avec la rue de Viarmes, à racheter la répartition asymétrique des rues de la parcelle; effet qu'accusait par ailleurs l'absence voulue – et pour l'époque remarquable – du moindre élément en saillie désignant une ou plusieurs entrées monumentales. Cette uniformité des accès, quel que fût leur rôle au regard de l'agencement interne ou par rapport au schéma rayonnant, constituait l'une des caractéristiques premières de la rotonde de Le Camus [1]. Il est significatif qu'à la fin du dix-neuvième siècle, une fois l'ancien tracé rectifié par la formation de deux îlots symétriques et l'ouverture d'une rue nouvelle, Henri Blondel ait adjoint à la Bourse de commerce un avant-corps massif qui en marquait l'entrée principale.

Cette particularité du plan de la halle – une couronne ajourée – se traduisait en élévation. Homogène sur tout le pourtour de l'édifice, l'ordonnance extérieure correspondait en effet à l'égale répartition des accès. Elle s'accordait en cela parfaitement avec la rue de Viarmes, surnommée «la rue éternelle» parce qu'elle n'avait «ni commencement ni fin» [2]. Les baies, arcades en plein cintre au rez-de-chaussée et croisées carrées à l'étage, s'inscrivaient à l'intérieur d'un ordre colossal formé de larges pilastres plats. En résultait une ample et régulière scansion des travées que contrebalançaient les lignes horizontales dessinées par les impostes, les bossages des clefs et, surtout, ininterrompue et fortement profilée, la corniche couronnant l'ensemble.

Au contraire de la façade dont elle reflétait les ouvertures, l'enceinte déployée autour du carreau se distinguait par une prédominance sensible des horizontales: abaques des piliers, bandeau continu joint aux clefs des arcades et corniche identique à celle de l'extérieur, La gravure de Le Rouge, datée de 1763, ainsi que l'élévation publiée plus tard par Le Camus attestent pourtant qu'il avait été initialement prévu d'adosser des pilastres courts contre les trumeaux de l'étage. Expliquée par le désir de souligner le rythme des travées, leur présence aurait néanmoins créé une surcharge. Ainsi quel qu'en ait été le motif, souci

La nouvelle Halle au blé (dans N. Le Camus de Mézières, *Recueil des différens plans et dessins concernant la nouvelle halle aux grains* (...) Paris 1769). En haut: élévation extérieure. En bas: élévation intérieure et coupe transversale.

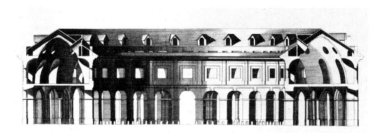

d'économie ou d'esthétique, l'abandon de cette idée eut-il pour avantage de renforcer l'équilibre de la composition.

Soumise au parti d'ouverture sur l'extérieur, la distribution traduisait le souci de concilier les diverses exigences du programme avec la cohésion de l'ensemble. Au rez-de-chaussée, compris entre les deux séries d'arcades en vis-à-vis, régnait un large portique – les «halles couvertes» proprement dites – au milieu duquel se dressaient les colonnes soutenant le couvrement. Leurs socles, pour ne pas gêner le passage, étaient à pans coupés.

Certaines travées tournantes qui composaient le portique furent mises à profit pour aménager les différents organes internes de la halle. Le Camus implanta ainsi, l'un en face de l'autre, deux escaliers conduisant à l'étage. Il avait fallu, pour déterminer leur emplacement, tenir compte de la présence des six passages réservés aux voitures que délimitaient des alignements de bornes. Chaque escalier occupait une demi-travée. Devant celui compris entre les rues Mercier et de Sartine, l'espace restant fut partiellement cloisonné pour former, sur deux niveaux, un petit local à usage administratif. Ce dernier était flanqué de deux guérites destinées à des préposés. D'après un plan de la halle qui pourrait bien être une première version, Le Camus aurait à l'origine prévu l'installation d'autres locaux dans les travées attenantes [3]. Au bureau devait être adjointe une annexe à laquelle était accolé un magasin pour le dépôt des sacs vides; à côté de l'escalier opposé, devait se trouver un corps de garde. A l'étage, la distribution se limitait à cinq guérites – des petites constructions adossées faisant office de bureaux – situées de part et d'autre de l'escalier tourné vers la rue de Grenelle.

LES ESCALIERS, «PIERRE DE TOUCHE DU GOÛT»

Principaux éléments d'une distribution réduite au minimum, les deux escaliers constituaient, par l'ingéniosité et l'élégance de leurs développements, de véritables morceaux de bravoure, témoignage de la virtuosité de l'architecte comme du métier des maîtres-maçons. En leur consacrant près de la moitié des planches, dont des coupes fort savantes, le *Recueil,* ainsi que le mémoire de maçonnerie, par ses observations et son toisé détaillé, montrent assez l'importance qui leur fut accordée. Pareille attention traduisait l'intérêt prononcé de l'époque, et en particulier de Le Camus pour ce type d'ouvrage, les escaliers étant à ses yeux «la pierre de touche du goût et de l'intelligence» [4]. Par son organisation rationnelle, chaque escalier satisfaisait au rôle spécifique qui lui était assigné: l'un, desservir les bureaux, l'autre, permettre une circulation aisée et directe entre le rez-de-chaussée et le grenier.

Le premier, entre les rues Mercier et de Sartine, était essentiellement destiné à l'usage du personnel administratif. On y accédait, de là rue de Viarmes, par un degré et, du portique, par deux dégagements latéraux. Se développant jusqu'au grenier à l'intérieur d'une cage ovale éclairée par deux œils-de-bœuf, il était formé de cinq courtes volées, trois centrales et deux doubles à montée courbe, que délimitaient les paliers du rez-de-chaussée et de l'entresol ainsi que par deux repos suspendus. A chaque palier, une porte commandait l'accès à un petit escalier à montées convergentes. Logé dans une cage étroite qu'éclairaient des meurtrières, il conduisait, au rez-de-chaussée [5], au bureau des poids et mesures et, à l'entresol, d'un côté, au bureau du commissaire et inspecteur des halles, de l'autre, au lieu d'aisance.

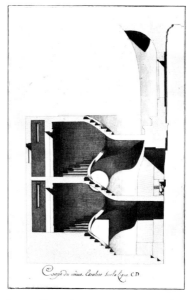

**Coupes de l'escalier tourné vers la rue de Grenelle (dans N. Le Camus de Mézières, *op. cit.*).
Il permettait d'accéder aux locaux administratifs.**

Le second, entre les rues de Vannes et Oblin, était réservé aux portefaix [6]. Quatre degrés différents le rendaient facilement accessible de la rue aussi bien que du portique. Conçu de telle sorte que l'on puisse monter et descendre sans se croiser – avantage simplifiant la tâche de ses usagers, des «forts» le plus souvent chargés de sacs – il se présentait comme un ouvrage à double révolution composé de deux rampes jumelles indépendantes [7]. Chacune, au niveau de l'entresol, était rompue par un repos. Très remarqué en son temps pour sa «forme nouvelle», et reconnu par Guadet comme un «chef-d'œuvre de stéréotomie» [8], cet escalier fut préservé par Henri Blondel puis incorporé à la bâtisse de la Bourse de commerce où il est aujourd'hui toujours visible.

Fonctionnels certes, les escaliers tournants de la halle n'en furent pas moins l'objet de recherches esthéti-ques. Ainsi – comme plus tard De Wailly, auteur de l'escalier de la maison de Voltaire, rue de Richelieu, ouvrage célèbre et comparable à ceux de la halle [9] – Le Camus joua-t-il avec l'effet qu'engendrait dans l'espace le déploiement des lignes sinueuses décrites par les volées successives. Dans lè compte rendu des travaux de maçonnerie, les entrepreneurs firent d'ailleurs état de leurs soins à ne pas laisser les difficultés d'exécution «altérer la beauté des formes et la grâce des courbes». Sans doute décèle-t-on là le signe de directives instantes de la part d'un architecte dont le *Guide de ceux qui veulent bâtir* est, à cet égard, explicite: «Les contours doivent être aussi doux que s'ils étaient formés avec de la cire. Votre escalier doit paraître léger, il faut qu'il semble porter en l'air, sans cependant en avoir moins de solidité. C'est dans ce cas où l'on doit avoir recours à l'art, et où se distingue le savoir et le génie de l'architecte [10].» Unanimes dans leurs éloges, les contemporains virent dans le dessin des escaliers de la halle un «ensemble des plus agréables»[11] ; seul Quatremère de Quincy leur reprocha de paraître trop légers pour le service auquel ils étaient destinés[12]. Cet avis est à rapprocher de Blondel qui, dans sa critique des escaliers suspendus, jugeait qu'«il est de la prudence d'un architecte de conserver de la vraisemblance dans ce genre de construction ; autrement on y monte avec inquiétude[13]». En raison du prix du matériau – un cliquart de Meudon – de la répétition des tailles et de la quantité de main-d'œuvre mobilisée, les frais de construction pour parvenir à ce résultat furent, en tout cas, particulièrement élevés.

UNE ROTONDE INCOMBUSTIBLE

Remarquable par l'agencement de son plan et l'ingéniosité de ses escaliers, la Halle au blé de Le Camus se signalait aussi par sa structure révolutionnaire. Conçue – sur les instructions du prévôt des marchands – dans le but de la prémunir contre le feu[14], elle n'admettait aucune charpente mais était, en revanche, constituée à partir d'un système de voûtes utilisant la brique comme matériau principal. Un tel parti rompait avec la tradition. Il faisait en effet de la nouvelle Halle l'un des premiers bâtiments dans lequel, sur une aussi vaste échelle et avec autant de cohérence, étaient appliqués les résultats de recherches contemporaines sur divers procédés de construction.

Ce fut vers le début du siècle, tant pour prévenir les ravages fréquents causés par les incendies que pour pallier la diminution des ressources en bois, que se fit sentir la nécessité de bannir tout ouvrage de charpente de certains types d'édifices civils. La voûte parut alors comme la solution désignée. Ainsi l'architecte Fontenelle en 1728 et Boffrand en 1753 proposèrent-ils son emploi exclusif dans leurs projets de greniers publics[15]. Puis se manifesta, autour des années cinquante, un vif regain d'intérêt pour les voûtes en brique dont l'usage avait été conservé dans l'architecture vernaculaire du midi de la France, en Roussillon et Languedoc[16]. En 1754, parut un opuscule dans lequel un amateur, le Comte d'Espie, faisait part d'une méthode pour obtenir de telles voûtes[17]. Ses avantages étaient appréciables : outre son caractère économique, elle offrait une garantie d'incombustibilité, éliminait l'action des insectes et de la pourriture – nuisances inhérentes aux charpentes – et enfin, en raison du peu de poussée, permettait une réduction des parties portantes en maçonnerie. Voyant là un moyen de servir le bien public et, tout aussi important à ses yeux, de parvenir à une légèreté proche du gothique, Laugier réserva au procédé un accueil enthousiaste : «l'invention des nouvelles voûtes de brique(...) nous fournit des facilités que nous n'aurions jamais espérées»[18].

Synonyme de progrès pour les gens préoccupés de l'art de bâtir, l'usage de cette voûte ne connut pourtant qu'un succès restreint. D'après Laugier, qui en rendait responsable l'hostilité des corporations de charpentiers, il n'existait à Paris, vers 1765, qu'une seule maison particulière pourvue d'un ouvrage de ce genre[19]. Aussi la Halle au blé de Le Camus, due à la volonté «éclairée» de la municipalité, prenait-elle à cet égard la valeur d'une construction expérimentale résolument moderne. Il y avait là, selon Quatremère de Quincy, modèle à suivre[20]. On en reparla en 1781 à l'occasion de l'incendie de l'Opéra du Palais-Royal. Dans un texte qui lui est attribuable : *Mémoire sur la*

E.L. Boullée, coupe d'un projet d'opéra, ca. 1781 (*BN, Cab. Est.*). «Le feu n'est dangereux qu'autant qu'il trouve de l'aliment. Pour éviter de lui en donner, je n'emploie point de bois et je construis tout en pierre et en brique jusqu'aux loges». E.L. Boullée, *Architecture,* J.M. Pérouse de Montclos, éd., Paris 1968, p. 101. La même année, Le Camus projeta, lui aussi, une salle de spectacle incombustible inspirée de la Halle au blé.

manière de rendre incombustible toute salle de spectacle, Le Camus soumit alors une structure de théâtre directement dérivée de la halle. C'était, pour l'essentiel, celle décrite la même année par Boullée dans son projet d'opéra, édifice isolé obéissant aussi à un plan circulaire [21]. Des voûtes d'ogive en brique alliées à un gros-œuvre en maçonnerie devaient, dans les deux cas, assurer la protection d'un monument «fixant le goût».

Grâce au système de voûtement qu'il appliqua à la halle, Le Camus conçut une ossature qui répondait avec souplesse aux divers impératifs structurels liés à l'énoncé du programme: une construction à deux niveaux.

Appelé à supporter la charge des stocks entreposés à l'étage, le rez-de-chaussée comprenait deux rangées de voûtes d'arête, disposition plus résistante qu'un agencement ordinaire de piles et de poutres. Les retombées de ces voûtes portaient, d'une part, au milieu du portique, sur des colonnes en pierre dure d'Arcueil et, d'autre part, entre les arcades, sur des dosserets auxquels correspondaient des arcs doubleaux. Construites en appareil mixte, elles étaient formées de naissances et d'arêtes en pierre ainsi que de voûtains en brique.

A l'étage – la «halle haute» – où devait régner un vaste espace dégagé servant de grenier, Le Camus établit une grande voûte en tiers-point au faîte légèrement adouci. En épaisse maçonnerie jusqu'aux reins, moyen de contrebuter la poussée, sa bâtisse logeait en vis-à-vis les arrière-voussures de Saint-Antoine terminant les croisées. A l'aplomb de leur piédroits, s'élevaient, extradossés selon la pente du toit, des arcs doubleaux en pierre de taille. Telles de fines membranes, les parties intermédiaires étaient,

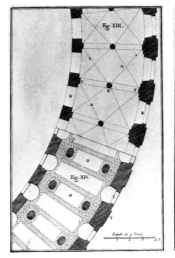

Détails de la construction des voûtes de la Halle au blé (dans J.F. Blondel, *Cours d'architecture*, Paris, 1777, t. VI, pls. 102-103). Pourvu d'une structure «incombustible» en brique et pierre, l'édifice se signalait comme un manifeste des techniques de construction les plus modernes.

quant à elles, bâties en briques alternativement posées suivant le grand et le petit côté. De part et d'autre de la voûte, s'ouvrait, au-dessus de chaque trumeau, un œil-de-bœuf en forme de trompe terminé, à l'extérieur, par une lucarne. Le comble, enfin, se composait de petites voûtes en brique reliant, à des fins de renforcement, les arcs doubleaux entre eux. Sur tout son pourtour, aménagée au travers des arcs, courait de chaque côté une petite galerie dont le rôle, outre le service, était d'alléger la maçonnerie portant sur les voussures des croisées [22]. Dans le but de fortifier cet ensemble, compte tenu de ses principaux points de contrainte, Le Camus fit usage – comme Gabriel au Garde-meuble et plus tard Soufflot à Sainte-Geneviève – d'éléments métalliques noyés dans la maçonnerie. Outre de nombreuses ancres, un tirant fut placé au-dessus de chacun des arcs doubleaux des voûtes d'arête et une chaîne

scellée dans le mur extérieur, à la hauteur des reins de la grande voûte. Construire les voûtes de la halle semble avoir été, à maints égards, une entreprise sortant de l'ordinaire. Ce fut Charles Mangin, le plus brillant des aides de Le Camus, qui en supervisa le cours, secondé par un certain Quenofel, originaire d'Allemagne et responsable du cintrage ainsi que de la pose des briques [23]. Enfin, les stocks de briques de Bourgogne prévus devinrent vite insuffisants et l'on dut faire appel aux réserves du chantier de la gare à bateaux [24].

Audacieuse parce que s'écartant des normes, la structure élaborée par Le Camus n'était toutefois pas exempte de faiblesses. Ainsi, avec l'aménagement des œils-de-bœuf avait-il fallu placer les arcs doubleaux de la grande voûte là où le gros œuvre offrait une moindre résistance : à l'aplomb des piédroits des

Coupe d'un projet de grenier public, anonyme, milieu du XVIIIème siècle *(AN NII Seine 187)*. L'emploi de la voûte pour ce type d'édifice devint la règle.

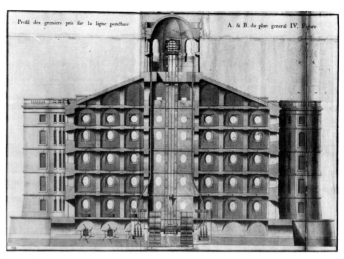

Fontenelle, coupe d'un projet de grenier public pour Chaillot, «sans aucun bois de charpente», *(Bibliothèque de l'Union des Arts décoratifs)*. Daté de 1728, ce projet témoigne qu'on chercha très tôt à substituer des voûtes aux charpentes.

croisées et donc en léger porte-à-faux sur les arcades. Cette disposition se révélait d'autant plus problématique que le plan était circulaire et la répartition des forces en conséquence inégale. Mésestimée par Le Camus, la poussée des voûtes devait agir surtout à l'étage, se faisant essentiellement sentir sur le pourtour du mur extérieur où elle occasionna de multiples désunions [25]. En 1782, la dégradation de certaines voûtes était si avancée que Legrand et Molinos jugèrent prudent, avant d'entreprendre les travaux de la coupole, de faire dresser un procès-verbal de leur état [26]. On accusa une construction hâtive ayant négligé les effets de tassement de la maçonnerie.

Néanmoins, pour plus d'un contemporain, la raison première de ces défaillances résidait ailleurs, à savoir dans la forme de l'édifice. Premier à la mettre en cause, Blondel soutint que seul un plan «en ligne droite» eût pu garantir une solidité optimale [27]. Quant à Viel, l'auteur d'une *Décadence de l'architec-*

ture à la fin du XVIIIe siècle, il se montra plus catégorique encore: «la halle au blé de Paris est une preuve évidente de l'insuffisance des moyens pratiques employés seuls qui jamais ne peuvent suppléer la science dans l'art de bâtir [28].» Le Camus, à ses yeux, n'était «qu'un praticien dénué de toute théorie».

Avec le temps, et notamment la présence d'une coupole, il devint impératif de remédier aux carences de la structure. En 1800, on procéda, à l'étage, à des travaux de restauration ainsi qu'à une consolidation des parties les plus sensibles. Après une remise à neuf des portions en brique de la voûte annulaire, on renforça les arrière-voussures des croisées, sujettes à des disjonctions, en y installant des linteaux de fer. En outre, afin de soulager ces mêmes croisées, on établit, en aplomb, des arcs ogivaux en maçonnerie avec, à l'image du couvrement, un remplissage en briques [29].

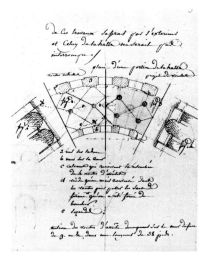

A.F. Peyre, projet de transformation des voûtes du rez-de-chaussée, 1807, *(BHVP)*. Le Camus avait mésestimé leur poussée; Peyre proposa de les renforcer en doublant les supports.

Plus architecturale, enfin, fut la solution avancée par Peyre «le jeune», en 1807, lors du débat autour du type de couverture à rétablir à la Halle. En effet, préférant à une nouvelle coupole une réfection générale des voûtes – fidélité au parti originel – il suggéra de modifier la disposition du portique de manière à en accroître la stabilité [30]. Les voûtes d'arête se fissurant surtout entre les colonnes, il imagina de doubler les supports pour ne laisser subsister, au centre, qu'une seule rangée de voûtes en berceau. Ainsi créait-il une serlienne à chaque travée, introduction d'un motif – alors d'usage fréquent – qui eût radicalement transformé, sinon la résistance, du moins la configuration et le caractère de cette partie de la Halle au blé, celle-ci se changeant alors en un cirque palladien [31].

Le choix de formes voûtées, ainsi que la conception régissant leur agencement, soulèvent le problème d'éventuels emprunts à l'architecture gothique dont Le Camus, tout comme un Soufflot ou un Boullée, reconnaissait qu'elle offrait des leçons «savantes» et même «sublimes» [32]. Le tracé des voûtes, le rôle imparti aux arcs doubleaux et la recherche délibérée de la légèreté invitent en effet, autant que la pensée de Laugier et l'œuvre contemporaine de Soufflot, à ne pas ignorer cet aspect de l'édifice; aspect d'autant plus difficile à cerner que manquent, sur la halle, les documents de la main de l'architecte. Indication révélatrice cependant, en 1787, le voyageur allemand Johan Jacob Volkmann décrivit le grenier comme étant constitué de voûtes pointues «à la façon gothique» [33]. D'autres auteurs, Legrand et Saint-Victor, louèrent, sans toutefois formuler d'analogie explicite, l'exceptionnelle légèreté des voûtes du rez-de-chaussée – appréciation qui, généralement, faisait référence au caractère des constructions gothiques [34]. C'est cette légèreté que l'on retrouve exagérément traduite dans une vignette sati-

P.A. De Machy, destruction de l'église Saint Jean-en-Grève, 1800, (*Musée Carnavalet*). **Chez De Machy, la construction et la démolition d'édifices relevaient d'une même vision de l'architecture. Il est instructif, à cet égard, de confronter le chantier de la Halle avec les ruines de Saint Jean-en-Grève.**

rique de 1789. Quant à l'alliance d'un système de voûtes d'arête avec la courbure du plan, elle contribuait à assimiler le portique à une sorte de double déambulatoire.

Il est significatif enfin, sinon paradoxal, que De Machy, peintre fasciné par les architectures médiévales en démolition, ait consacré un tableau à la construction des voûtes de la halle [35]. En artiste attentif aux étapes de la vie des édifices, il choisit de représenter la halle dans l'état avoisinant le plus celui d'une ruine, soit à l'amorce de la campagne de 1765 lorsque, du voûtement, seuls les arcs doubleaux étaient en place. Que l'on compare cette œuvre avec la destruction de l'église de Saint Jean-en-Grève due à la même main [36], on relèvera un parti similaire et des détails en apparence identiques. Ainsi, dans la description des voûtes, aux pierres d'attente de l'une correspondent les arrachements de l'autre. De

même, la verdure sauvage couronnant les arcs gothiques répond-elle à la paille disposée sur les arcs de la halle en guise de protection contre le gel. Peut-être, au travers de pareilles transpositions – trahissant des parallèles, conscients ou non, établis par De Machy – est-il permis de voir un indice supplémentaire tendant à confirmer l'existence à la Halle au blé d'une composante structurelle dérivée de l'architecture gothique, ou du moins, une permanence de l'art de la voûte.

L'attrait exercé par l'intérieur voûté de l'édifice auprès des visiteurs fut certain. On y remarquait, en fait, autant la modernité de la construction que, rehaussée par la courbure du plan et les jeux d'ombre et de lumière nés de la distribution des jours, la qualité même des espaces. Ainsi, au rez-de-chaussée, où les colonnes isolées du portique s'échelonnaient en profondeur, offrant à l'œil un effet analogue à la «forêt» de colonnes qu'admirait Laugier dans les

P.A. De Machy, construction de la Halle au blé, 1765, *(Musée Carnavalet).* Sous le pinceau de De Machy, la Halle en chantier paraît se muer en ruine gothique, aspect révélateur de son parti structurel. L'artiste se plut par ailleurs à rectifier l'ordre toscan de Le Camus en décrivant ici des bases de colonnes conformes aux règles.

ronds-points d'églises gothiques [37] ; et, à l'étage où, définissant un espace homogène unique en son genre, régnait la grande voûte en tiers-point formant «comme un seul trait circulaire» [38]. Il faut d'ailleurs rappeler ici la faveur dont jouissait alors, sujet de maintes figurations d'architectures fictives, le thème de la galerie tournante [39]. Mais cet engouement tenait aussi à l'effet décoratif créé par la combinaison de la brique et de la pierre. Le Camus prit soin d'en tirer parti ; il fit recouvrir les voûtes du portique d'une impression en ocre rouge sur laquelle on tira les points en peinture blanche. Au grenier, le pourtour des oculi fut revêtu, entre les chaînes, d'un faux appareil sur enduit imitant les dispositions d'une maçonnerie [40]. Ainsi, par le simple moyen d'une opposition de couleurs entre les matériaux, la halle haute se trouvait-elle pourvue d'efficaces accents rythmiques reflétant les articulations de la structure comme la scansion extérieure des pilastres.

La couverture fut conçue d'après le principe appliqué à la structure : toute pièce de bois en était exclue. Le Camus ne faisait encore là que reprendre une idée du comte d'Espie. Les tuiles, peintes en noir de façon à imiter l'ardoise, furent directement scellées dans une aire de plâtre recouvrant l'extrados des petites voûtes du comble. Enfin, pour accroître la solidité de la toiture, Le Camus fit exécuter les faîtages en fer de fonte [41]. Pratiquées au bas d'un ouvrage formant sur toute la circonférence une sorte de socle, des chantepleures assuraient l'évacuation des eaux vers un cheneau creusé dans la cimaise. Expérimentale tout comme la structure interne, la couverture ne tarda pas à montrer ses défauts. Son délabrement – dû à la conjonction de facteurs multiples : effets de l'humidité, qualité médiocre des matériaux, difficulté de l'entretien – atteint en 1774 un tel stade que le prévôt des marchands en ordonna une réfection générale au nom du «bien des Citoyens» [42]. On décida néanmoins – fait significatif – d'abandonner la formule de Le Camus pour revenir, à la satisfaction de Blondel [43], au lattis traditionnel ; cela demanda des travaux considérables et coûteux [44] : mise à nu du comble, pose de deux cours de pannes sur chaque rampant et installation de chevrons. Les tuiles, cette fois, furent accrochées comme à l'ordinaire.

Le carreau de la Halle au blé, en 1886, lors de la démolition de l'édifice, (*BHVP, coll. Godefroy*).

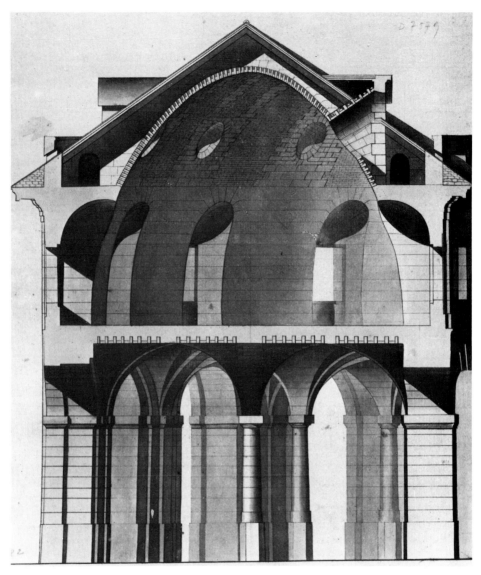

Coupe transversale de la Halle au blé *(Musée Carnavalet, Cab. Est.). De ces voûtes, Cérès, mère de l'abondance, épanche ses trésors sur cette ville immense.* **(P.A.R. Dubos,** *Inscriptions françaises et latines proposées pour divers monuments de Paris et de l'empire français,* **Paris 1810, p. 32).**

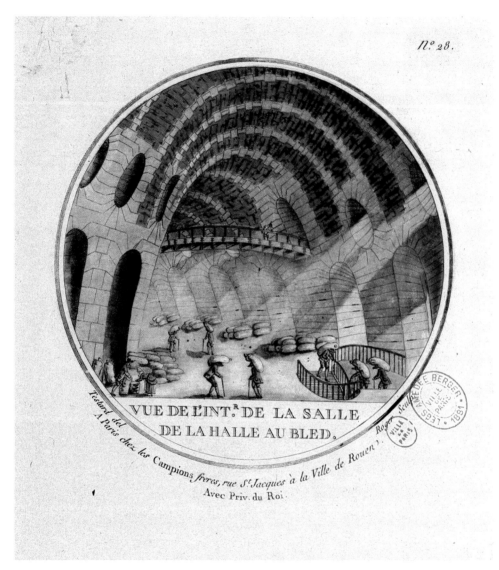

Vue de la «halle haute», grav. de Roger d'après Testard (dans, *Vue pittoresque des principaux édifices de Paris*, Paris 1787). Cet espace voûté et «ininterrompu» impressionna vivement les contemporains. La passerelle en bois fut ajoutée en 1783 par Legrand et Molinos.

Vue du Portique de la Halle au blé, dessin aquarellé anonyme, milieu du XIXe siècle, (*BN, Cab. Est.*).

Le portique annulaire de la Halle au blé photographié vers 1885
(BHVP, Coll. Godefroy) .

La «Halle haute» photographiée vers 1886, (*BHVP, coll. Godefroy*). **Des arcs de décharge furent établis en 1800 à l'aplomb des croisées.**

**Coupe longitudinale de l'escalier tourné vers la rue du Four. Dessin aquarellé *(ENSBA)*.
Morceau de virtuosité stéréotomique, cet escalier fut finalement préservé et incorporé à
la bourse de commerce.**

Coupe transversale de l'escalier tourné vers la rue du Four, grav. de Michelinot, (in. Le
Camus de Mézières, *op. cit.*).

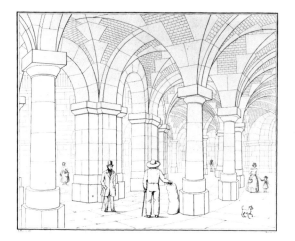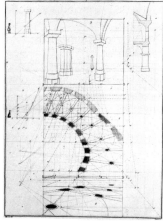

Le portique voûté de la Halle au blé. Sa disposition, unique en son genre, incita J. Adhémar a en faire le principal exemple de sa méthode de perspective (A gauche, J. Adhémar, *Perspective des objets émoignés*, Paris 1846, pl. 57 ; à droite, J. Adhémar, *Traité de la perspective à l'usage des artistes*, Paris, 1836, pl. 54).

J.B. Maréchal, vue de l'intérieur de la Halle au blé, 1786 *(BN, Cab. Est. Coll. Destailleur).* Artiste «piranésien», Maréchal ne manqua pas d'amplifier le caractère monumental, proprement romain, du «temple de Cérès».

Le portique de la Halle au blé au début du XIXème siècle (dans, Percier et Fontaine, *Journal des monuments de Paris,* pl. 63). Le rez-de-chaussée tenait lieu de dépôt couvert.

Le carreau de la Halle au blé photographié vers 1880 (*BHVP, Coll. Godefroy*). Ajouts tardifs, les réverbères rappellent que cet espace fut d'abord considéré comme une place à arcades.

Page de droite : Louis Petit de Bachaumont. *La colonne subsistant, il se repose ;* **gravure de Houël d'après Carmontel,** (*BN, Cab. Est.*)**. C'est la colonne qui lui parle :** *Amateur des Beaux Arts, généreux citoyen / dans l'horreur du néant j'allois être entraînée / en me sauvant des mains d'une troupe effrenée / Toi seul, de cette horreur affranchis mon destin ; / puisse à jamais Paris conserver ta mémoire / Et tous ses vrais enfants, indignés de l'affront / graver en lettres d'or aux fastes de l'histoire / au lieu de Médicis le nom de Bachaumont.* **M. l'abbé Le G. (1750), (***Bibliothèque de l'Arsenal, Ms 4041, f° 208-9***).**

LA COLONNE DE MEDICIS

QU'EN FAIRE?

Dans le mur extérieur fut engagée la colonne de Médicis, seul reste de l'hôtel de Soissons [45]. Une image naquit de cette association insolite qui devait caractériser, dans le panorama monumental de Paris, la rotonde de Le Camus et, par extension, le quartier circonvoisin.

L'inclusion de la colonne dans le programme architectural de la nouvelle Halle consacrait en fait l'aboutissement de l'affaire soulevée par sa sauvegarde. Une quinzaine d'années plus tôt, en 1748, il paraissait assuré que l'édifice passant pour l'ancien observatoire astrologique de la reine Catherine eut à subir le sort malheureux de l'hôtel de Soissons. Alors que, dans le monde des Arts et des Lettres, personne ne se soucia de l'hôtel élevé par Bullant – «Palais», au dire du poète Gresset, «dont l'architecture grossière ne pouvait laisser de regret en retombant dans la poussière» [46] – un large mouvement d'opinion se dessina en faveur de la colonne. Interventions privées auprès des pouvoirs publics et des plus hautes autorités, épîtres et mémoires, tout fut mis en œuvre pour faire ressortir l'avantage qu'il y aurait à conserver à Paris un monument unique en son espèce.

Paris, le Temple du Génie,
Offre trop peu de Monumens
Où Rome, Athènes, Alexandrie
Consacroient les faits éclatans,
La puissance de la Patrie,
Et le témoignage des Temps. [47]

Défendre la colonne, c'était aussi en proposer des réemplois conformes à son caractère original; en l'occurrence, une référence formelle évidente et une conformité topographique aidant, un parallèle avec

Vignette satirique dirigée contre la reine Catherine de Médicis et son «commerce» avec la sorcellerie, *(Musée Carnavalet, Cab. Est.)* **La légende veut que la colonne monumentale qu'elle fit élever en son hôtel ait servi d'observatoire à son astrologue florentin, Côme Ruggieri.**

la Rome ancienne s'imposait à tout esprit éclairé: «Cette colonne pourroit en quelque chose ressembler à la colonne milliaire qui étoit au milieu de la Ville de Rome, et d'où partaient tous les grands chemins de l'Empire Romain [48].» Certains, saisissant l'occasion du traité d'Aix-la-Chapelle et son rejaillissement sur la gloire du roi, suggérèrent de l'utiliser dans un but commémoratif. Ainsi, Gresset, pour qui le modèle de la trajane transparaissait clairement à travers l'œuvre de Bullant, voyait-il placée à son sommet «l'image auguste et chère d'un monarque victorieux». L'idée d'une «colonne Lodoïque» ne fit toutefois pas l'unanimité, en particulier auprès de Piron qui trouva là de quoi exercer sa causticité:

> *Il faut être un hétéroclite*
> *Pour y vouloir placer le roy:*
> *C'est du vainqueur de Fontenoy*
> *Faire un Saint-Simeon Stylite [49].*

Au nom de la commodité, d'autres comme l'architecte Destouches ou l'abbé de la Grive formèrent le projet de changer la colonne en fontaine publique, le quartier en étant alors singulièrement dépourvu [50].

Face aux atermoiements de l'administration, l'initiative d'un particulier, lettré et connaisseur, Louis Petit de Bachaumont [51], devait être décisive. Le 4 mars 1750, en effet, agissant par l'intermédiaire de l'architecte Destouches, il acquit la colonne pour la somme de 1.800 livres, acte «patriotique» par lequel son nom fut dès lors lié au maintien du monument dans le paysage parisien [52]. Placés devant le fait accompli et ne désirant pas qu'il «fut dit qu'un simple citoyen les avait surpassés en zèle et en générosité [53]», les membres du Bureau de la Ville se résolurent quinze jours plus tard à racheter la colonne des mains de Destouches – Bachaumont [54].

La colonne protégée – triomphe de l'art sur les inté-

G. de Saint-Aubin, «Nouvelles halles aux grains et farines», dessin de 1765 *(Musée Carnavalet, Cab. Est.).* **La réunion de la Halle-neuve et de la colonne acquit une forte emblématique.**

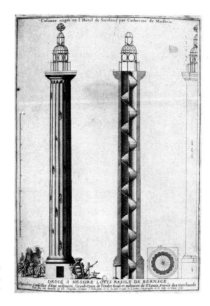

La colone de Médicis; gravure de 1750 où l'on voit les démolisseurs mis en échec, (*BN, Cab. Est.*).

Avec la préservation de ce monument insolite, s'esquissait l'idée d'une sauvegarde du patrimoine architectural.

rêts d'un «adjudicateur qui calcule et ne pense pas [55]» – il fallait désormais prendre sa présence en compte. Son rôle futur dépendait, en tout état de cause, de la formule urbanistique appliquée au terrain de l'hôtel de Soissons. Une fois le plan de Le Camus de Mézières retenu, l'intention première fut de déplacer la colonne afin de la situer, exposée de toutes parts, au milieu de la place de la halle annulaire. Respect de la symétrie, cette disposition exprimait clairement la volonté de valoriser le point de convergence du schéma général. De surcroît, elle traduisait un idéal: le thème du monument dressé au cœur d'un espace régulier qu'environnent des galeries ouvertes. Déjà en 1719, dans un projet pour la Compagnie des Indes destiné au même site, un certain Duclos y avait eu recours en dessinant autour de la colonne une place carré délimitée par des bâtiments à portiques [56]. Pareille situation, enfin, n'était pas sans évoquer le forum de Trajan ou le marché Antonin à Rome. Il convient de noter, à ce titre, que

si Boffrand, dans son triple forum pour les Halles, ne réservait aucune place à la colonne, Ledoux prévoyait d'en élever une de type semblable au centre de chacun des quatre marchés projetés pour la ville d'Arc et Senans. A la Halle au blé de Paris, on n'avait point, non plus, négligé l'utilité puisque l'on comptait tirer profit du nouvel emplacement de la colonne en la faisant servir de gnomon ou style d'un cadran circulaire tracé à même le pavé.

Restait à déplacer le monument. En dépit d'une machine dont Le Camus avait élaboré un modèle [57] et d'un système proposé par deux «méchaniciens», la question de son transport constituait, à l'évidence, un obstacle majeur. Finalement, sous le prétexte – un tant soit peu spécieux – de la gêne qu'il eut occasionné pour la manœuvre des voitures, le projet fut abandonné. Toutefois, apparaissant comme le meilleur parti, notamment aux yeux de Laugier – «il falloit ou détruire la colonne ou la transporter dans le

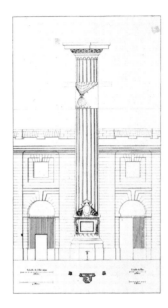

Fontaine de la Halle au blé établie au pied de la colonne (dans A.P. Duval, *Les fontaines de Paris*, **Paris, 1812, pl. 38).** *Le peuple en appétit, animal à grand bec, / Ici vient de nos champs enlever les dépouilles; / Et si la soif le prend, n'en déplaise aux grenouilles. / Cette eau l'empêchera de manger son pain sec.* **(Bourdelois,** *Essai d'inscriptions pour différens monumens de la ville de Paris*, **Londres, 1787, p. 11).**

centre de la halle [58]» – et de Quatremère de Quincy, il n'en continua pas moins à occuper les esprits. On y songeait toujours même après la transformation de la Halle en édifice couvert. En 1802, l'architecte J.J. Huvé suggéra à son tour de placer la colonne au centre, cette fois dans le but de parfaire l'ancien projet de couverture d'Antoine dont il préconisait la réalisation en remplacement de la coupole incendiée. Réduite quelque peu dans ses dimensions, elle devait être surmontée d'une statue de l'Abondance et flanquée de quatre fontaines destinées à «désaltérer les travailleurs et rafraîchir l'air poudreux» [59].

L'intégration au flanc de la halle se présenta donc comme une alternative à laquelle Le Camus dut se résigner; il ne décrivit d'ailleurs la colonne dans aucune des élévations publiées dans le *Recueil.* Bien que dictée par un souci d'économie, cette solution n'était pourtant pas sans inconvénients. Non seulement, ainsi que le remarquait Laugier [60], elle inter-

rompait le développement de la façade, mais encore, démenti des efforts pour la sauver, elle rendait la colonne presque invisible: «chose assez curieuse: ce qui devait faire le centre du diamètre n'est devenu qu'un point de circonférence. Un sentiment de pitié plus que d'estime permit à cette colonne isolée, de s'adosser contre les nouveaux bâtimens, et de se cacher à leur ombre. Sa tête seule jouit des regards du soleil(...) [61].» Enfin, cela posait de délicats problèmes de construction.

Afin d'englober une portion du fût, tout en assurant une stabilité maximale, Le Camus fut contraint d'établir au droit de la colonne un trumeau plus large que les autres. Il s'en suivit une légère irrégularité dans la distribution des travées. En outre, contrairement aux autres trumeaux, celui de la colonne – surcroît de travail et de dépense – fut entièrement bâti en pierre dure d'Arcueil. Les diverses opérations nécessaires au raccord de la halle et de la colonne se

VUE DU BÉFROY ET DU PRYTANÉE
PROJETTÉS DANS L'ANCIEN EMPLACEMEN
DE L'ÉGLISE DE St ÉTIENNE DE LILLE.
par Verly, architecte Décédé.

F. Verly, projet de prytanée pour Lille, 1792 *(Musée des Beaux-Arts de Lille).*

révélèrent, quant à elles, spécialement complexes, voire même, de l'avis des entrepreneurs, dangereuses [62]. Avec «toutes les précausions imaginables» pour ne pas ébranler un monument menaçant ruine, il fallut, dans un premier temps, reprendre ses fondations en sous-œuvre. D'une réalisation tout aussi difficile furent les changements apportés au socle, les diverses liaisons ainsi que les entailles dans le fût destinées au passage de la chaîne de fer cintrant l'édifice.

Incorporée de la sorte dans une bâtisse étrangère, la colonne de Médicis perdit à jamais son identité première; pire, le prévôt des marchands tint à la rendre aussi utile que possible. Ainsi, en plus d'une fontaine établie au socle [63] – modeste robinet pompeusement surmonté d'un cartouche – décida-t-on d'y installer un cadran solaire marquant toutes les heures du jour: «L'intention du Bureau était que ceux que le commerce des grains attireroit ou retiendroit à la nouvelle halle eussent toute la commodité possible pour connaître le temps de leur arrivée, la durée de leur séjour, et l'heure qu'ils jugeront la plus commode pour leur départ [64].» D'astrologique qu'elle était, la colonne devint donc astronomique, la raison l'emportant sur une «science aussi fausse que frivole». D'inévitables dommages en résultèrent. Le cadran mis au point par le chanoine Pingré [65] nécessitant une surface parfaitement cylindrique, Le Camus eut en effet à remplir les cannelures vers le haut du fût afin d'obtenir une sorte de tambour lisse, une «barbarie étrange» selon Laugier [66]. Enfin, comme pour parachever cette métamorphose du monument en appendice de la Halle neuve, on procéda à son ravalement. Contrariés par une «blancheur qui ne plaît qu'aux yeux du vulgaire ignorant», les connaisseurs déplorèrent alors la disparition d'une patine pareille au «rembruni du coloris antique» [67].

Fortuite, contraire même aux vœux initiaux, la réunion de la Halle au blé et de la colonne de Médicis acquit pourtant, par son originalité propre, une puissante valeur emblématique. Contemporaines ou non, il est peu de représentations qui n'aient privilégié cet assemblage fertile en références à l'ancienne Rome.

Preuve éloquente de sa résonance, cette image composite – devenue modèle – devait inspirer de façon directe un projet d'architecture publique: le prytanée de François Verly conçu en 1792 à l'occasion de la reconstruction de Lille [68]. Celui-ci se composait en effet d'une imposante rotonde à arcades au flanc de laquelle se dressait, colossal, un beffroi pareil à une colonne trajane. Enfin, attentifs au rôle respectif de la halle et de la colonne changée en fontaine, certains virent en leur union l'alliance symbolique de deux sources de vie alors primordiales, le pain et l'eau.

Le ciel ici pour nous prodiguant ses faveurs,
De la faim, de la soif nous bravons les horreurs;
CERES donne son bled, une NYMPHE son onde,
Chacune est en bienfaits également féconde;
Et l'homme sur son sort s'agiteroit en vain,
Quand deux sources de vie abondent sous sa main [69].

L'ultime écho du parti adopté par Le Camus fut, en définitive, son maintien fidèle lors de la construction de la Bourse de commerce; il s'en fallut de peu, cependant, pour que la colonne, déjà éprouvée ne changeât une fois encore d'affectation. A siècle nouveau, techniques nouvelles: «Pauvre beau monument des frayeurs cabalistiques d'une reine superstitieuse! son escalier intérieur, vis à demi-ruinée, a failli, tout dernièrement, faire place au conduit de fumée des générateurs nécessaires à l'éclairage électrique de la Bourse nouvelle (!!) Dieu merci! l'architecte a su résister à ces insinuations d'un génie moins civil qu'inconscient, à ces propositions d'un «vandalisme» impitoyablement, cyniquement utilitaire (...) [70].»

NOTES

1. Chaumont devait se prononcer en faveur d'une disposition similaire pour les théâtres: «Dans une forme circulaire, des ouvertures égales sont admissibles, même pour une entrée principale...» Voir, *Exposition des principes qu'on doit suivre dans l'ordonnance des théâtres modernes,* Paris, Jombert, 1769, p. 109.

2. Hurtaut et Magny, *Dictionnaire historique de la Ville de Paris,* Paris 1779, t. III, p. 203.

3. Musée Carnavalet, Cab. des Est. Rés. D 6922. S'agit-il, comme le suggèrent certains détails absents de la réalisation finale du «premier plan» mentionné dans le mémoire de maçonnerie (AN, H² 2157) à l'occasion de l'emplacement des portes du bureau? Au bas, à droite, on lit «Le Camus de Mézières 1763».

4. N. Le Camus de Mézières, *Guide de ceux qui veulent bâtir,* Paris 1781, t. I, p. 156. Sur l'art des escaliers au XVIIIᵉ siècle et les problèmes de stéréotomie qui s'y rattachaient, voir J.M. Pérouse de Montclos, *L'architecture à la française, XVIᵉ, XVIIᵉ, XVIIIᵉ siècle,* Paris 1982.

5. D'après le mémoire de maçonnerie (AN, H² 2157), la porte du premier palier n'était à l'origine pas prévue. Ce fut lors de la construction que Le Camus décida de son établissement, au prix de la démolition des assises élevées à sa place. Ce remaniement, inscrit parmi d'autres, semble indiquer certaines hésitations de l'architecte quant à la disposition de l'espace exigu réservé aux bureaux.

6. Il existe, à la Bibliothèque de l'Ecole des Beaux-Arts (nº 1821), une variante aquarellée de l'une des deux coupes de cet escalier contenues dans le *Recueil de* Le Camus. La date, 1756, qui figure au dos, est à l'évidence erronée.

7. Cet ingénieux système – déjà utilisé à Chambord – devait être également proposé par Roubo dans son projet de théâtre (1777) et, sous une forme quelque peu différente, par Durand dans son projet de halle au blé (1809). Hautecœur en signale un autre exemple – significatif – dans une maison de jeu à Paris, 35 rue Radziwill, *Histoire de l'architecture classique en France,* Paris, 1952, t. IV, p. 406.

8. J. Guadet, *Eléments et théorie de l'architecture,* Paris, 1902, t. IV, p. 389.

9. Voir, M. Mosser et D. Rabreau, *Charles De Wailly, peintre architecte dans l'Europe des Lumières,* Paris 1979, p. 45 et pl. VI.

10. N. Le Camus de Mézières. *op. cit.,* t. I, p. 150.

11. P.T.N. Hurtaut, *Dictionnaire historique...,* Paris 1779, t. III, p. 2

12. A.C. Quatremère de Quincy, *Encyclopédie méthodique,* Paris, 1801-1820, t. II, pp. 504-505.

13. J.F. Blondel, *Cours d'architecture,* Paris 17, t. IV, p. 315.

14. Voir *Mémoire sur la manière de rendre incombustible toute Salle de Spectacle,* Paris 1781, pp. 4-5.

15. Pour le projet de Fontenelle, voir le recueil de dessins conservé à la Bibliothèque de l'Union centrale des Arts décoratifs, FO¹ *Architecture civile, militaire et hydraulique.* Au sujet de Boffrand, AN 0¹ 1585, Minutes du rapport de M. de Vandières sur le concours de la Place Louis XV.

16. Se reporter à L. Hautecœur, *Histoire classique de l'architecture classique en France,* Paris, 1950, t. III, pp. 182-184, 1952, t. IV, p. 64. et aussi, sur la tradition de la voûte au XVIIIᵉ siècle: J.M. Pérouse de Montclos, *op. cit.*

17. Comte Félix-François d'Espie, *Manière de rendre toutes sortes d'édifices incombustibles, ou Traité de la construction des voûtes faites avec des briques et du plâtre,* Paris, Duchesne, 1754.

18. M.A. Laugier, *Essai sur l'architecture,* Paris, 1755, p. 274; également, pp. 132-136.

19. M.A. Laugier, *Observations sur l'architecture,* La Haye 1765, pp. 303-304.

20. A. Ch. Quatremère de Quincy, *Encyclopédie méthodique,* Paris 1801-1820, t. II, p. 16. Blondel, dans ses *Cours d'architecture* (t. VI, pp. 149-151 et 156-159, devait consacrer un article entier à cette structure: «construction du comble briqueté de la nouvelle halle au blé de Paris», de même que deux planches particulièrement détaillées (Pls. CII et CIII).

21. Voir E.L. Boullée, *Essai sur l'art,* J.M. Pérouse de Montclos, éd., pp. 91-107.

22. Plus tard, avec la reconstruction d'une coupole à l'ordre du jour, on songea à supprimer cette galerie. Voir, AN F¹³ 1163, lettre de Norry et Petit-Radel au Conseil des Bâtiments Civils, 20 juillet 1807.

23. L.V. Thiery, *Guide des amateurs,* Paris 1787, t. I, p. 414.

24. Voir BN, Ms Joly de Fleury, 1425, fᵒ 35 rᵒ.

25. Sur les détériorations extérieures et leurs causes, voir *Annales de l'architecture,* 24 juin 1808, 228-229.

26. Voir BHVP, Ms Cp 4823, «Abrégé des moyens employés successivement à la construction de la coupole de la halle...»

27. J.F. Blondel, *Cours d'architecture,* Paris 1777, t. VI, p. 156.

28. Ch. F. Viel, *Dissertations sur les projets de coupoles de la halle au blé de Paris,* Paris 1809, p. 75.

29. Sur ces divers travaux, voir Ch. F. Viel, *op. cit.,* p. 168 et BHVP, Ms Cp 4823, «Détail estimatif des travaux à faire à la halle aux grains (...), 27 ventose, an 10».

30. On trouve cette intéressante idée dans un rapport annexé aux délibérations de la Commission sur la reconstruction de la coupole de la halle, du 20 août 1807. Voir «Observations sur la halle au blé» dans Ch. F. Viel, op. cit., pp. 171-172. Le projet lui-même est présenté et illustré dans un petit cahier manuscrit de six pages, aujourd'hui conservé à la Bibliothèque Historique de la Ville de Paris, Ms Cp 4823 «Observations sur la halle au blé, 18 août 1807».
On s'était déjà plaint – BHVP, Ms Cp. 4823, note pour l'Almanach du voyageur – du peu d'épaisseur des colonnes: «on aurait peut-être aussi désiré que les piliers circulaires qui portent les voûtes aient été un peu plus forts autant pour l'œil que pour la solidité réelle».

31. Sur le recours à des thèmes palladiens au début du XIXe siècle, notamment dans l'architecture théâtrale, voir D. Rabreau, «Ce cher XIXe ou Palladio et l'éclectisme parisien», *Monuments historiques,* 1975, 2, 57-65.

32. N. Le Camus de Mézières, *Le génie de l'architecture,* Paris 1780, pp. 66-67.
Sur l'intérêt pour l'architecture gothique au XVIIIe siècle, voir W. Hermann, *Laugier and Eighteenth Century French Theory,* Londres 1962 et, plus général, G. Germann, *Gothic Revival in Europe and Britain,* Cambridge (Mass.), 1973. Egalement, le catalogue de l'exposition «Le gothique retrouvé», Paris, CNMHS, 1979-1980.

33. J.J. Volkmann, *Neueste Reisen durch Frankreich...,* Leipzig, 1787 t. I, p. 329: «... die Böden mit spitzig zulaufenden Gewölben nach gotischer Art».

34. J.G. Legrand et Ch. P. Landon, *Description de Paris et de ses édifices...,* Paris 1818, 2e éd., t. II, p. 39. J.M.B.B. Saint-Victor, *Tableau historique et pittoresque de Paris,* Paris 1822, 2e éd., t. II, p. 326.

35. Gouache conservée au Musée Carnavalet.
Il est intéressant de noter les baies de type médiéval sur les façades de l'arrière-plan. Description de la réalité, ou, plus vraisemblablement, invention par De Machy d'un décor?
Exposée au Salon de 1765, l'œuvre fut sévèrement jugée par Diderot: «...c'est un vrai tableau de lanterne magique (...) il réjouira beaucoup les enfants». Voir J. Seznec et J. Adhémar, *Salons,* Oxford, 1960, t. II, p. 130.
D'après Mme M. Roland-Michel, la gravure de Germain «Ruines d'un temple», de 1766, (BN, Cab. Est. Dc. 10, in-fol.) en serait dérivée. Voir, *Piranèse et les Français 1740-1790,* Paris 1976, Catalogue de l'exposition, Rome, Ed. dell'Elefante, 1976, p. 119.

36. Conservée au Musée Carnavalet.

37. Voir M.A. Laugier, *Observations sur l'architecture,* La Haye 1765, p. 109 et aussi p. 57.

38. Extrait de *l'Almanach parisien,* attribué à Le Camus de Mézières, cité dans *L'esprit des almanachs,* Paris 1784, p. 52.

39. On pense ici à certaines compositions d'Hubert Robert, ou – décor de scène – à la galerie tournante d'amphithéâtre romain incluse par Dumont dans son *Parallèle des plus belles salles de spectacle d'Italie et de France* (1764). Voir, à ce sujet, D. Rabreau, «Des scènes figurées à la mise en scène du monument urbain. Notes sur le dessin «théâtral» et la création architecturale en France après 1750», dans *Piranèse et les Français,* Actes du Colloque (1976), Rome 1978, pp. 443-474.

40. Voir AN, H^2 2157, «Mémoire et toisé général des Ouvrages de maçonnerie...» Aussi, N. Le Camus de Mézières, *Guide de ceux qui veulent bâtir,* Paris 1781, t. I, p. 96, au sujet des constructions en briques: «Si l'on est curieux de son ouvrage, et que l'on désire lui donner un air de propreté, on en refait tous les joints, on frotte et lave le tout avec une brique, ensuite on passe une couche d'ocre rouge, et les joints se repassent avec un lait de chaux».

41. Voir AN, H^2 2157, Copie d'une lettre de Le Camus de Mézières au prévôt des marchands, datée du 10 février 1766: la couverture étant presque achevée, l'architecte suggéra, pour les faîtages, l'emploi d'un fer de fonte récemment mis au point par un certain Germain.

42. AN, H^2 2156, «Délibération au sujet du Rétablissement de la couverture de la halle aux grains, 26 avril 1774». Voir aussi H^{2*} 1875, Registre des délibérations du Bureau de la Ville, f° 486 v°, 26 avril 1774.

43. J.F. Blondel, *Cours d'architecture...,* Paris 1777, t. VI, p. 151. Blondel, en outre, proposa une autre solution, à l'image de la couverture du grand escalier du Palais Royal, dans laquelle le plâtre était remplacé par du ciment ou du mortier et les tuiles par des tables de cuivre peintes (*Ibid.,* p. 157).

44. Voir le dossier relatif à cette opération dans AN, H^2 2028, «Bureau de la Ville, Bâtiments et Travaux, 1775».

45. Sur cette colonne élevée vers 1575 par Jean Bullant et qui justifierait une étude approfondie, voir A.G. Pingré, *Mémoire sur la Colonne de la Halle aux Bleds...,* Paris, 1764. A. de Barthelemy, «La colonne de Catherine de Médicis à la halle au blé», *Mémoires de la Société de l'histoire de Paris et de l'Ile-de-France,* VI, 1879 (1880), 180-199 et H. Volker, «Donec totum impleat orbem: Symbolisme impérial au temps de Henri II», *Bulletin de la Société de l'histoire de l'art français,* 1978, 29-42.

46. J.B.L. Gresset, *Epître à monsieur de Tournehem(...) sur la Colonne de l'Hostel de Soissons.* Cette épître a été incluse par L.P. de Bachaumont dans son *Essai sur la peinture, la sculpture et l'architecture,* Paris, 2ᵉ éd., 1752, pp. 127-128.

47. J.B.L. Gresset, *op. cit.,* p. 129.

48. Bibl. de l'Arsenal, Ms 4041, fol. 194-195, «Mémoire sur la colonne de l'Hôtel de Soissons, décembre 1749».

49. Par cette épigramme de 1748, Piron répondait à Gresset; cité dans C. Piton, *Comment Paris s'est transformé,* Paris 1891.

50. Bibl. de l'Arsenal, Ms 4041, fol. «Mémoire sur l'emplacement qu'occupait l'Hôtel de Soissons. Avril 1750».

51. (1700-1771) Lettré amateur des beaux-arts, il fut l'auteur d'un *Essai sur la peinture, la sculpture et l'architecture,* Paris, 1752, et tint un journal littéraire publié, après sa mort, sous le titre *Mémoires secrets pour servir à l'histoire de la république des lettres en France...* Londres, 1777-1789.
La bibliothèque de l'Arsenal, sous la cote Ms 4041, conserve de lui un important portefeuille dans lequel figure un ensemble de pièces relatives à la colonne de Médicis.
Voir R. Ingrams, «Bachaumont, a Parisian Connoisseur of the Eighteenth Century», *GBA,* 1970, 11-25.

52. AN Q¹ 1193, «Titre de l'acquisition faite de lad. colonne par ledit Destouches(...)» Sur le financement assuré par Bachaumont, voir la lettre de ce dernier, datée du 4 mars 1750, BHVP, Ms Cp 3435, fᵇ 170.

53. A.G. Pingré, *op. cit.* p. 19.

54. AN, Q¹ 1193, «Expédition en parchemin d'un acte (...) par lequel Laurent Destouches a vendu aux prévôt des marchands et échevins de la ville de Paris la colonne, désignée en forme d'observatoire, moyennant la somme de 1800 livres, 19 mars 1750».

55. J.B.L. Gresset, *op. cit.* p. 128.

56. Voir, F. Boudon, «Urbanisme et spéculations(...)», *JSAH,* XXXII, 1973, 291.

57. A.G. Pingré (*op. cit.* p. 19) et Jean-Jacques Huvé (*Journal des bâtiments civils,* nᵒ 231, 26 Brumaire, an XI, 242) signalent avoir vu ce modèle exposé au domicile de l'architecte.

58. M.A. Laugier, *Observations sur l'architecture,* La Haye, 1765, p. 196.

59. Voir, *Journal des bâtiments civils,* nᵒ 231, 26 Brumaire, an XI, 242.

60. Voir M.A. Laugier, *Id.*

61. A. Ch. Quatremère de Quincy, *Encyclopédie méthodique,* Paris, 1787, t. I, p. 347.

62. Voir, AN H² 2157, «Mémoire et toisé général des ouvrages de maçonnerie(...).»

63. Voir A.P. Duval, *Les fontaines de Paris anciennes et nouvelles,* Paris 1812, pp. 83-85.

64. A.G. Pingré, *op. cit.,* p. 24.

65. Alexandre Guy Pingré, membre de l'Académie royale des sciences et bibliothécaire de Sainte-Geneviève, publia les détails de son invention dans un opuscule dédié à Pontcarré de Viarmes: *Mémoire sur la Colonne de la Halle aux Bleds et sur le cadran cylindrique que l'on construit au haut de cette colonne,* Paris 1764. Ses travaux pour le cadran lui valurent 1200 livres et une montre en or aux armes de la Ville (AN, H² 2157). Sur le cadran, voir L. Féron, «Le cadran solaire de la colonne de Médicis à l'ancienne halle au blé», *Bulletin de la Société historique et archéologique du 1ᵉʳ et 2ᵉ arrondissements de Paris,* nᵒ 14, 1923, 271-276.
Le chanoine Pingré était par ailleurs le fondateur de la «Respectable Loge des Cœurs Simples de l'Etoile Polaire», loge maçonnique à laquelle Le Camus de Mézières devait adhérer ainsi que De Wailly, Bélisard et Chalgrin.

66. M.A. Laugier, *id.*
«Ce n'est point un cadran qu'il falloit plaquer méchamment sur le fût de cette colonne. C'est une horloge sonnante qu'il faut établir...»(p. 197).

67. J.A. Piganiol de la Force, *Description historique de la ville de Paris* (...), t. III, p. 496.

68. Conservé au Musée des Beaux-Arts de Lille, Fonds Lillois, et publiée par J.J. Duthoy, dans «Un architecte néo-classique: François Verly, Lille, Anvers, Bruxelles; contribution à l'étude de l'architecture «révolutionnaire», *Revue Belge d'Archéologie et d'Histoire de l'Art,* 1972, 41, 119-150.
Il faut noter que l'architecte allemand J.J. Busch, élève de Legeay, recourut à une disposition assez semblable avec un projet de clocher pour l'église de Ludwigslust (ca 1765-1770): implanté en arrière de l'édifice, ce clocher devait être à l'image de la colonne trajane. Voir, E. Erouart, *L'Architecture au pinceau, Jean-Laurent Legeay, un Piranésien français dans l'Europe des Lumières,* Paris-Milan 1982. pp. 146-147.

69. M. Bourdelois, *Essai d'inscriptions pour différens monumens de la ville de Paris,* Londres, 1787, p. 11. Voir aussi p. 10 pour une inscription en latin.

70. *La construction moderne,* 21 décembre 1889, 122.

CHAPITRE IV

LA THOLOS DE CÉRÈS

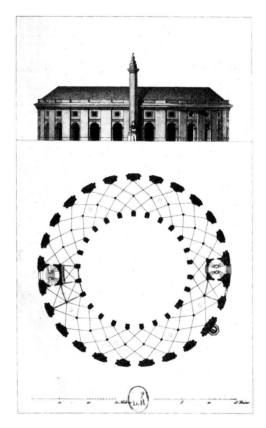

**Plan et élévation de la Halle au blé de Le Camus de Mézières,
grav. de Landon (dans J.-G. Legrand et J.P. Landon, *Description de Paris et de ses édifices*, Paris, 1808, t. 2, pl. 5).**
*Le mérite de cette halle est la forme nouvelle, et ce mérite n'est
pas médiocre,* **(M.A. Laugier, *Observations sur l'architecture*,
La Haye, 1765, p. 196).**

ROTONDITE ET CARACTERE

Alors que la construction de la Halle n'était pas encore à terme, Laugier déclarait que celle-ci allait être à Paris «un de nos plus agréable morceau» [1]. Sa distribution rationnelle, sa structure incombustible et son parfait isolement la recommandaient en effet à l'attention des contemporains. Mais, ce qui la distinguait le plus était, de loin, sa forme ronde. Ainsi l'*Almanach du voyageur* de souligner qu'elle était «analogue» à l'objet auquel on destinait le monument [2].

C'est bien ici, dans la pluralité des impératifs fonctionnels comme esthétiques, justifiant un tel parti, que réside l'intérêt exceptionnel de la composition de Le Camus. Cette solution, on l'a vu, répondait dans un premier temps aux contraintes de la topographie et concourait de surcroît à l'implantation d'un schéma urbain idéal: le cercle et le rayon. On a pu avancer aussi – rappel du symbolisme attaché aux Halles – que la situation centrale de l'édifice dans Paris l'exigeait [3]. Cela dit, opter pour une halle de plan circulaire constituait par ailleurs une affirmation majeure, tant du point de vue d'une réforme de la typologie que de la «poésie de l'architecture», composante essentielle – selon Boullée – à tout monument public.

AIR, LUMIERE ET TRANSPARENCE

Il importait à Le Camus de Mézières, conformément aux aspirations de progrès propres à son siècle, de créer un type de halle au blé moderne. La mise en pratique d'idées et de techniques nouvelles devait garantir l'efficacité de son service. Outre la formation de deux halles en une – alliant formule couverte et usage du carreau, mais aussi une structure expérimentale – le recours à un tracé circulaire lui apparut comme le moyen d'y parvenir.

Le Rouge, auteur d'un guide des «curiosités de Paris», observa qu'il s'agissait là d'une forme nouvelle [4]. De fait, en l'adoptant, Le Camus rompait avec la tradition bien établie des halles-nefs d'origine médiévale. On sait, grâce à Malisset – seule source d'information sur ce sujet capital – qu'il y eut, à propos du plan de la Halle neuve, un débat entre partisans de la forme ronde et défenseurs du schéma longitudinal. Dans sa lettre au procureur général, le responsable des grains du roi se prononça nettement en faveur de la première solution. Cette préférence, Malisset ne la fondait pas sur ses connaissances en architecture – inexistantes de son aveu même – mais, en technicien du commerce des blés, sur les avantages que procurait, par rapport aux halles «quarrées longues», le parti circulaire.

Coupe longitudinale de la Halle au blé, (dans N. Le Camus de Mézières, *op. cit.*). Parti annulaire et multiplicité des ouvertures favorisaient la ventilation comme la transparence du bâtiment.

Ce dernier satisfaisait avant tout à un besoin jugé alors des plus impératifs, en particulier dans le cas d'installations marchandes : faire pénétrer, au maximum, l'air et la lumière. Cependant, l'emploi ici de la forme ronde ne le permettait vraiment que dans la mesure où Le Camus isolait la halle, distribuait des arcades sur toute sa circonférence et, plus important encore, situait au centre une aire découverte. En ce sens, ce n'était pas – à précisément parler – une halle circulaire, comme la souhaitait Malisset, que conçut Le Camus, mais bien un bâtiment annulaire. Ainsi, en déployant la partie couverte autour du carreau, remédiait-il radicalement au principal défaut des halles-nefs, à savoir, par manque d'aération et d'éclairage, l'inutilisation de l'espace central.

Privilégier le rapport entre l'extérieur et l'intérieur par un parti annulaire, c'était, tout d'abord, servir la ventilation. S'affirmait au travers d'un tel besoin l'une des données qui influa le plus sur certaines orientations de l'architecture civile des Lumières : à son origine, semble-t-il, les travaux du physicien et naturaliste anglais Hales[5], auteur d'un projet de «ventilateur» applicable aux cales de vaisseaux. En 1743, il proposait d'en étendre l'usage à d'autres installations d'ordinaire peu aérées : les mines, les hôpitaux, les manufactures et les prisons. Il pensa également aux greniers, se faisant l'écho – en une période de considérables progrès de l'agronomie – d'études menées autour du problème, combien délicat, de la conservation des grains. On estimait alors, expériences scientifiques à l'appui, qu'un renouvellement constant de l'air dans les locaux serrant les blés en prévenait au mieux la corruption. En 1754, l'académicien Duhamel du Monceau – dont Le Camus recommandait la lecture – publiait un projet de grenier pour l'approvisionnement d'une ville[6]. Il comportait des tours équipées de moulins dont la tâche était de souffler de l'air dans les étages réservés au stockage. Patte, deux années plus tard, recourut à pareil système dans son projet de grenier public pour Grenoble[7].

Rien de tel cependant à la nouvelle Halle de Paris, où pour ventiler l'intérieur – l'étage en particulier – Le Camus préféra compter sur la forme même de l'édifice et la distribution de ses percées : un choix, donc, éminemment architectural. Ronde et découverte au centre, la halle se trouvait en effet uniformément exposée aux divers mouvements de l'air, communication que secondaient, en élévation, les nombreuses ouvertures en vis-à-vis ; parmi celles-ci, les lucarnes du comble spécialement conçues pour «porter l'air dans les greniers et y entretenir la fraîcheur convena-

114

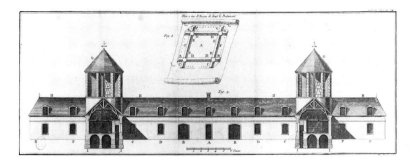

Projet de greniers avec «ventilateurs» pour une ville ou un hôpital, (dans H.L. Duhamel du Monceau, *Traité de la conservation des grains,* Paris, 1754, pl. IX).

ble» [8]. Plus besoin, dès lors, de ventilateurs, accessoires greffés sur la structure.

Au-delà du strict problème de la ventilation des grains, le fait que l'édifice ne s'opposât point à la liberté de l'air paraissait, au surplus, devoir garantir la salubrité du quartier circonvoisin. Cet aspect, on l'a vu, avait incité la Ville à avancer l'idée d'une halle – lieu ouvert – au détriment du projet de lotissement des créanciers du prince de Carignan. Néanmoins, comme le remarqua Volkmann, le peu de largeur donné à la rue de Viarmes eut pour fâcheuse conséquence de nuire à l'effet escompté [9].

Ce principe: «former de l'entière fabrique une structure de ventilation [10]» – appliqué ici pour l'une des toutes premières fois par le Camus – devait, de façon révélatrice, alimenter une réflexion sur l'architecture hospitalière contemporaine [11]. Dans les deux cas, l'analyse témoignait d'approches convergentes. Ainsi, en 1774, les arguments d'Antoine Petit en faveur de son projet d'hôpital de plan concentrique rejoignaient-ils ceux avancés dix ans plus tôt par Malisset, partisan d'une halle circulaire [12]. Ils conduisaient à une même conclusion: rejeter les schémas établis – en l'occurrence les plans «quarrés» où stagne l'air – au profit de la forme ronde. Dans son célèbre projet d'Hôtel-Dieu de 1784, Poyet usa de termes identiques [13]. Là aussi, tracé annulaire et multiplication des percées favorisaient les courants d'air à travers tout l'édifice; cette circulation – comme à la Halle – devait être facilitée par l'isolement de la rotonde et la présence en son centre d'un espace découvert. Conservation des grains et assainissement des salles de malades donnèrent donc lieu, au nom de la salubrité et du bien public, à des formules architecturales voisines, toutes deux en rupture avec la typologie traditionnelle. Il est remarquable, à cet égard, que Le Camus ait proposé ses services lors de la consultation de 1787 pour les plans de quatre hôpitaux [14]. Le parti circulaire expérimenté à la Halle eût, sans nul doute, trouvé là une nouvelle illustration.

Autre exigence fonctionnelle satisfaite par le plan en couronne de la Halle, celle de l'éclairage de la partie couverte. Grâce à l'effet conjugué de la courbure du plan et du dégagement du carreau, véritable puits de lumière, le jour bénéficiait ici d'une bien meilleure diffusion que dans les halles longitudinales considérées, sur ce point encore, fort incommodes. Dans ces dernières, au mécontentement de beaucoup, police et particuliers, régnait en effet une obscurité propice à la fraude, celle notamment concernant la qualité de la marchandise. Pour cette raison, les édiles parisiens restèrent longtemps opposés à l'implantation de halles au blé couvertes. Quant à Malisset, ayant observé que les vendeurs, dans ce type d'installation, désertaient le plus souvent l'espace central pour se placer près des piliers, voire même à l'extérieur – il jugea impératif que l'on introduisît la lumière au cœur de la halle. Seul, selon lui, un parti circulaire pouvait permettre une telle amélioration.

Enfin, rendre l'édifice perméable à l'air et à la lumière, c'était également contribuer à sa transparence. Or, par là, répondait-on à un besoin d'ordre politique. L'intérieur de la halle devait être en effet accessible au regard de la population qui, hantée par le spectre de la pénurie, aimait à constater par elle-même l'état des approvisionnements: «si les grains sont rares dans les halles, dans les marchés, [le peuple] conçoit à l'instant des inquiétudes sur une disette prochaine, et l'expérience apprend que ces alarmes publiques causent toujours des inconveniens encore plus frequens que les véritables disettes [15].» L'étalage de l'abondance – ou du moins son image – constituait donc un moyen efficace de prévenir la «fermentation des esprits», un facteur de troubles qu'il fallait à tout prix éviter, en particulier à Paris [16]. La halle de Le Camus, sous ce rapport, satisfaisait aux vœux les plus instants du lieutenant de police Sartine pour qui montrer «aux yeux de tout le monde» une «denrée indispensable» rassurait à coup sûr [17]. Visible de six carrefours différents, ajourée sur toute sa circonférence – ce qui permettait à quiconque d'embrasser du regard la majeure partie du rez-de-chaussée – elle se soumettait aisément au moindre examen conduit du dehors. Le public, dès lors, en contemplant le volume des stocks entreposés, pouvait s'assurer de la prévoyance du gouvernement.

Compte tenu de la précarité même du système des subsistances – récoltes incertaines, médiocrité des transports, problèmes de conservation – une telle gageure n'était pas sans péril. Aussi en période de crise, pour maintenir un semblant d'abondance, Sartine eut-il recours à des «ruses de guerre» qui, avec habileté sinon cynisme, jouaient sur la transparence de la halle [18]. On entassait alors des sacs de farine sur le carreau en prenant soin de disposer les piles dans l'axe des rues rayonnantes afin qu'elles fussent bien en évidence. De même, toujours dans le but de «faire illusion au public», s'abstenait-on de fabriquer de la farine en vue d'accroître le nombre des sacs exposés: «il est sûr que deux mille sacs de bled à la halle tiendront plus d'espace que mille sacs de farine qui sont au fond la même valeur».

Vignette satirique décrivant l'intérieur de la Halle au blé, vide de sacs et peuplé de souris affamées, 1789, (*Musée Carnavalet, Cab. Est.*). On venait ici juger de l'approvisionnement de la capitale, grâce à la transparence de la rotonde.
VUE INTERIEURE DE LA NOUVELLE HALLE. Dessinée d'après Nature le 4 Novembre 1789. Et Doléances des Rats et Souris au Comité des Subsistances/Très Haut et très Puissants Seigneurs/Avec juste raison nous craignons la famine/Mais direz vous peu nous fait peur!/D'accord sur ce point là, mais si peu de Farine/Que quatre d'entre nous ont peine à se nourrir!/Ah, Messieurs par pitié daignez nous secourir/N'exposez pas nos vies à la merci des Chats/En nous forçant d'aller chercher ailleurs/Les restes trop chanceux des somptueux repas/Qui ne sont faits que par les grands seigneurs.

Le choix par Le Camus d'un parti circulaire ne constituait pas seulement une réponse originale à des considérations liées au programme utilitaire. Il traduisait tout autant la volonté de conférer à la nouvelle Halle au blé de Paris – «temple de Cérès» – un caractère qui lui fût propre. Par là, l'architecte s'assignait-il pour but de «peindre» aux yeux de tous l'usage de ce lieu public comme de justifier son isolement monumental, marque de sa «grandeur».

Le concept de caractère – alors au cœur de l'invention artistique – s'accordait au mieux avec les tendances nouvelles de la pensée architecturale des Lumières, en particulier avec la recherche d'une définition moderne des édifices publics. Dès 1745, se fondant sur les principes de l'*Ars poetica* d'Horace – une distinction des styles selon les genres – Boffrand avait souligné l'importance de l'expression en architecture, elle aussi susceptible de «genres» divers [19]. L'idée devait être développée par Blondel puis enrichie, notamment par l'apport du sensualisme, tout au long de la seconde moitié du siècle [20]. Doté de «cette manière d'être qui ne convient qu'à lui ou à ceux de son espèce» (Blondel), chaque édifice devait, de l'extérieur, annoncer clairement sa fonction spécifique. Ainsi, un théâtre, valorisé en tant que monument urbain «à l'antique», ne pouvait-il être confondu avec un immeuble d'habitation anonyme. Il fallait par conséquent, comme l'exigeait Diderot, que l'on pût deviner la destination d'un édifice – son isolement aidant – d'aussi loin qu'on l'aperçût [21]. Et le philosophe d'ajouter: «si l'usage est nouveau, l'édifice est mal fait, ou il se distinguera de tout autre par quelque chose qu'on n'a point encore vu ailleurs».
L'expression du caractère constituait donc l'une des bases premières d'un renouvellement de l'architecture. Pour Boffrand, distinguer un quelconque bâtiment reposait autant sur sa disposition que sa décoration. Cette dernière, en réalité, devait exercer chez

lui un rôle prépondérant, comme en témoigne son projet de halle au blé de 1748 dans lequel le caractère distinctif de l'ensemble se fonde principalement sur la présence d'un ordre à bossages. Avec Blondel – évolution sensible – apparut l'idée que le caractère tenait davantage à la forme générale qu'à des éléments ornementaux. Selon Boullée enfin, averti des théories sensualistes de Condillac [22], le caractère d'un édifice découlait des sentiments particuliers engendrés par «l'effet des masses», source de poésie en architecture. Celle-ci, désormais, s'assimilait à la peinture: «les tableaux en architecture se produisent en donnant au sujet que l'on traite le caractère propre d'où naît l'effet relatif [23].»

Le Camus de Mézières – qui dédia *Le génie de l'architecture ou l'analogie de cet art avec nos sensations* (1780) à Claude Henri Watelet, encyclopédiste intéressé par l'influence de la peinture sur les sens – partageait à cet égard les vues tenues par les principaux architectes de sa génération. Il s'en expliqua longuement dans son traité, organisé tout entier autour de la notion de «caractère»: «Plus j'ai examiné, plus j'ai reconnu que chaque objet possède un caractère qui lui est propre, et que souvent une seule ligne, un simple contour suffisent pour l'exprimer (...) Le célèbre Le Brun dont les talens honorent sa patrie, nous a prouvé la vérité de ce principe en nous donnant son caractère des passions [24].» Il y avait là le moyen, selon lui, non seulement de singulariser d'après leur fonction des différentes pièces d'une résidence privée, mais aussi – tâche plus noble encore – de signaler les édifices publics, de tels monuments devant, «chacun dans leur genre», provoquer des sentiments analogues au sujet.

La forme ronde se prêtait, sous ce rapport, à une caractérisation efficace de la Halle neuve. Inédit ce parti l'était, du fait même de la rareté de constructions semblables et dès lors aussi que ce type de plan

Chastel, fronton des greniers de la ville d'Aix, 1741. La Halle de Paris
ne comportait aucun groupe allégorique de ce type; impressionnante, sa
forme circulaire suffisait à fixer son caractère.

avait été, au nom d'un symbolisme humaniste, long-temps associé à la seule architecture religieuse. En 1753, J.M. Peyre soumettait au concours annuel de l'Academia di San Luca à Rome un projet de cathédrale sur plan circulaire. Mais, basé sur une figure géométrique idéale, ce parti devait avant tout retenir l'attention par les sensations produites à sa vue. Le Camus annonçait en cela «l'essence des corps réguliers» tant invoquée par Boullée dans ses projets de monuments publics. Laugier, déjà, dans son *Essai sur l'architecture,* avait relevé les qualités inhérentes à la forme ronde non pas en s'attachant, comme Malisset, à la stricte fonction mais bien au contraire à l'esthétique. Dans ses *Observations*, il se montra plus sensible encore au pouvoir exercé par cette forme élémentaire, jugeant qu'au regard de l'effet créé, ses inconvénients étaient secondaires: «Il est vrai que l'imagination étant principalement occupée de la courbure du plan, l'œil fait moins attention à cette difformité des bases et des chapiteaux, et que le bon jugement la pardonne, en faveur de l'agrément

attaché au plan circulaire [25].» De ce point de vue, on comprend que l'avis de Laugier sur la Halle au blé ait été des plus favorables.

Par les propriétés expressives qu'on lui reconnaissait, la forme ronde pouvait donc d'elle-même énoncer l'essentiel du caractère. Hormis le seul tracé du plan, tout autre moyen d'en suggérer la teneur – par les ressources de l'ornement – devenait dès lors superflu. Boullée l'affirma: «c'est en architecture un axiome que les belles formes sont la base première d'une belle décoration [26].» Pour Poyet, plus pragmatique, l'avantage d'une rotonde était «de se décorer d'elle-même, et, par là de prévenir les dépenses en décoration dont les autres formes ont besoin» [27] On rejoignait là l'une des idées maîtresses de Blondel d'après laquelle les attributs de la sculpture ne pouvaient, aux dépens de la forme, constituer le genre d'un édifice même si, bien sûr, ils contribuaient à le préciser. A la Halle au blé, c'est sous ce jour qu'il convient de relever, en rapport avec la stricte uniformité affichée

118

en élévation, l'absence du moindre élément décoratif ou allégorique, sculpture ou bas-relief. Rien ici de comparable en effet au fronton de la Halle aux grains d'Aix (1741) – œuvre de Chastel où figure, sur fond d'épis, une personnification de la ville accompagnée d'un dieu fluvial – ou encore au bas-relief de Berruer surmontant l'entrée de l'Ecole de chirurgie de Gondoin. Plus tard, comme pour remédier à une pareille absence, Bélanger proposa de placer sur le pourtour de la Halle des médailles indiquant «vingt-quatre des époques les plus historiques des fastes de la ville de Paris» [28].

S'appuyant d'abord sur la forme ronde, le caractère de la Halle n'en était pas moins soutenu par le style: «Le style et le ton doivent se rapporter au caractère de l'ensemble et l'ensemble doit être pris dans la nature, dans l'espèce et la destination de l'édifice qu'on veut élever [29].» Dans le cas présent, il devait avant tout dégager une idée de force, une force qui exprimât aussi bien la stabilité de la construction que – symboliquement – l'aptitude du gouvernement. A l'instar de Boffrand, Le Camus recourut à l'ordre toscan qui, selon lui, offrait les qualités requises: «c'est un beau simple désignant la force et la solidité [30]». Il l'appliqua aux colonnes isolées du portique comme aux larges pilastres rythmant l'extérieur de la rotonde. Accents visuels prononcés, ces derniers prenaient de ce fait toute leur signification de contreforts. Quant aux bases des colonnes du portique, dépourvues de tore, elles ne se composaient que d'une seule plinthe, interprétation du toscan qui seyait parfaitement à une architecture utilitaire. Le Camus rejoignait ici Palladio et son emploi du petit ordre à la basilique de Vicence. A la Halle au blé, les contemporains distinguèrent une «noble simplicité» adéquate et Blondel, un modèle pour les bâtiments de ce type: «A l'égard de la décoration, elle doit être simple, mais porter un caractère de fermeté qui annonce la solidité que les murs de face doivent avoir, pour résister à la charge des grains, à la poussée des voûtes et au poids de la couverture [31].»

LE CIRQUE DE L'ABONDANCE

Caractériser un édifice édilitaire consistait enfin, par le biais de la métaphore, à agrandir le sujet en le traitant d'une manière historique et monumentale. Ainsi le programme d'une halle au blé, traduisant la modernité, fournit-il l'occasion d'implanter à Paris un monument «patriotique» qui, au travers de sa disposition générale et sa rotondité imposante, évoquait l'un des archétypes de l'architecture antique: le Colisée.

La Halle neuve de Le Camus relevait en cela de cette volonté, essentielle durant la seconde moitié du dix-huitième siècle et plus affirmée encore sous la Révolution, d'introduire dans la capitale l'exemple romain grâce à des édifices publics «à l'antique». Tel était déjà le souci de Boffrand lorsqu'il projetait l'implantation d'un vaste *forum* au cœur de Paris. Publié à l'avènement de Louis XVI, *le Discours sur les monuments publics* de l'abbé Lubersac de Livron se montre à cet égard particulièrement explicite. Le jeune monarque y est décrit, en un voyage imaginaire, parcourant ses états pour en constater l'opulence. Visitant la capitale du royaume, il ne manque pas d'apercevoir la nouvelle Halle dont il saisit aussitôt le caractère: «Louis remarque (...) sur son passage un dépôt public d'une forme jusqu'alors inusitée dans son royaume depuis les amphithéâtres qu'y avoient élevés les Romains; (...) dépôt qui prouve

A.L.T. Vaudoyer, projet d'une «ménagerie pour un souverain». Il obtint le premier prix au concours de l'Académie royale d'Architecture en 1783. (*Collection des prix que la ci-devant Académie d'Architecture proposait et couronnait tous les ans* (période 1773-89) (1789), pl. 20).

l'attention du Gouvernement et des Magistrats pour la subsistance du peuple nombreux qui remplit la Capitale [32].»

Que la Halle au blé fût comparable au monument le plus considérable de la Ville éternelle contribuait à rehausser son importance en tant que lieu consacré à la subsistance des citoyens de la nouvelle Rome [33]. Ceux-ci s'y montrèrent d'ailleurs sensibles; pour des raisons d'ordre politique d'abord: le roi témoignait par là de sa sollicitude, mais aussi parce que l'on jugeait enfin de l'image jadis offerte par les amphithéâtres: «Ce monument est remarquable par sa forme circulaire parfaitement isolée, la seule de ce genre qui existe à Paris et qui puisse nous donner une idée de la masse des théâtres ou des amphithéâtres des anciens, avec cette différence cependant que les premiers ne comprenaient que la moitié d'un cercle, et que les seconds étaient sur un plan elliptique, mais l'effet à l'œil était à peu près pareil [34].»

Couronne percée d'arcades, la halle de Le Camus se signalait comme l'une des premières manifestations tangibles du désir de restituer le Colisée, modèle dont la forme – plus qu'aucun autre aspect – retenait alors

l'admiration. Dès 1749, «plein des beautés de l'antique», Servandoni avait projeté une place Louis XV avec le dessein de rappeler, par son tracé, les cirques romains [35]. N'était-ce d'ailleurs pas là ce que Legrand et Molinos se proposaient d'accomplir en dressant une statue de Louis XVI au centre de la halle: associer le roi à une place publique assimilable à un amphithéâtre? On envisagea aussi, solution plus archéologique, de procéder à une restauration de l'amphithéâtre de Nîmes. L'entreprise paraissait digne des Lumières: «Il était réservé au dix-huitième siècle, à ce siècle de la Philosophie, des Sciences et des Arts, de voir effectuer le rétablissement de ce monument imposant et respectable. Y eut-il jamais époque plus favorable? [36]». En 1783, l'Académie d'architecture soumettait comme thème de grand prix «une ménagerie pour un souverain» comprenant «amphithéâtre et arène découverts, propres aux combats des animaux, avec des gradins et des loges pour les spectateurs [37]».

Mais c'est surtout au moyen des nouvelles productions de l'architecture édilitaire que l'on comptait parvenir à une telle résurrection. Pour Legrand, il

Vue factice des monuments anciens de Nîmes, dessin de Paul Grégoire, 1786, (*BN. Cab. Est.*). La nouvelle Halle au blé fut perçue à l'époque comme le premier cirque élevé en France depuis l'antiquité romaine.

E.L. Boullée, projet de cirque, 1783 (*BN, Cab. Est.*). *Mon dessein était de me borner au simple projet d'une restauration; mais en y réfléchissant, j'ai pensé que ce monument (le Colisée) pouvait être conçu relativement à nos usages (...)* **E.L. Boullée, *op. cit.*, p.119.**

convenait en effet «d'appliquer la forme des amphithéâtres à divers bâtiments publics, et utiliser ainsi parmi nous ce luxe d'architecture [38]». Plusieurs projets postérieurs à la Halle au blé, s'attachèrent dans cet esprit à retracer la rotondité du monument le plus important de Rome: en particulier – datant des années 1780-1785 – l'Hôtel-Dieu de Poyet, déjà cité, et le cirque de Boullée [39]. Or, dans chaque cas, cette transposition formelle revêtait une valeur distincte. Là où le projet de Poyet, à partir de motifs aussi bien utilitaires qu'esthétiques, détournait le modèle antique au profit d'un programme moderne tout autre [40], le second, en reprenait la destination originelle, prêtant par là à l'édifice une expressivité accrue, voir même une résonnance politique affirmée. L'approche de Le Camus annonçait donc celle de Poyet plus qu'elle ne relevait des critères présidant alors au débat autour des salles de spectacle «à l'antique». Aussi n'est-il pas surprenant que de l'avis de Quatremère – rigoriste pour qui la forme du théâtre antique ne seyait qu'à un édifice contemporain de même catégorie – l'évocation du Colisée par la Halle au blé ait constitué un fâcheux contresens: «on peut seulement [lui] reprocher de n'avoir pas le caractère qui convient à la chose. Son plan et son élévation circulaire percée d'arcades présentent une idée de théâtre ou d'amphithéâtre qu'on auroit préféré de trouver à d'autres édifices [41].»

Vue perspective du nouvel Hôtel Dieu proposé par le S. Poyet, prise du Chemin de Versailles.

Coupe en perspective de la Cour du centre et des Salles du nouvel Hôtel-Dieu.

B. Poyet, élévation et coupe d'un projet d'Hôtel-Dieu sur l'île des Cygnes, (dans *Mémoire sur la nécessité de transférer et reconstruire l'Hotel-dieu de Paris,* Paris, 1785). A l'instar de Le Camus, Poyet détourna la forme d'un archétype antique – le Colisée – au profit d'un programme moderne.

PANEM ET CIRCENSES

En décrivant la Halle au blé comme un «cirque» [42], Blondel n'envisageait sans doute pas, au-delà de l'analogie formelle, qu'elle pût effectivement l'être un jour.

Or, à plusieurs reprises et sous des régimes politiques différents, l'édifice fut, le temps d'une fête publique, converti en salle de bal – en vauxhall.

C'est alors – image et fonction se rejoignant – que la métaphore de l'amphithéâtre prenait son plus grand poids.

LE VAUXHALL DU PEUPLE

Pour de multiples raisons, pratiques d'abord, la Halle au blé se prêtait de façon idéale à la fonction de lieu d'amusement. Avec son carreau, devenant arène en la circonstance, elle offrait l'espace que réclamait la tradition des réjouissances populaires tenues, à l'occasion des événements fastes, sur les places, marchés, carrefours et autres endroits dégagés. A cela s'ajoutait – avantage précieux pour la police du Châtelet – le fait que le carreau était circonscrit par un corps de bâtiment, ce qui facilitait grandement la tâche de surveillance. La funeste bousculade de la Place Louis XV provoquée lors de la fête pour le mariage du Dauphin en 1770 demeurait dans toutes les mémoires. De même, le tumulte suscité par les traditionnelles distributions de nourriture pouvait ici être aisément contrôlé [43]. L'édifice annulaire présentait en outre l'avantage de permettre à des spectateurs de se loger, notamment à l'étage doté de baies donnant sur le carreau. Sous ce jour, la Halle n'était pas sans points communs avec les vauxhalls, palais des plaisirs à la mode dont le plus récent, à Paris, avait été bâti de 1771 à 1774 sur les plans de Louis Denis Le Camus et baptisé – coïncidence éloquente – «Le Colisée» [44]. On y trouvait en effet, réservée à la danse, une aire circulaire qu'environnait une colonnade supportant un attique réservé aux spectateurs. Enfin, grâce à ses rues rayonnantes et nombreuses arcades, la Halle au blé bénéficiait d'accès commodes aptes à recevoir un vaste concours de gens et de voitures.

Si l'utilisation de la Halle comme cirque répondait, pour une large part, à des exigences de sécurité, elle n'en exprimait pas moins le désir de donner aux fêtes annonçant le «bonheur de la nation» un cadre monumental approprié. Il s'agissait là d'une idée – associer manifestations patriotiques et architectures à l'antique – qui, vers la fin de l'Ancien Régime et surtout sous la Révolution, devait constituer l'une des préoccupations majeures du pouvoir politique [45]. Aussi, les lieux dont disposaient les anciens pour leurs spectacles de masse – stades, amphithéâtres et hippodromes – reçurent-ils une attention particulière. Tout rassemblement de foule, symbolique déjà

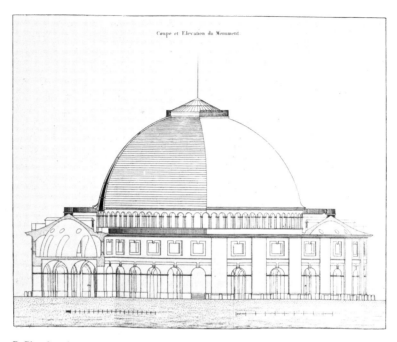

P. Giraud, projet de reconstruction de la coupole de la Halle au blé avec l'aménagement d'une galerie pour des spectateurs (dans *Projet d'une coupole pour la halle au blé de Paris,* ca. 1805). Ce projet tenait compte du double usage de l'enceinte.

en lui-même, prenait en effet un caractère accentué dès lors qu'on le mettait en scène dans une enceinte évoquant de façon explicite des fêtes de l'ancienne Rome. Dans certains cas, comme à l'occasion de la fête donnée à l'empereur Joseph II dans l'amphithéâtre de Vérone – édifice qu'entretenait par ailleurs la municipalité afin d'y organiser des spectacles – on eut recours aux monuments originaux [46]. A Paris, où l'évolution de la sensibilité politique appelait à une recrudescence des démonstrations publiques [47], il n'existait aucun lieu conçu spécialement pour les accueillir. C'est dans le but de remédier à pareil manque, indigne de la capitale, mais aussi de «remplir des vues morales et politiques» que Boullée imagina son projet grandiose de cirque, et Reverchon son pro-

jet d'hippodrome qui remporta une médaille à l'Académie d'architecture en 1784 [48].
Ce dernier avait été élaboré à l'occasion des fêtes qui suivirent la naissance du Dauphin, le 22 octobre 1781. Or, ce fut à la nouvelle Halle au blé, seul monument à Paris de son espèce, que se déroulèrent, le 21 janvier 1782, les principales réjouissances célébrant l'événement: la réalité de la fête rejoignait l'utopie architecturale. Aux yeux des contemporains présents, l'édifice annulaire subit alors une véritable métamorphose, la forme, embellie, devenant – au sens large – plus lisible encore: «une banne immense qui mettait à l'abri le peuple joyeux rassemblé dans cette enceinte et qui réunissoit les rayons de lumière distribués à sa circonférence, offroit a la fois le spec-

124

tacle le plus pittoresque et le plus imposant. Les artistes surtout en sentirent l'effet et regrettèrent le court espace de tems qu'il dura [49].»

Legrand et Molinos furent de ceux, parmi «les artistes», sur qui la première fête en la halle fit une profonde impression. Si le velum tendu au-dessus du carreau – comparable à l'ancien mode de couverture du Colisée – suscita chez eux le plus vif intérêt, ils remarquèrent tout autant l'adéquation parfaite entre l'usage nouveau de l'édifice et sa disposition. Ce rôle éphémère d'amphithéâtre – étranger au programme initial mais, en revanche, inhérent à la forme – ils voulurent le concrétiser dans l'architecture même de la halle. Il en résulta, à la construction de la coupole en 1783, une mutation explicite et durable de la structure originelle: l'aménagement sur la corniche intérieure d'un balcon destiné à l'agrément des spectateurs. «Comme ce monument est très propre par sa forme et son grand espace à donner des fêtes nous avons cru devoir placer sur la corniche un balcon ce qui forme une gallerie de trois pieds de largeur et qui pourrait contenir neuf à douze cents personnes le devant de la construction est garanti jusqu'à la hauteur de cinq pieds dans tout le pourtour de cette gallerie par un mur de brique sur champ qui ote toute espèce d'inquiétude dans le cas où l'on voudrait éclairer cette partie par des lampions [50].»

Etablir ce balcon amena les architectes à organiser un chemin d'accès autonome ne gênant point le service. A nouveau, on tira parti de la colonne de Médicis en la changeant – cette fois-ci – en tourelle d'escalier: sa vis fut reliée à la halle au moyen d'une porte. Enfin, à la hauteur des reins de la grande voûte du grenier, on jeta une passerelle en charpente qui permettait de gagner la corniche. De cette passerelle, on jouissait aussi d'une vue plongeante sur la «halle haute», avantage qui lui valut un grand succès auprès des visiteurs.

Avec de telles modifications, limitées certes – mais d'une portée considérable, la Halle au blé devenait un édifice public «mixte» se prêtant à son double emploi avec un égal bonheur. Plus qu'aucun autre, l'architecte Giraud devait en tenir compte lorsqu'en 1805, dans son projet pour une nouvelle coupole, il proposera d'élargir le balcon au moyen d'une galerie capable d'accueillir un public plus nombreux [51]. A la fois centre des subsistances et théâtre des célébrations populaires, la halle prenait une valeur symbolique plus soutenue encore. On atteignait par là au caractère des marchés antiques où, selon Legrand, «les besoins du peuple et la gloire nationale se trouvaient réunis, confondus, et pour ainsi dire enchaînés par la mâle pensée de l'artiste [52]». A cet égard, la Halle-Colisée faisait figure de modèle: «On pourrait aisément par la suite multiplier dans cette capitale les monuments du genre de celui-ci, et construire de cette manière la Douane, la Halle aux Vins, etc... de sorte qu'à l'objet d'utilité première de ces établissements put se réunir celui d'y donner des Fêtes au Peuple [53].»

Au regard de ces vœux émis par le *Journal de Paris,* il paraît particulièrement opportun d'évoquer ici deux projets de Charles De Wailly tant ils éclairent, chacun, cette notion du monument public polyvalent. Le premier, daté de 1789 et inclus dans un plan général d'embellissement pour Paris [54], prévoyait la construction d'une seconde halle au blé; fait révélateur, elle devait, elle aussi, obéir à un schéma annulaire. Implantée en bordure de Seine près de l'Hôtel-Dieu de Poyet dont elle formait le pendant, elle environnait, non un carreau, mais un vaste bassin annulaire destiné à recevoir les barges chargées de grains: les deux composantes de l'ancien plan Oblin – halle et gare à bateaux – se trouvaient ici réunies. La rotonde de De Wailly était appelée, de surcroît, à abriter des bains publics et, occasionnellement, à servir de cadre aux joutes nautiques: un divertissement parisien traditionnel pouvait alors prendre des allures de naumachie [55]. Comment, enfin, lorsque l'on considère le balcon de la Halle au blé établi par Legrand et Molinos, ne pas songer à cet autre projet de De Wailly conçu en 1794, sur l'avis de David, pour la place située au devant de l'Odéon [56]? Le but était le même: créer une aire rappelant la disposition des théâtres antiques. Il suffisait d'y adjoindre une colonnade, des gradins et un velum pour transformer cet espace semi-circulaire en une arène consacrée aux rassemblements populaires et à «l'instruction publique».

Ch. De Wailly, projet de transformation de la place devant l'Odéon, 1794 (*Bibliothèque de la Comédie française*). De Wailly avait prévu de transformer la place devant le théâ- tre de l'Odéon en un amphithéâtre républicain: le cadre «parlant» des édifices publics se prêtait ainsi à une résurgence de l'idéal civique des anciens.

BACCHUS OFFERT EN SPECTACLE

De quelle manière les fêtes tenues dans la halle se déroulèrent-elles et, accentué par la mise à contribution de son enceinte, quel put en être le contenu idéologique? De toutes, le bal donné le 14 décembre 1783 en l'honneur de la paix de Versailles fut sans doute la plus accomplie. A l'unisson avec l'euphorie du moment – victoire en Amérique, première ascension des frères Montgolfier «nouveaux Prométhées» – coïncidant aussi avec la fin des travaux de la coupole de Legrand et Molinos – il constitua un événement majeur:

Tu vis ce monument, grenier de l'abondance,
Couronné tout à coup par une voûte immense,
Pour le Peuple assemblé se changer en palais;
Cent faisceaux des bougies
Eclairer leurs orgies
Et Bacchus introduit au temple de Cérès [57].

Vu la lumière originale qu'elle projette sur l'architecture de la Halle au blé, mais aussi, plus largement, sur la société urbaine de l'Ancien Régime finissant, cette fête mérite qu'on y s'arrête. (cf. Annexe 2)

Métamorphoser le Temple de Cérès en Colisée n'allait pas nécessairement de soi; des adaptations s'imposaient. Il fallut, entre autres, démonter le dispositif des planchers installés sur le carreau et surtout – problème quasi insoluble – mettre les sacs de farine à l'écart. On les empila sous le portique qui ne put dès lors être mis à profit. L'organisation de la fête pour la paix mobilisa l'attention. Comme le graveur Wille, on se rendait à la Halle en famille pour juger de l'avancement des préparatifs. De son côté, le *Journal de Paris* multipliait annonces diverses et consignes relatives à l'ordre de marche des carrosses au soir du bal, cependant que les autorités municipa-

Fête à la Halle au blé, le 14 décembre 1783, grav. anonyme, (*BN, Cab. Est. Coll. Hennin*). **La fonction utilitaire de l'édifice imposait des limites à sa polyvalence:** *On a critiqué une seule chose, c'est d'avoir laissé les sacs de farine dans une partie de la double galerie circulaire qui précède l'enceinte intérieure. Quoique ces marchandises ne nuisissent pas absolument au spectacle et à la circulation, celle-ci aurait été beaucoup plus libre et celui-là plus imposant, si en éclairant cet entour, on eût encore ménagé au peuple plus d'espace pour se promener, pour danser, pour se livrer à toutes ses folies et la foule aurait pu être double: c'est alors qu'on aurait pu véritablement dire que cette fête suggérait quelque idée de celles que Rome donnait au peuple.* **(L.P. de Bachaumont, *Mémoires secrets*, Londres 1784, t. XXIV, p. 91).**

les prenaient toutes les précautions afin de prévenir d'éventuels incidents [58].

Cette fête répondait à un double objectif: distraire le menu peuple de Paris, mais aussi le mettre en scène à l'intention de spectateurs privilégiés [59]. Il y eut donc deux publics fort distincts: l'un dansant, acteur malgré lui, l'autre, à l'inverse, se contentant de regarder. Telle que l'avaient amendée Legrand et Molinos, la Halle au blé se prêtait à cette ségrégation de façon parfaite. Le rez-de-chaussée fut livré à la foule. Au centre du carreau se dressait une estrade occupée par un orchestre réglant «les mouvements et les cris de cette masse joyeuse». Sous les arcades, surveillés par des gardes, se trouvaient des buffets d'où l'on distribuait vins et comestibles. Quant à l'étage du grenier et au balcon, véritables galeries de théâtre, ils furent réservés aux «gens de la cour et de la ville» qui n'y accédaient qu'avec des billets délivrés par le prévôt des marchands. La décoration – des draperies et une illu-mination rehaussant l'architecture – avait été conçue «d'une manière simple et convenable au genre des acteurs auxquels la fête de bal était destinée [60]». Ainsi, satisfaisant à un besoin d'ostentation sociale – le même qui régissait alors l'agencement interne des salles de spectacle – l'enceinte de la halle offrait-elle un saisissant reflet de la hiérarchie établie, image d'autant plus forte que l'ensemble était éclairé par un lustre central en forme de couronne [61]. Organiser une telle fête en un tel lieu remplissait à l'évidence des vues politiques. Ne s'agissait-il pas, en permettant au peuple de jouir d'un édifice «patriotique» consacré à sa subsistance, de servir le prestige du monarque et par là de raffermir l'attachement de ses sujets à sa personne? Certaines sources contemporaines se plurent en ce sens à témoigner de la gratitude des participants: «Aussi une femme, accompagnée de sa fille et de son fils, s'écria-t-elle, en voyant le Portrait de Louis XVI: Oh! le bon Roi, il s'occupe de nos plaisirs, et demain il demandera: le Peuple de ma bonne

Ville de Paris s'est-il bien diverti [62] ?» Enfin, pour les esprits préparés, notamment parmi la brillante assistance se pressant au balcon ou à l'étage, il y avait là une occasion sans pareille de se représenter ce qu'avaient pu être les fêtes des anciens. Au-delà d'une analogie d'ordre politique – à Rome, le cirque avait été à la fois «l'appui de la domination impériale et les délices du peuple» [63] – le cadre même dictait un pareil rapprochement, «non que les amphithéâtres des Romains ne fussent plus considérables sans doute». Cette manifestation formait donc un spectacle inédit, digne d'exciter la curiosité de la «noblesse françoise», mais aussi de susciter l'intérêt d'un «piranésien» comme Hubert Robert qui, désirant faire un dessin de la fête, avait sollicité la faveur d'une place bien située [64]. Son projet, qui n'eut pas manqué de souligner la romanité de l'événement, semble malheureusement n'avoir connu aucune suite.

LA FETE REPUBLICAINE

Il était naturel – sinon obligé – que la Révolution, dont on sait la place qu'elle accorda aux fêtes civiques, ait à son tour tiré profit du cadre monumental de la Halle. Le 14 juillet 1790, au soir de la fête de la Fédération, son arène accueillit le peuple en liesse, cette même communauté de citoyens qui, quelques heures auparavant, avait été témoin du serment constitutionnel prêté dans l'enceinte d'un autre cirque: celui du Champ-de-Mars. Signe d'une validité des formes au-delà des circonstances, on réutilisa à l'occasion de ce bal le décor imaginé sept ans plus tôt par Legrand et Molinos. En fait, si l'on se souvenait encore des fêtes célébrées en ce lieu «sous le règne du despotisme», c'était pour en transposer le faste à un rassemblement populaire d'une signification politique nouvelle [65] – éloquente manière d'illustrer, aux yeux de tous, la déchéance de l'ancien ordre social. La référence à l'ancienne Rome demeurait toutefois constante, acquérant même une connotation historique plus pertinente encore. La Halle, désormais, passait pour un amphithéâtre républicain, type de monument qui devait inspirer au gouvernement de 1795 l'initiative d'un concours pour «des arènes du peuple» [66]. Une fois de plus, grâce à cette fête et son cadre unique, on put vérifier que Paris faisait bien figure de nouvelle Rome: «Je ne doute pas que MM. les Parisiens qui ont montré tant de courage depuis la Révolution, ne veuillent adopter l'éducation pratiquée à Rome. (...) La Seine est au bord de notre Champ de Mars, comme le Tibre l'étoit de celui des Romains. Enfin tout semble nous présenter la même conformité. (...) on dansera dans la magnifique rotonde de la halle, qui est peut-être l'endroit le plus commode et le plus beau pour ces sortes de fête: on a été occupé plusieurs jours à la décoration de cette enceinte qui, illuminée avec des lampions de différentes couleurs, flattera agréablement la vue. Il tiendra à peu près soixante mille âmes, comme ce cirque que Pompée avoit fait bâtir dans lequel il tenoit cent mille Romains [67].»

Au cours des journées d'intense ferveur nationale qui suivirent la fête de la Fédération, la Halle au blé continua à faire preuve de ses qualités de monument public polyvalent. Elle servit en effet de cadre aux réjouissances et banquets fraternels qu'offrirent aux députés plusieurs districts de Paris, mais surtout, le 21 juillet 1790, abrita la cérémonie organisée à l'occasion de la mort de Franklin. L'événement était de taille: «l'antiquité eut élevé des autels à ce vaste et puissant génie qui, au profit des mortels, embrassant dans sa pensée le ciel et la terre, sut dompter la foudre et les tyrans [68].» Cependant, «on ne pouvait pas honorer la mémoire de Franklin, né hors de l'Eglise, dans un de nos temples [69]» ; aussi avait-on cherché un local profane suffisamment vaste où l'on put prononcer l'éloge de cet «ami de l'humanité» [70], le lieu choisi devenant de ce fait «sacré». Furent considérés, puis jugés trop petits, le vauxhall d'été – une salle en forme d'éllipse – et celui d'hiver – surnommé le «Panthéon». C'est alors qu'on retint l'enceinte de la Halle. Là encore, par son caractère, transposait-elle une utopie architecturale dont le projet de cénotaphe pour Newton imaginé par Boullée constitue l'expression la plus «parlante». Le carreau fut garni de banquettes et son pourtour tendu de noir; au milieu et en face de l'orateur, était placé le buste de Franklin, élevé sur un sarcophage couvert de branches de cyprès. Le maire, une délégation de l'Assemblée nationale, La Fayette et quelques milliers de citoyens assistèrent à l'oraison [71]. Elle annonçait la pompe des obsèques de Mirabeau pour laquelle l'église Sainte-Geneviève devait être métamorphosée en Panthéon. La Halle neuve apparut ainsi comme une architecture apte à mettre en scène différents types de célébrations révolutionnaires, celles qui – consacrées tour à tour au peuple, à ses représentants et à un «apôtre» de la liberté – exaltaient l'avènement des lois nouvelles. Enfin, le 4 avril 1810, renouant avec les fastes de l'Ancien Régime, la Halle redevint Colisée impérial lors d'un bal donné pour le mariage de Napoléon avec Marie-Louise. Le décor en fut organisé par Bélanger qui disposa autour de l'édifice des ifs chargés de lampions [72].

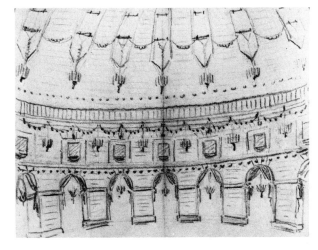

Décoration de la Halle au blé pour la fête de la Fédération, 1790, dessin à la sanguine (*BHVP*). *A la fête de la Fédération, la nouvelle halle aux blés, dans le quartier de Saint-Eustache, était brillam- ment illuminée. Après le dôme des Invalides et la Colonnade du Louvre, cette Halle aux blés a fait sur moi le plus grand effet.* (**Paris 1790, voyage de Halem**, A. Chuquet, Ed., Paris 1896, p. 376).

NOTES

1. M.A. Laugier, *Observations sur l'architecture*, La Haye 1765, p. 196.

2. L.V. Thiery, *Almanach du voyageur...*, Paris, 1785, p. 261.

3. Voir, *Journal des bâtiments civils*, n° 226, 8 brumaire an XI, 171.

4. G.L. Le Rouge, *Curiosités de Paris, de Versailles, Marly, Vincennes, Saint-Cloud et ses environs* (...), Paris, 1771, I, p. 223.

5. S. Hales, *A description of ventilators*, Londres, 1741.

6. H.L. Duhamel du Monceau, *Traité de la conservation des grains*, Paris, 1754, p. 232 et suiv., pls. IX et X.

7. P. Patte, *Monumens érigés en France* (...), Paris 1765, p. 28.

8. G.L. Le Rouge, *op. cit.*, t. I, p. 225.

9. Voir, J.J. Volkmann, *Neueste Reisen durch Frankreich* (...), Leipzig, 1787, t. I, p. 239.

10. R. Etlin, «L'air dans l'urbanisme des Lumières», *Dix-huitième siècle*, IX, 1977, 132.

11. Pour une discussion de divers problèmes relatifs à la réforme des hôpitaux à la fin du XVIIIème siècle, voir M. Foucault et une équipe, *Les machines à guérir, aux origines de l'hôpital moderne*, Bruxelles, Mardaga, 1979.

12. Voir, A. Petit, *Mémoire sur la meilleure manière de construire un Hôpital de Malades*, Paris, 1774.

13. Voir, B. Poyet, *Mémoire sur la nécessité de transférer et renconstruire l'Hôtel-Dieu de Paris suivi d'un projet de translation de cet hôpital*, Paris 1785.

14. Voir, *Gazette de France*, n° 34 suppl. 27 avril 1787, 158. Sur les rapports entre la Halle et le projet radio-concentrique de Petit, voir H. Rosenau, «Antoine Petit und sein Zentralplan für das Hotel-Dieu in Paris; Ein Beitrag zur Architektur Typologie», *Zeitschrift für Kunstgeschichte* XXVII, 1964, 228 - 237.

15. *Recueil des principales loix relatives au commerce des grains*, 1769, Discours de M. Joly de Fleury, premier avocat général, p. 49.

16. Sur ce point, Necker se montra l'un des premiers à analyser le rôle des «mentalités»: «L'agitation des esprits (...) devient plus importante, en raison de la grandeur des Villes; les mêmes impressions, qui s'affoibliroient promptement ailleurs, acquièrent de la consistance dans une Capitale de six cents mille hommes. On diroit que les sensations de l'âme sont comme autant d'accens fugitifs, qui, d'abord imperceptibles, deviennent éclatans par leur nombre. (...) Il seroit imprudent, à mes yeux, d'abandonner au moindre hasard la tranquillité de cette multitude immense qui se pourvoit de pain chaque jour, et qui ne prend aucune précaution, parce qu'elle compte sur une surveillance supérieure. «*Sur la législation et le commerce des grains*, Paris, 1775, pp. 153 - 154.

17. Voir le discours de Sartine dans: AN H²* 1873, Délibération du Bureau de la Ville, Procès-verbal de l'assemblée générale de Police au Parlement tenue à Paris le 28 novembre 1768, f° 92 v° - 95 r°.

18. Les subterfuges employés par le lieutenant de police sont évoqués dans un mémoire anonyme de 1771, AN F¹¹ 264.

19. Voir G. Boffrand, *Livre d'architecture...*, Paris 1745, pp. 16-17. «L'architecture, quoiqu'il semble qu'un objet ne soit que l'emploi de ce qui est matériel, est susceptible de différens genres qui rendent ses parties, pour ainsi dire, animées par les différens caractères qu'elle fait sentir. (...) Il en est de même de la Poësie (...)».

20. Voir, entre autres, J.F. Blondel, *Cours d'architecture*, Paris 1771, t. II, pp. 229 - 230, «Du caractère qu'il conviendroit de donner à chaque genre d'Edifices»; E.L. Boullée, *Essai sur l'art*, J.M. Pérouse de Montclos éd., Paris 1968, et A.. Quatremère de Quincy, *Encyclopédie méthodique*, Paris 1787, t. I, pp. 477 - 521, «caractère».

21. «Le monument de la place de Reims, 1760» cité dans D. Diderot, *Sur l'art et les artistes*, J. Seznec, éd., Paris 1967, p. 69

22. Sur l'auteur du *Traité des sensations* (1754) et l'influence de sa pensée, voir I.F. Knight, *The Geometric Spirit, the Abbé de Condillac and the French Enlightenment*, Yale, Yale University Press, 1968.

23. E.L. Boullée, *op. cit.*, p. 73.

24. N. Le Camus de Mézières, *Le génie de l'architecture*, Paris 1780, pp. 3-4.

25. M.A. Laugier, *Observations sur l'architecture*, La Haye 1765, p. 103.

26. Boullée, à propos de son projet de salle de spectacle circulaire, voir *Essai sur l'art*, p. 106.

27. B. Poyet, *Mémoire sur la nécessité de transférer et reconstruire l'Hôtel Dieu* cité dans *Journal des bâtiments civils*, an XI, n° 237, 338.

28. AN, N III Seine 1067, *Recueil des differens Plans et Dessins concernant la nouvelle coupole de la Halle aux grains*, 1808, pl. 24.

29. N. Le Camus de Mézières, *op. cit.*, p. 56.

30. *Ibid.*, p. 31.

31. J.F. Blondel, *Cours d'architecture*, Paris, 1771, t. II, p. 248.

32. Ch. F. Lubersac de Livron, *Discours sur les monuments publics de tous les âges et de tous les peuples connus*, Paris, 1775, p. 194.

33. L'auteur d'un projet de grenier public pour Paris évoquait, en ce sens, deux archétypes de l'architecture antique: «Ny les Pyramides d'Egypte, ny le superbe Colizée de Rome n'ont rien de comparable au monument aussi utile que nécessaire que nous proposons d'ériger.» Un tel édifice devait perpétuer «la mémoire du meilleur des Rois». Voir, AN, F¹¹ 265 «Essai sur le moyen d'établir des greniers d'abondance (...)» (1771).

34. Texte de J.G. Legrand dans Ch. P. Landon, *Annales du Musée et de l'Ecole des Beaux Arts*, Paris, 1806, Landon, t. XI, p. 17.
Pour un point de vue identique, voir

J.M.B.B. Saint-Victor, *Tableau histori-que et pittoresque de Paris,* Paris 1822, 2ème éd., t. II, pp. 324-325.

35. «A l'imitation des amphithéâtres Romains, M. Servandoni donna à son édifice la forme circulaire (...)», voir P. Patte, *Monumens érigés en France à la gloire de Louis XV,* Paris 1765, pp. 210 - 212.
Il faut rappeler ici l'œuvre de John Wood à Bath. Voulant redonner à la ville sa magnificence antique, il avait prévu d'y construire un forum, un gymnase et un cirque où devaient se dérouler des mani-festations sportives. Ce dernier, com-mencé en 1754, eut un succès considéra-ble, excepté auprès de Smolett qui y vit un «toy-Colosseum turned outside in». Il s'agissait d'une place circulaire envi-ronnée d'habitations déployant une façade unique et richement ordonnan-cée. Voir J. Summerson, *Architecture in Britain, 1530-1830* Harmondsworth, 1977, pp. 388 - 389.

36. *L'amphithéâtre de Nismes* (...), Nismes, 1784, p. 3. De nombreuses maisons encombraient alors le monument. Aussi s'agissait-il de «rendre libres les deux Portiques (...) la place du milieu, et d'iso-ler l'édifice dans toute sa circonférence extérieure» (*Ibid.,* p. 4.)
L'idée en avait été formulée dès 1533, par François Ier.
A la fin du XVIIIème siècle, un dégage-ment de l'amphithéâtre apparaissait comme le moyen le plus indiqué de sym-boliser l'importance acquise par la ville. On lui rendait par là son «antique splen-deur». Cette mesure s'inscrivait en fait dans un vaste programme d'embellisse-ment urbain centré autour d'une place Louis XVI dont l'architecte Raymond avait été chargé. Voir, P. Lavedan, «Les places Louis XVI», *La vie urbaine,* 1958, No 1, 19 - 20.

37. *Journal de Paris,* no 235, 23 août 1783, 570. Le prix fut remporté par Vaudoyer, voir: *Collection des prix que la ci-devant Académie d'Architecture proposait et couronnait tous les ans,* t.I, période 1773-1789, gravé et publié par A.P. Prieur et P.L. Van Cléemputte, s.d. (1789) IIIème et IVème cahier, 17 à 2.

38. J.G. Legrand, *Essai sur l'histoire géné-rale de l'architecture,* Paris, 1809, p. 255.

39. Voir E.L. Boullée, *Essai sur l'art,* J.M. Pérouse de Montclos, éd., Paris 1968, pp. 119 - 123.

40. J.G. Legrand, *op. cit.,* p. 256: «M. Poyet, Architecte, avait proposé de construire dans l'île des Cygnes, à Paris, un hôpital dans une masse pareille à celle du Colisée de Rome. Si ce projet avait reçu son exé-cution, il aurait donné à la France l'idée de cette superbe masse (...).» A cet egard, il est particulièrement intéressant de noter que, d'après Legrand, Clément XIV, Pape de 1769 à 1774, aurait eu l'intention de restaurer le Colisée afin d'y aménager un hôpital.

41. A.C. Quatremère de Quincy, *Encyclopé-die méthodique,* Paris, 1801-1820, t. II, pp. 504-505.

42. J.F. Blondel, *Cours d'architecture,* Paris, 1777, t. VI, p. 149.

43. En ce qui concerne les impératifs de sécurité, voir la lettre du 14 novembre 1783 qu'adressa le prévôt Caumartin à Moreau, maître des bâtiments. Il y fait valoir qu'une fête en la Halle au blé pourra être «surveillée de main-forte», Archives de Paris, 6 AZ 996/3.

44. Voir A. Ch. Gruber, «les vauxhalls pari-siens au XVIIIème siècle», *BSHAF,* 1971 (1972), 125-143.

45. Voir D. Rabreau, «Architecture et fête dans la nouvelle Rome», *Les Fêtes de la Révolution,* Actes du colloque de Cler-mont-Ferrand (juin 1974) Paris, 1977, pp. 335-375.

46. J.G. Legrand, *op. cit.,* p. 255.
En Italie, on employa aussi des construc-tions éphémères, telles l'arène elliptique élevée pour une fête à Parme; voir A. Ch. Gruber, «Les fêtes de Parme en 1769», *GBA* déc. 1971, 355 - 370.

47. Particulièrement révélateur à cet égard est le mémoire de l'abbé Brotier, cité par Boullée dans ses écrits, intitulé: «Pre-mier mémoire sur les jeux du cirque considérés dans les vues politiques des Romains, lu le 23 janvier 1781» in *Mémoires de l'Académie des inscriptions et belles-lettres,* t. XLV, pp. 478 - 494.

48. Publié dans: *Collection des prix que la ci-devant Académie d'Architecture propo-sait et couronnait tous les ans...* Tome premier, (période 1773-1789), Paris, sd. ca 1789, 12ème cahier, 67-68.
Plusieurs projets sont à rapprocher de l'hippodrome de Reverchon: tout d'abord, le cirque provisoire élevé au Champs de Mars pour la fête de la Fédé-ration; celui conçu en remplacement par Legrand et Molinos; celui de Poyet (1792) et enfin le projet de stade devant la colonnade du Louvre publié et analysé par Mme F. Boudon dans *BSHAF,* 1973, 239-246.

49. BHVP, Ms Cp 4823, «note pour le jour-nal 22 septembre 1782».

50. BHVP, Ms Cp 4823, «Abrégé des moyens employés successivement à la construction de coupolle de la halle...»

51. P. Giraud, *Projet d'une coupole pour la halle au blé de Paris,* Paris, l'auteur, (1805), pp. 5 - 6.
«J'ai ménagé une galerie entre les colon-nes intérieures et extérieures de l'attique. J'ai pensé qu'elle contribuerait beaucoup à une illumination tantôt éclatante, tan-tôt théâtrale, lors des fêtes que l'on vou-drait donner dans l'enceinte du monu-ment. Le public trouverait dans cette galerie des places commodes, indépen-damment de celles du balcon, pour jouir de la vue du rez-de-chaussée et du pre-mier étage.»
Voir aussi, l'*Observateur des spectacles,* no 331, mercredi 26 janvier 1803 (6 Plu-viôse an XI), 3.

52. J.G. Legrand, *op. cit.,* p. 104.

53. *Journal de Paris,* nº 351, 17 décembre 1783, 1444.

54. BN, Cartes et plans, Ge C. 4384. «Projet d'utilité et d'embellissement pour la ville de Paris qui s'accorde avec les projets déjà arrêtés par le gouvernement.»
Pour une présentation de ce plan, voir le catalogue de l'exposition *De Wailly, peintre architecte dans l'Europe des Lumières,* Paris, CNMHS, 1980.

55. Dans son projet d'«une Halle sur le bord d'une gare», prix d'émulation à l'Académie en 1791, Normand fit de même: «La gare dont les eaux viendront de la rivière sera considérée dans la décoration ainsi que les naumachies des anciens.»
Voir *Projets d'architecture et autres productions de cet art qui ont mérité les grands prix,* Paris, 1834. t. II, pl. 12.

56. Voir D. Rabreau et M. Steinhauser, «Le théâtre de l'Odéon de Charles De Wailly et Marie-Joseph Peyre, 1767 - 1782», *Revue de l'Art,* 1973, nº19,31 - 33. Aussi M. Mosser et D. Rabreau, *De Wailly, peintre architecte dans l'Europe des Lumières,* Paris, CNMHS, 1980, pp. 66-67.

57. «Adieux à l'Année 1783» dans *Journal de Paris,* nº 356, 31 décembre 1783, 1502.

58. Sur les préparatifs, voir les nombreuses annonces parues tout au long du mois de décembre dans le *Journal de Paris;* également, deux lettres – l'une relative au problème des sacs, BHVP, Ms Cp 4828, l'autre, concernant le choix de la Halle et la sécurité, Archives de Paris 6 AZ 996/3 ainsi que les *Mémoires et journal de J.G. Wille, graveur du roi,* G. Duplessis, éd., Paris 1857, II, p. 78.

59. Pour des témoignages contemporains, voir – reproduite ici en annexe 2 – «Description des réjouissances données à la

nouvelle halle (...)», BHVP, Ms Cp 4823; L.P. de Bachaumont, *Mémoires secrets,* Londres 1784, t. XXIV, pp. 89 - 91; Hardy, Mes loisirs, BN, Ms. fr. 6684, V, fº 394 et le *Journal de Paris,* nº 351, 17 déc. 1783, 1444 - 1445.
Voir aussi, seule illustration connue, la gravure anonyme publiée chez Crépy. BN. Est., Coll. De Vinck, t. VII, fº 78, 1230 et son épreuve colorée, id., Coll. Hennin, t. CXIV, p. 33, 9966.

60. L.P. de Bachaumont, *op. cit.,* p. 90.

61. Composé de plus de cinq cents lumières et de verres de différentes couleurs, il était l'œuvre de Tourtille Saugin, entrepreneur de l'illumination de Paris. Il fut suspendu à la lanterne de la coupole. Sa lumière était en partie réfléchie par des miroirs qui diffusaient en la halle «une clarté douce et brillante sans fatiguer la vue». (Bachaumont). On le salua comme l'une des attractions majeures de la fête.

62. *Journal de Paris,* nº 351, 17 décembre 1783, 1444.

63. G. Brotier, «Premier mémoire sur les jeux du cirque...» voir supra, note 47.

64. Voir la lettre d'Hubert Robert faisant partie du Cabinet Chambry, publiée dans *NAAF,* 3ème série, t. XIII, 1897. pp. 81 - 82.

65. Voir les *Révolutions de Paris, dédiée à la Nation et au District des Petits Augustins,* nº 54, an II, 57 et le *Journal de la Municipalité,* nº 119, 20 juillet 1790, 998.
Une esquisse à la sanguine de la décoration intérieure de la halle est conservée à la BHVP, Ms Cp 4823.

66. «Projet d'arènes couvertes destinées à célébrer les fêtes nationales pendant l'Hiver, sujet d'un prix proposé par le Gouvernement, dans un concours public et remporté par Lahure en 1795.»

Dans *Projets d'architecte (...) qui ont mérité les grands prix (...),* gravés par Détournelle, Vaudoyer et Allais, nlle éd., Paris, 1834, t. II, Pl. 24.

67. *Fête nationale qui sera célébrée aujourd'hui au Champs-de-Mars, aux Champs-Elysées, à la Halle et sur la place de la Bastille,* sd. (1790) pp. 4 et 6.

68. Voir *Journal de la Municipalité,* nº 119, 20 juillet 1790, 1000: «Il régnoit dans tous ces banquets une gaîté naturelle et franche, et une fraternité dont on ne se fait point d'idée». Sans doute J.B. Pujoulx songeait-il à ces festivités en évoquant la Halle au blé: «C'est un monument dont l'intérieur étonne le plus au premier aspect (...) Je ne connais pas de salle plus propre à donner un banquet: on établirait facilement une table de 1.200 couverts, et il faudrait peu de dépense pour la décorer, car la coupole seule est la plus belle décoration». (*Paris à la fin du XVIIIème siècle ou esquisse historique et morale des monuments et des ruines de cette capitale,* Paris, an IX, p. 214).

69. Discours de Mirabeau à la mémoire de Franklin prononcé à l'Assemblée nationale, le 11 juin 1790; voir BHVP, Ms 773, fº 109 vº.

70. *Journal de Paris* nº 203, 22 juillet 1790, 822.

71. Pour le choix du local et un compte rendu de «l'éloge civique» de Franklin, voir Lacroix, *Actes de la commune de Paris pendant la Révolution,* Paris, 1897, t. VI, du 15 au 21 juillet 1790, p. 505 et suiv., aussi *Journal de la Municipalité,* nºs 119 - 120, 20 et 22 juillet 1790, 1000 et 1008.

72. Voir le dossier contenant les devis: AN, F¹³ 1163 «Etat des sommes que le chef de la troisième division propose à son excellence le ministre de l'intérieur (...) du 14 août 1810».

CHAPITRE V

DIMENSION URBAINE
DE LA HALLE

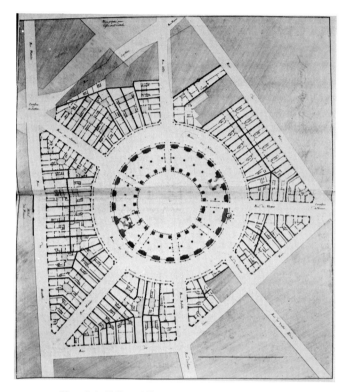

Plans de la Halle au blé et de son lotissement au niveau du
rez-de-chaussée (dans N. Le Camus de Mézières, *op. cit.*).

UN QUARTIER NEUF

Lorsqu'en 1769 s'achevèrent les travaux entrepris sur le site de l'hôtel de Soissons, les contemporains prirent conscience que la ville s'était enrichie, non seulement d'un nouveau monument, mais bien d'un quartier neuf: on le désigna aussitôt comme le «quartier de la Halle» par opposition à l'ancien, celui «des Halles». De fait, s'y trouvaient autour d'un édifice public – point fort et raison d'être de l'ensemble – des immeubles d'habitation, des rues et une fontaine: autant d'éléments qui constituaient une entité urbaine; on y procéda d'ailleurs – innovation importante – à l'un des tout premiers essais de numérotation systématique des maisons [1]. Que tout cela existât en l'espace de quelques années surprit; c'était, pour l'abbé de Petity, «chose presqu'incroyable» [2].

PARCELLAIRE ET RENTABILITE

L'idée d'affecter la moitié du terrain à la construction de maisons avait été – on s'en souvient – avancée dès 1740 par les créanciers du prince de Carignan; puis, reprise par la Ville en 1755, elle devint en 1762 l'une des composantes du plan des frères Oblin approuvé par les Lettres patentes. En dépendaient la viabilité de l'opération, comme l'espoir d'en retirer un bénéfice substantiel. C'est donc d'abord avec un souci de rentabilité avoué que Le Camus conçut le dessin du lotissement environnant la Halle au blé [3]. Il opta ainsi pour une trame parcellaire particulièrement ténue définissant des logements de dimensions modestes. Ce découpage avait au surplus à tenir compte des servitudes imposées par l'extrême irrégularité des îlots: outre leur tracé anguleux, tous présentaient un côté de forme concave et trois d'entre eux se voyaient rognés par des propriétés étrangères. Le Camus fit montre de flexibilité recourant ici à une disposition en arête de poisson, là à un dessin plus régulier, voire même orthogonal; dans le groupement des unités, il joua le plus souvent sur le jumelage de petites cours introduisant air et lumière, solution qui favorisait l'établissement de pans coupés ou ovales. Le résultat, pourtant, était ambivalent: rationnelle par endroits, la composition se compliquait par trop en d'autres, n'engendrant qu'une imbrication confuse d'espaces exigus.

Un même souci de rentabilité dicta la hauteur relativement élevée des maisons. Alliée à la faible largeur des rues, cette caractéristique n'en contribua que davantage à resserrer l'ensemble. Or, c'était précisément là ce que la Ville, au nom de la salubrité, avait tenu à éviter en dénonçant, dix ans plus tôt, le projet

Vue générale de la Halle au blé et de son quartier circonvoisin, vers 1886, (*BHVP*). Avant l'adjonction de la coupole, halle et lotissement s'élevaient à hauteur égale. Aujourd'hui effacé du paysage parisien, l'ensemble construit par Le Camus subsiste néanmoins à travers une série de photographies exceptionnelles datant du siècle dernier et dues, pour la plupart, à Marville. Ces vues, qui nous restituent une scène urbaine fantômatique, désertée par ses acteurs, attestent par elles seules l'attrait considérable qu'exerça la Halle et son quartier. Grâce à elles, on peut encore s'y livrer à la promenade et, de ce fait, interpréter au mieux les diverses sources de l'époque, écrites ou figurées.
(Plan p. 148; vue N).

de lotissement intégral proposé par les créanciers du prince. Le programme confié à Le Camus s'exposait dès lors aux mêmes critiques : «Si ceux qui ont (...) approuvé un plan aussi défectueux avaient pris quelque intérêt à la santé des citoyens, eussent-ils laissé couvrir de maisons un emplacement, dont le vide était si important pour donner de l'air à un des quartiers des plus peuplé de Paris – et pour laisser respirer librement ceux qui l'habitent et qui y sont presque étouffés? Eussent-ils permis que l'on eût élevé des maisons de trois ou quatre étages, tandis que deux au plus étaient de trop dans un si petit espace[4]?» Les immeubles en cause comprenaient en effet plusieurs niveaux : un entresol, deux étages carrés, un étage attique et une mansarde lambrissée. L'accès aux appartements se faisait par un ou deux escaliers prenant jour soit sur une cour, soit sur un étroit couloir communiquant avec la rue. Au rez-de-chaussée étaient établies des boutiques, excepté dans une maison près de la rue Oblin où, au fond de la cour, se trouvait une écurie.

Dans la construction, une stricte économie prévalut[5]. La pierre de taille avait été réservée aux seules façades, pierre dure pour les premières assises et pierre de Saint-Leu jusqu'à l'entablement; ailleurs furent employés des matériaux moins nobles : moellons hourdés pour les murs mitoyens, charpente et maçonnerie ravalées pour les faces sur cour et les murs portants; enfin, des planches recouvertes en plâtre pour les cloisons. Des tuiles et non des ardoises couvraient les toits. On avait, à l'évidence, voulu bâtir vite et à moindre frais pour une clientèle de condition modeste.

ESTHETIQUE URBAINE

Halle au blé et lotissement formaient un tout. Or, ce qui n'avait été à l'origine qu'une exigence dictée par les promoteurs, Le Camus le transposa, avec force, en termes esthétiques. Si le lotissement souffrait de son exiguïté, l'ensemble, en revanche, brillait par l'ampleur de sa conception. Il y avait là, dans le rapport de l'édifice isolé avec son environnement, matière à la création d'effets prononcés exploitant la forme même du principal élément de la composition. Lisible au travers du parti architectural : le rond, et précisée de surcroît par le «caractère», la fonction du monument se traduisait alors dans le modelage concerté de ses alentours.

Sévère et uniforme, tel se présentait – reflet du statut social des habitations – l'enveloppe extérieure du lotissement : des murs de face lisses, nul dessin ornemental, si ce n'est deux bandeaux délimitant les étages carrés. Disparaissait ainsi, derrière une façade unique, l'irrégularité du découpage parcellaire que seul trahissait encore, çà et là, le rythme horizontal des percées. A cette élévation répondait, tout aussi uniforme, l'architecture de la halle. La «rue éternelle» n'en prenait un visage que plus homogène où, seule, la colonne de Médicis «avertit les curieux qu'ils en ont fait le tour, quand ils la voient une seconde fois»[6]. C'est à partir de ce vis-à-vis que l'esthétique voulue par Le Camus se manifestait, d'abord dans le tracé concave du lotissement, puis, en hauteur, dans la relation de certaines moulures et divisions horizontales. Aux imposte des arcades correspondait le bandeau inférieur des maisons et, au niveau du grenier, leur deuxième étage carré; fortement profilées, les corniches régnaient de concert et les lucarnes se faisaient face; les toits, enfin, s'élevaient à égale hauteur. Grâce au tracé du plan géné-

Vue de la rue de Viarmes, surnommée «la rue éternelle», (*BHVP, Coll. Godefroy*). Le Camus soigna tout particulièrement l'articulation des façades, marquées aux angles par d'étroits pans coupés. (Plan p. 148; vue A).

Le carrefour et la rue de Vannes, vers **1886,** *(BHVP, Coll. Godefroy).* **Grâce à des parcelles d'angle échancrées, ce carrefour fut transformé en une petite place (Plan p. 148; vue E).**

La coupole de Bélanger apparaît ici débarrassée de son revêtement et les flots de lumière qui baignent l'intérieur de la Halle, témoignent de sa transparence initiale.

ral, ces accords s'étendaient à l'ensemble du nouveau quartier, y entretenant une cohésion visuelle accusée. Elle était de fait particulièrement sensible dans les rues rayonnantes où les lignes affirmées de la mouluration engendraient d'heureux effets perspectifs axés sur la halle isolée: le schéma d'implantation acquérait ici toute sa valeur dans la mise en scène d'un monument édilitaire «digne des Romains» [7]. Mais, cette relation entre la halle et son lotissement ne jouait pas que sur des concordances: elle dépendait autant de subtiles oppositions. Ainsi, dans le rythme et la nature des percées, à l'ordonnance serrée des étroites fenêtres répondait l'ample ponctuation des jours de la rotonde; à son unique étage, les multiples niveaux des immeubles. Par de tels contrastes, auxquels s'ajoutait le jeu de la lumière du jour, l'élévation de la halle gagnait en monumentalité, et son caractère en intensité.

La plupart des contemporains, Laugier le premier [8], louèrent cet aspect de la composition de Le Camus, insistant sur l'importance du rôle tenu par la longue enceinte de maisons uniformes environnant l'édifice. Il n'y eut guère que Piganiol, fidèle à son habitude, pour élever des critiques: «Mais ce qui afflige encore le vrai Citoyen sensible aux difformités de sa Patrie et zélé pour sa décoration, ce sont les façades des nouveaux bâtiments qui enferment cette maussade halle, sans règle, sans symétrie, et conformes au goût de celui qui a dirigé l'intérieur. Tant qu'il n'y aura point d'Inspecteur Général capable (...) pour s'opposer vigoureusement aux caprices des entrepreneurs, et aux formes bizarres des façades des maisons qu'ils élèvent, on ne verra jamais, dans les rues de Paris, que des bâtiments, dont l'extérieur choquera la raison (...)» [9]. C'était faire preuve de partialité excessive. Certes, par endroits, là où s'opérait le raccord

139

Vue extérieure de la Halle au blé, (dans Percier et Fontaine, *Journal des monuments de Paris*, pl. 62). On aimait à contempler le nouveau quartier du haut de la colonne: les curieux y remplaçaient les mages d'autrefois.

entre le lotissement et les maisons étrangères qu'il avait fallu intégrer, la ligne de faîte et l'alignement se voyaient brutalement interrompus. Mais cela affectait fort peu l'ensemble pour lequel – contrairement à ce que suggère Piganiol – de fermes directives avaient été imposées. Afin d'en assurer l'homogénéité, obligation fut faite à tout acheteur d'une parcelle de se conformer strictement au programme établi. L'architecte manifestait par là son intention mais aussi l'autorité publique sa volonté de régulariser en ville alignement et hauteur des bâtiments nouveaux : «Les édifices qui forment la rue circulaire ainsi que les nouvelles rues ou continuité des rues qui tendront à la halle, seront de même hauteur et auront cinquante pieds du dessus de leur entablement qui sera assujetti à un profil dont le dessein sera donné par le Sieur Camus de Mézières architecte juré expert et dont on ne pourra se départir en aucune manière [10].»

Les dessins et estampes figurant la Halle utilisèrent le plus souvent la façade continue des maisons de façon à mettre en valeur l'édifice isolé. Deux œuvres, fort différentes, constituent à cet égard des interprétations révélatrices. La première – un dessin de Maréchal de 1786 [11] – magnifie la composition de Le Camus. Elle lui restitue en effet son caractère véritable, une grandeur qui, inhérente au plan et affranchie de toutes contraintes, correspondait le plus à la vision idéale de l'architecte. On y trouve, source de sensations, «la poésie de l'architecture» telle que la définissait Boullée. L'espace est dilaté; la «rue éternelle» devient une large avenue envahie de nuées; l'enceinte des maisons, un cirque grandiose; la halle, un Colisée. Fidèle dans sa description de la rotonde, Maréchal embellit le lotissement en lui apportant des modifications; elles sont significatives: des arcades et un appareil à refends au rez-de-chaussée, un étage noble avec des corps de moulures. C'est une version insolite, en parfaite contradiction avec la précédente, que propose, du même ensemble, une lithographie

J.B. Maréchal, vue idéalisée et «poétique» de la Halle au blé avec son enceinte d'immeubles, dessin de 1786, (*BN. Cab. Est., Coll. Destailleur*).

Représentation fantaisiste de la Halle au blé, lith. de Barousse, XIXème siècle, (*Musée Carnavalet, Cab. Est.*): où le goût du pittoresque conduit à l'absurde.

L'ancienne rue des Vieilles Etuves, vue de la rue St Honoré.
(*Musée Carnavalet, Coll. Marville*); (**Plan p. 148, vue F**).

du dix-neuvième siècle [12]. Tout n'est ici que fantaisie et rapetissement. Mais le plus étonnant est bien le rejet de la conception globale de Le Camus: si la halle est présente, étriquée, on a substitué au lotissement de pittoresques masures à pignon évocatrices d'un décor de théâtre troubadour. Nier une composition à un tel degré revient, en l'occurrence, à lui reconnaître sa force.

Avec son architecture soigneusement contrôlée, le quartier de la Halle neuve constituait donc un ensemble cohérent, organisé autour de son édifice central. Or, par là-même, se distinguait-il du tissu urbain adjacent. Les rues attenantes à la parcelle affichaient ainsi un contraste accusé entre la rigoureuse symétrie du lotissement d'un côté, et de l'autre, la diversité et l'irrégularité des maisons plus anciennes. Pourtant, Le Camus fut attentif à l'ouverture du quartier sur l'extérieur, aussi bien du point de vue de l'esthétique que de l'utilité. Dans le but de faciliter l'écoulement de la circulation, il échancra les différents carrefours sur lesquels débouchaient les rues rayonnantes. Enfin, là où leur localisation l'exigeait – sous le double rapport du trafic et de la scénique urbaine – il établit de larges pans coupés [13]. Tournées vers la ville, ces travées uniques réclamaient un traitement particulier. C'est pourquoi il leur ajouta, au premier étage, un balcon soutenu par des consoles à resauts ou à glyphes et, au-dessus de la fenêtre, introduisit les seuls motifs ornementaux de l'entière composition: soit un simple feston, soit une guirlande et des gerbes entrelacées.

Mais l'illustration la plus remarquable de ce parti esthétique voulu par Le Camus fut, indiscutablement, son idée d'élargir le carrefour de Sartine afin de former une petite place circulaire. Plus qu'un simple modelage, il s'agissait d'un acte d'embellissement.

142

La rue de Sartine, vue du carrefour de Sartine, vers **1886**, (*BHVP, Coll. Godefroy*). **Charnière entre la Halle et Saint-Eustache, le car-** refour de Sartine devait à l'origine former une petite place circulaire aux élévations uniformes. (Plan p. 148; vue K).

Projection vers l'extérieur du schéma circulaire inscrit au cœur de l'ancien terrain de l'hôtel de Soissons, cette place ne revêtait en fait toute sa valeur qu'au regard du dégagement monumental de Saint-Eustache projeté par Mansart de Jouy en 1754. Etablie à l'intersection de la rue de Sartine et du nouvel alignement prévu pour la rue Coquillière, elle devait commander une perspective axiale tant sur la façade rénovée de l'église que sur la halle. Par là, aurait-elle articulé le paysage urbain du quartier selon ses deux architectures publiques les plus marquantes. C'est un même désir de restructuration qui devait guider De Wailly lorsqu'il envisagea de rectifier la rue Voltaire, descendant de la Nouvelle Comédie, pour la faire aboutir dans l'axe de l'Ecole de Chirurgie [14].

L'organisation du carrefour de Sartine débuta en avril 1765 avec, déterminé par le rayon de la future place, le tracé de pans symétriques aux deux encoignures de la rue de Sartine. Pour compléter la portion de cercle ainsi dessinée [15], Le Camus et les frères Oblin acquirent la maison sise à l'angle des rues de Grenelle et Coquillière et, au prix d'un conflit avec le propriétaire de la maison mitoyenne, en firent la reconstruction à neuf autour d'une jambe d'encoignure de forme concave [16]. Celle-ci ne constituait en réalité qu'un vulgaire placage destiné seulement à garantir l'unité de l'ensemble. En élévation, cependant, la travée n'était conforme aux autres que jusqu'au dernier bandeau. Comme souvent, des impératifs économiques eurent raison d'une idée forte : les deux autres immeubles concernés ne purent être rachetés ni transformés. Du projet, que De Wailly inclut dans son plan général des embellissements de Paris, ne fut donc réalisée qu'une demi-lune. Elle se révélait néanmoins suffisante pour créer, entre le dessin de ses pans coupés et la halle en fond de rue, un jeu efficace de courbes contraires.

Mansart de Jouy, projet de place et de façade pour Saint-Eustache, 1754, (*BN, Cab. Est.*). **Le Camus avait compté sur la réalisation de ce dégagement considérable.**

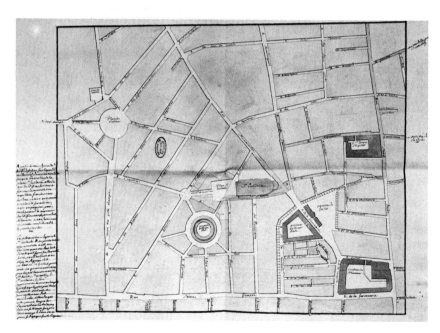

Plan du quartier des Halles avec plusieurs projets de réforme des abords de Saint-Eustache, 1765-1770 (*AN, O¹ 1580*). **Sur ce document, sont indiqués les différents itinéraires suivis par les convois d'approvisionnement ; tous convergent vers le carrefour du Jour, à l'entrée de la rue Oblin.**

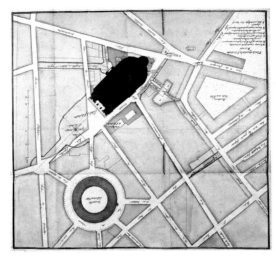

Plan d'aménagement des abords de Saint-Eustache avec le projet de place de Moreau-Desproux, 1778, (*AN, F*[13] *707*). Il fallut très vite songer à améliorer les accès à la nouvelle Halle.

REFORMER LES ABORDS

Le carrefour de Sartine fut la seule intervention opérée par Le Camus à l'extérieur du lotissement. D'autres devaient être projetées dans les années qui suivirent la mise en service de la halle, notamment afin de soulager ses approches. Ainsi – et c'est là un trait essentiel de l'urbanisme de l'Ancien Régime: procéder par retouches successives – jugeat-on opportun de remettre à jour d'anciens projets d'aménagement du quartier. Conçus à l'origine comme des réformes ponctuelles des abords de Saint-Eustache, ils constituaient dorénavant des mesures solidaires destinées à faciliter l'exploitation de la halle[17].

On s'intéressa en premier à l'idée d'une place devant Saint-Eustache. Sur ce thème, Mansart de Jouy avait élaboré un projet qui prévoyait une refonte d'envergure de toute la partie occidentale de l'église avec l'achèvement de sa façade et l'ouverture d'une place monumentale, là où n'existait qu'un dégagement insignifiant. En 1756, fut élevé le presbytère de Saint-Eustache qui annonçait l'ordre colossal devant environner le parvis. Lorsqu'il forma son plan, Le Camus tint compte de ce projet: il l'associa à la halle – on l'a vu – au moyen du carrefour de Sartine et laissa indéterminé l'alignement des maisons au nord du terrain «pour attendre et correspondre à la disposition de la place projetée»[18]. Or, en 1769, celle-ci vit son tracé originel modifié par Moreau-Desproux, nommé entre-temps architecte de la fabrique de Saint-Eustache. Il s'agissait de répondre à la situation nouvelle qu'avait engendrée en ce secteur l'implantation de la halle annulaire. Rien, dès lors, ne parut plus indiqué que de terminer la place en hémicycle et, ainsi, de la faire concourir au parti esthétique tributaire des cercles implantés par Le Camus et reliés entre eux par des axes rectilignes[19].

Au début des années 1770, il fut cependant moins question de former un parvis magnifiant le portail de l'église que d'aménager une aire de stationnement et de manœuvre pour les voitures se rendant à la Halle au blé. Très tôt, en effet, ses abords connurent de sérieux embouteillages. La seule rue Oblin – «eine kleine Gasse», une petite ruelle selon Volkmann [20] – ainsi que l'étroit carrefour devant Saint-Eustache ne suffisaient pas à canaliser le gros de la circulation en provenance des portes Saint-Martin et Saint-Denis. De quel luxe de détails les contemporains n'usèrent-ils pas pour dépeindre ces nouveaux embarras, en apparence inextricables!

> *Dans le cours de la route les voitures y étant dispersés ne peuvent se nuire, chacunes n'en occupoient qu'un espace particulier; au lieu qu'à l'entrée l'espace qui n'en doit contenir qu'une, peut à chaque moment devenir commun à toutes celles qui occupaient toute l'étendue de cette route, confusion dont il ne peut résulter que des accidents. Cet inconvénient aura d'autant plus lieu à cet endroit que l'espèce de voitures qui le doit fréquenter, n'a pas la faculté comme les autres de pouvoir reculer, a cause de leur fardeau; raison pour laquelle il leur faut un espace suffisant pour tourner et circuler, ou aler en avant, ou en traversant, sans quoy elles ne peuvent se dégager; or si une de ces voitures se trouve arrêtée à cette entrée, par le moindre obstacle, ou le petit embaras, elle ne manquera pas dans peu de le rendre des plus considèrables, tant par elle même, que par l'arrivée de celles qui la suivoient, qui pendant ce temps la surviendront; lesquelles n'ayant pas plus de faculté que la première pour se renger et se dégager, occasionneront un tumulte qu'il est de la sagesse et de la prudence des magistrats, d'éviter en pareil lieu; ce qui se peut très aisément en rachevant d'executer le projet de la Place de Saint-Eustache, dont la situation est à tous égards telle qu'on peut désirer, puisque les entrées et l'arrivée de cette halle y aboutiront [21].*

A la vérité, préconiser une telle solution revenait à servir les vues de promoteurs immobiliers. C'est alors, en effet, sous le prétexte d'aider au service de la Halle neuve, que certains soumirent à la Ville un projet combinant la formule d'un dégagement devant Saint-Eustache à l'édification d'immeubles de rapport. Leurs arguments ne manquaient pas de poids: outre le bien public, il y avait là une occasion de moderniser un secteur défavorisé en y supprimant une vingtaine de maisons insalubres au profit de «beaux édifices, solidement bâtis, ornés, décorés, commodément distribués et scitués sur une belle place [22]». Dans l'esprit de ses auteurs, ce lotissement devait rivaliser avec celui de la Halle dont les parcelles n'étaient «pas aussi bien situées» et les faces «très médiocres en comparaison de leur profondeur». Son mode de financement, en tout cas, était similaire. Ne suggérait-on pas à la Ville d'acheter le terrain en question, de le bâtir et de vendre ensuite les maisons, le tout en s'associant à des particuliers afin de préserver ses fonds? Le succès de l'opération ne laissait aucun doute «vu l'agrément et la beauté du lieu, la proximité des promenades et des amusements et vu que ce quartier est le centre des affaires dans lequel les gens opulents ont intérêt de se rassembler [23]». En dépit d'une habile publicité, ce projet ne suscita aucun écho; la Ville, il est vrai, n'était déjà que trop engagée dans l'affaire montée par la compagnie Oblin et Le Camus. Quant à l'idée même de dégager Saint-Eustache, dictée par la «grandeur» de son architecture, elle ne rencontra pas plus de chance aux siècles suivants.

Si l'on pensait résoudre le problème de l'accès à la halle par la création d'une place adjacente, on débattit aussi des moyens d'améliorer le réseau des rues y conduisant. Les difficultés, de fait, ne commençaient pas au moment de s'engager dans la rue Oblin, mais bien avant, dès l'inévitable traversée du quartier des Halles. Il importait donc de neutraliser, par des interventions limitées, plusieurs de ses points les plus sensibles. C'était là le prix d'une extension du marché vers l'Ouest. Pourtant, aucune des mesures considérées ne constituait à proprement parler une nouveauté ; une fois encore, un meilleur fonctionnement de la Halle au blé justifiait que l'on réactivât d'anciens projets. L'objectif était simple : assurer, le mieux possible, la liaison de la halle avec la rue Saint-Denis, axe qu'empruntait la plupart des convois d'approvisionnement. Deux solutions s'imposaient d'emblée.

La première, au Nord, consistait à supprimer la pointe Saint-Eustache, anomalie topographique dont on réclamait depuis longtemps la disparition. Située à la rencontre des rues Montmartre et de la Comtesse d'Artois, elle formait une avancée fort gênante que les voitures venant de la rue de la Truanderie devaient contourner avant de rejoindre la rue Trainée. A un carrefour très fréquenté, elle provoquait de nombreux accidents et encombrements, ce qui lui valut le triste renom d'être l'endroit «le plus périlleux de Paris» [24]. Sa démolition permettait par conséquent d'établir, entre la rue Saint-Denis et l'entrée de la rue Oblin, une route directe presque rectiligne évitant le secteur du carreau des Halles. L'idée en fut accueillie d'autant plus favorablement qu'elle ne représentait que la mise à bas de deux maisons déjà très délabrées [25]. Toutefois, l'obstination d'un notaire – Maître Mautort – à ne pas vouloir déménager fit qu'on dut y surseoir jusqu'en 1786 [26].

Cette mesure s'ajoutait ainsi à celles projetées ou en partie exécutées afin de réorganiser les alentours de Saint-Eustache : l'élargissement de la rue Trainée et la formation d'un parvis. Ce qui servait la nouvelle Halle bénéficiait donc à l'église voisine, les deux édifices composant – le carrefour de Sartine était là pour le rappeler – un ensemble monumental indissociable. Supprimer la pointe Saint-Eustache libérait en outre, dans l'axe de la rue de la Fromagerie, un espace neuf qu'il convenait d'embellir. Réponse à une double exigence – masquer une paroi disgrâcieuse et terminer une perspective – la construction d'une fontaine adossée apparut ici comme le programme décoratif le plus approprié. C'est sous cet angle qu'il faut envisager le projet de Boullée [27] – une imposante façade nue d'où se détache une figure trônante de l'Abondance – et celui que proposèrent Legrand et Molinos en 1785 [28].

La seconde solution était de prolonger la rue des Deux-Ecus jusqu'à la rue de la Tonnellerie [29]. Ce faisant, on cherchait à relier plus directement l'éventail des accès au Sud de la halle à la rue Saint-Denis, nouvel itinéraire qui déchargeait d'autant l'axe de la rue Trainée. Il fallait pour cela couper au travers d'une parcelle oblongue qui dessinait une barre, à la hauteur de Saint-Eustache, entre le terrain de l'ancien hôtel de Soissons et la zone des Halles. Ce projet, pourtant, ne remporta pas l'adhésion de tous. Certains, en effet, y voyaient le risque d'une sérieuse aggravation des encombrements, étant donné qu'il supposait un passage par les voies déjà saturées des vieilles Halles. Mais, attitude qui explique pour beaucoup la timidité des réformes urbaines de l'époque – on lui reprochait aussi de nécessiter des démolitions considérables et des frais trop élevés. Néanmoins, la Ville passa outre de tels arguments et parvint à ses fins en 1786 ; la rénovation de la Halle aux draps, située à proximité, était alors en cours sous la conduite de Legrand et Molinos. La rue porta le nom de Calonne, contrôleur général des Finances, puis, en d'autres temps, celui du Contrat Social.

* *
*

147

La rue Babille, vue de la rue d'Orléans Saint-Honoré (G).

La rue de Vannes, vue du carrefour de Vannes (E).

La rue Mercier, vue de la rue Grenelle Saint-Honoré (I).

Plan d'orientation avec les points de vue des photographies Marville (*Musée Carnavalet*) et Godefroy (*BHVP*).

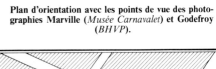

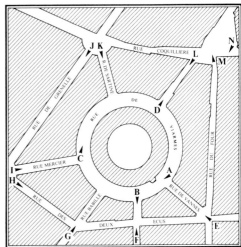

La rue Grenelle Saint-Honoré, vue du carrefour de Sartine (J).

La rue Oblin, vue de la Halle au blé (D).

La rue de Varennes, vue de la Halle au blé (B).

La rue des Deux Ecus vue de la rue de Grenelle (H).

Le carrefour du Jour et la façade de l'église Saint-Eustache, vus de la rue du four (M).

La rue de Viarmes, vue de la rue Mercier, (*Musée Carnavalet, Coll. Marville*). **Le Camus n'avait pas prévu de trottoirs tels qu'on les connaissait alors en Angleterre. Ici, jointes entre elles par une barre métallique, des bornes protégeaient la circulation piétonnière tout autour de l'édifice. (Plan p. 148, vue C).**

La rue Oblin, vue de la rue du Four, (*Musée Carnavalet, Coll. Marville*). **C'est par cette voie étroite – véritable goulet – que la plupart des arrivages parvenaient à la Halle. (Plan p. 148, vue L).**

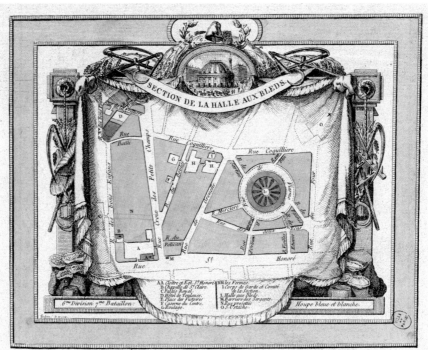

Vignette allégorique dédiée à la section révolutionnaire de la Halle au blé, (*Musée Carnavalet, Cab. Est.*). Edifice «véritablement patriotique», la Halle définissait l'identité de tout un quartier.

Page de droite: un fort de la Halle au blé, fin du XVIIIème siècle, (*BN, Cab. Est.*).
On dit que les porte-faix en Turquie portent jusqu'à sept ou huit cents livres pesant; les nôtres ne vont pas jusques-là, il s'en faut. Les porteurs de farine à la Nouvelle-Halle sont les plus vigoureux de tous; ils ont la tête comme enfoncée dans les épaules, et les pieds applatis; les vertebres, en se roidissant, ont assujetti l'épine du dos à une courbure constante. (**L.S. Mercier,** *Le tableau de Paris*, Amsterdam, 1783, t. IV, p. 19).

UN HAUT LIEU DE LA VIE POPULAIRE

Le Fort de la Halle.

Le «quartier de la Halle» n'était pas qu'un groupe d'habitations environnant un édifice public, c'était aussi, par rapport à ce dernier, un secteur doté d'une configuration sociale spécifique. Sous la Révolution, il recouvrit même une réalité politique avec, étendue jusqu'en bordure du Palais-Royal, la formation d'une division territoriale portant le nom de la rotonde: la «Section de la Halle au Bleds».

C'est d'ailleurs au travers d'une vignette emblématique qui lui fut consacrée que transparaît le mieux l'identification d'un quartier de Paris à la Halle, monument «véritablement patriotique». Divers attributs relatifs aux travaux de la moisson y enca-drent un plan de toute la zone concernée; en médaillon, figure la Halle au blé se découpant sur son lotissement érigé en exèdre; enfin, grâce à un effet tricolore opportun, l'ensemble réalisé par Le Camus paraît ici se métamorphoser en cocarde.

Au regard de la valeur civique prêtée à l'édifice et son quartier, il est une illustration tout aussi éloquente: donnant lieu à une cérémonie le 4 mars 1792, la pose dans un des piliers de la halle d'une pierre extraite d'un cachot de la Bastille. Accompagnée d'une vieille pièce d'armure, elle portait une inscription qui marquait «avec énergie les sentiments d'un peuple libre»[30].

**Les portefaix de la Halle au blé; lith de Lemercier d'après Baptiste,
milieu du XIXème siècle** (*BN, Cab. Est.*).

LE PEUPLE DE LA HALLE NEUVE

Cette portion rénovée de la capitale tenait son originalité de l'intense animation qu'y entretenait la Halle. Ainsi, selon le voyageur allemand Friedrich Schulz, fallait-il plusieurs jours au moins pour pouvoir «l'étudier» en détail [31]. De fait, travaillait là une population diversifiée qu'il sied d'évoquer tant, dans l'esprit des contemporains, elle désignait ce lieu urbain et en fixait le caractère particulier. Deux personnages type s'en détachaient tout spécialement: le «fort» et la «fille publique».

Dépendaient officiellement du service de l'édifice, cent trente-quatre employés [32]: trente facteurs – chargés des opérations de vente – quarante «jaleuses» – préposées à la mesure des grains – et surtout, affectée à la manutention des sacs, une «bande» de soixante-quatre forts. Or, par l'importance de leur rôle aussi bien que leur présence physique, ces derniers constituaient le véritable noyau des gens de la Halle, formant une corporation jalouse de ses privilèges et soucieuse de sa réputation [33]. Dès lors, avec pour théâtre la rotonde de Le Camus, ces portefaix de l'abondance comptèrent-ils au nombre des acteurs principaux de la vie populaire parisienne. Le fort se distinguait d'abord par son aspect extérieur: coiffé d'un chapeau à grands bords et ceint d'une écharpe, il portait une tenue le plus souvent blanche et disposait d'une canne pour s'appuyer dans l'effort. Légendaire, était la robustesse de son bras: «J'en ai connu un d'une force si admirable, que, voyant un jour arriver un mulet chargé de trois énormes sacs de bleds, il prit sur ses épaules le mulet et sa charge, monta le tout au magasin, vida les sacs, et descendit avec le mulet sur son bras, de l'air d'un homme qui vient de manger la soupe en famille [34].» Hercule débonnaire répondant au nom de «Reinfort» dans «L'après souper de l'Hôtel de Soissons» [35], farce bouffonne de 1769, c'était aussi un personnage inquiétant que le pouvoir devait se ménager: «il importe beaucoup de les tenir occupés et contens;

Le bourgeois et les forts de la Halle, carricature du milieu du XIXème siècle, (*Musée Carnavalet, Cab. Est.*). Le «fort» devint l'un des personnages types de la vie populaire parisienne.

LA HALLE AU BLEB

– Eh! ben quoi!... parceque j'vous ai un peu frotté en passant, y n'y a pas là de quoi devenir tout rouge!...

Forts travaillant à la Halle au blé; lith. de Marlet, dans les *Tableaux de Paris* (1821-1824); *(...) un fort ne peut seul, et en particulier, se charger su le corps un sac de grains ou de farines; il faut qu'il soit aidé de ses camarades, qui partagent sa peine et ses efforts. De là, sans doute, a pu naître entre tous les forts des halles une association qui a dégénéré en une sorte de corporation sous l'ancien régime.* **(Ch. Goret, *La lanterne sourde*, Paris 1791, p. 63).**

Les derniers forts de la Halle posant sous les voûtes du portique annulaire, peu avant sa démolition en **1887**, (*BHVP, Coll. Godefroy*).

Lesueur, le groupe des forts de la Halle au blé participant à la fête de l'agriculture, le 10 messidor an VI, (*Coll. particulière*).

car ne vous y trompez pas, ils sont les seuls auteurs de toutes les émeutes (...) Il faut les employer, les faire gagner, les laisser dispersés ; et de ces mêmes gosiers toujours arrosés, toujours altérés les faire boire et crier, Vive le roi [36]. »

La Révolution leur rendit hommage, notamment lors de la fête de l'agriculture du 10 messidor de l'an VI [37]. Le cortège comprenait, entre autres, un «groupe de Forts de la Halle-aux-bleds, en costume» portant sur «un palanquin le plus âgé d'entre-eux, avec cette inscription : De longs travaux honorent la vieillesse». Les accompagnaient des «Fermières, Meunières et Boulangères tenant des corbeilles remplies de grains, de farine et de pains». Sur son chemin vers le temple de Cybèle érigé en verdure aux Champs-Elysées, la procession fit une halte obligée à la Halle, principale station de la fête et, de surcroît, monument public «à l'antique» [38]. Là, instructif en lui-même, le programme avait été établi comme suit :

«La rue des Petits-Champs, rue Coquillière, de Sartine, la Halle-aux-Bleds, décorée de guirlandes. Le Bureau Central, environné des Forts, recevra le cortège ; des hymnes seront chantés pendant qu'il défilera. Le Président du Département prononcera un Discours, et le Cortège fera le tour de la Halle (...)».

Honneurs mérités. Chaque jour, en effet, ces forts s'acquittaient d'une tâche particulièrement rude : il leur fallait décharger les charrettes, puis, ayant placé les sacs à même leur dos, les monter à la halle haute par l'escalier à double révolution aménagé à cet effet par Le Camus. Des treuils, dans un premier temps, avaient été pourtant installés à l'étage pour «l'accélération du service» ; mais, à l'emploi, ils s'étaient vite révélés inopérants, voire dangereux. Aussi, dès 1767, avait-on décidé d'en revenir au transport à bras [39]. De l'avis du révolutionnaire Goret – pour qui on avait recouru «aux hommes, comme à des machines qu'on fait à plaisir et qu'on détruit de même» [40]

157

– il s'agissait là d'une pratique condamnable remettant en cause l'édifice conçu par Le Camus : «Et cette halle est regardée comme un chef-d'œuvre de l'art! Bon dieu! Quel chef-d'œuvre!».

«Etre à la nouvelle Halle», en évoquant le sort de quelque infortunée – telle Victoire, personnage de *La semaine nocturne* de Restif – laissait entendre qu'elle y «raccrochait». De fait, faute d'avoir été la fructueuse affaire immobilière souhaitée par ses auteurs, le lotissement de la Halle au blé devint en peu de temps une zone notoire de prostitution. Viel de Saint-Maux, l'un des principaux auteurs de son temps sur l'architecture, vit là le signe de la faillite totale de l'opération organisée par les frères Oblin et Le Camus : «Quelques constructions dispendieuses ont été abandonnées comme le Bassin de la Gare; tandis que d'autres Monumens, aussi mal combinés, ont été parachevés, appuyés sans doute sur la spéculation d'y loger à l'entour des Filles publiques – tels que la Halle à la farine (...) [41].» Liée aux heures de service de l'édifice, leur activité se manifestait dès le jour, ce qui était une particularité propre à l'endroit. Et le parti urbanistique de Le Camus de jouer alors un rôle inattendu : «Les entresols de presque toutes les maisons qui entourent la Halle au blé, sont occupés par des femmes publiques de la basse classe, qui, vêtues de la manière la plus indécente, sont en plein jour couchées dans l'embrasure des fenêtres, et agacent les passans (...) [42]», elles «épient les cultivateurs qui viennent vendre leur farine; plusieurs sont victimes des pièges que leur tendent ces prostituées [43]».

LA CITADELLE DES SUBSISTANCES

Au-delà des rapports multiples que l'on peut distinguer entre la halle et son quartier circonvoisin, il en est un, d'une dimension autrement plus large, qui implique la société urbaine du temps : la relation entre le monument, siège de l'abondance, et, préoccupée de sa subsistance journalière, la population de la capitale. Considérée sous cet angle, l'œuvre de Le Camus acquiert un relief singulier.

Si, comme on l'a vu, rotondité et transparence concouraient à faire de la halle une vitrine de l'approvisionnement, celle-ci n'en devait pas moins passer pour une imposante place forte [44]. Au dix-huitième siècle, l'autorité fut en permanence hantée par les risques de désordres qu'instauraient disettes et chertés périodiques. Cibles privilégiées en pareil cas, les bâtiments resserrant les grains se trouvaient alors exposés à la colère de la foule. Il importait donc d'en assurer la défense, notamment au moyen de dispositions offrant une vulnérabilité moindre. Ainsi, en 1728, évidence des plus explicites de cette volonté, l'architecte Fontenelle avait-il projeté des greniers publics qui devaient se dresser «isolés dans l'eau avec leurs fosses et chemin couvert pour leur seureté contre toute émeute populaire» [45] : rien d'autre, en réalité, qu'une puissante bastille entourée de douves.

Fontenelle destinait son projet à Chaillot, zone peu bâtie en bordure de Paris. Disposant, à l'inverse, d'un site au cœur de la ville, Le Camus ne put bien évidemment recourir à une solution comparable. Le programme d'ailleurs s'y opposait, une halle se distinguant d'un grenier ou magasin. Pourtant, le schéma d'implantation qu'il mit en œuvre satisfaisait à un même souci de sécurité. La nouvelle Halle au blé n'était-elle pas un lieu stratégique de premier ordre qui «décidoit du sort de toute la capitale» [46]? L'accès à l'édifice, isolé au centre de la composition,

158

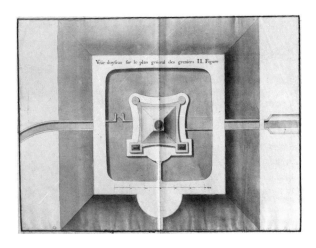

Fontenelle, vue à vol d'oiseau et élévation d'un projet de grenier public fortifié pour Chaillot, 1728, (*Musée de l'Union des Arts Décoratifs*). En cas d'émeute, de puissantes douves devaient tenir le peuple à l'écart.

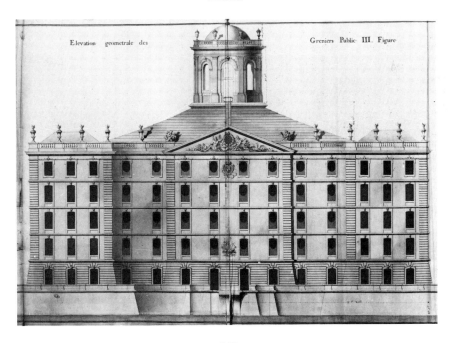

« **Les têtes de MM. Foulon et Berthier portées par le peuple à la halle au blé**», **le 23 juillet 1789, grav. anonyme,** (*BN, Cab. Est.*).
Le patriotisme étoit à leurs yeux d'un prix trop vil et trop méprisable, pour s'intéresser à la vie de vingt-quatre millions de citoyens qu'ils traitoient de canailles, et qu'ils faisoient périr de faim (...) Le ciel a mis entre vos mains ces êtres abominables que l'avarice antropophage caractérisoit, balanceriez-vous, François, à en faire une justice exemplaire? (...), (**Les tyrans anéantis,** (1789), **pp. 2-3).**
La fonction symbolique de la Halle pouvait aussi jouer aux dépens du pouvoir en place.

ne s'effectuait en effet que par les rues rayonnantes; or, étroites et encaissées, celles-ci se prêtaient à un contrôle aisé. De plus, dotée de grilles, la partie couverte de la halle faisait office d'enceinte, au sens propre du terme. Les émeutes de la «Guerre des Farines» de 1775 le confirmèrent. Il suffit alors au lieutenant de police Lenoir, accouru sur place avec une faible troupe, de fermer toutes les grilles pour empêcher le pillage de la Halle [47]. Quant aux accès, des gardes s'en emparèrent comme le rapporte le libraire Hardy dans son journal: «Je fus témoin que ces détachemens ne laisser entrer dans les rues du pourtour de cette halle que les personnes y disoient y demeurer. Je les y voit les bayonnettes au bout du fusil faisant filer les curieux et les passans pour éviter tout attroupement [48].» Dans les premiers temps de la Révolution, devenue une véritable citadelle, la Halle au blé abrita une garnison de la Garde nationale et l'architecte Cellerier fut même consulté en vue d'y aménager des logements [49].

La rotonde et ses abords apparaissaient donc comme l'un des endroits les mieux protégés de Paris, ce qui explique qu'en juillet 1792, mois de la «Patrie en danger», on ait songé à y installer l'Assemblée nationale: «Le Sieur Denouy (...) expose à l'Assemblée que les conspirations de tout genre jettent de l'inquiétude dans l'esprit de tous les Français sur le sort des législateurs; que l'emplacement de l'Assemblée n'est pas du tout commode; qu'il serait difficile d'en défendre l'entrée. Il demande que l'Assemblée se transporte à la Halle-Neuve pour y tenir ses séances [50].» Une telle proposition confirmait par ailleurs la remarquable polyvalence de la Halle – déjà arènes du peuple et cénotaphe de Franklin – tout comme elle en attestait le caractère monumental. Plus, la métaphore de l'amphithéâtre eût revêtu, dans ce cas, le sens que lui donnèrent certains architectes – tels Combes, Thomas ou Pâris – en associant le thème du cirque à leurs projets de palais national [51]. Mais là n'était pas le propos du citoyen Denouy.

Perçue comme le symbole de la mainmise du pouvoir sur un approvisionnement de première nécessité, la Halle au blé fut, en période de crise, le théâtre d'émeutes populaires fréquentes, le «principal champ de bataille» [52] de la capitale. Sous la Révolution, l'autorité publique y voyait – à juste titre – un «lieu où la sédition semblait toujours prête à s'allumer» [53]. Pour les années 1789, 1791 et 1793, abondent en effet les rapports de police sur les désordres et pillages survenus à la halle, de même que les consignes de Bailly, maire de la ville, appelant à renforcer son corps de garde : autant d'indications révélatrices de ce que représentait alors l'édifice dans la conscience collective [54]. Mais, de tous les événements qui troublèrent la halle et ses abords, la parade des corps suppliciés de Berthier et Foulon, le 23 juillet 1789, revêtit la signification la plus forte. La Bastille était tombée depuis une semaine, provoquant le massacre du gouverneur de Launay et du prévôt Flesselle, lorsque l'intendant de Paris et le contrôleur des Finances, responsables du ravitaillement, eurent à subir un sort identique. Exaspérée par la disette du moment, affolée aussi par le spectre du complot, l'opinion les accusait d'avoir œuvré à affamer la capitale pour la changer en «une solitude affreuse, un cimetière universel» [55]. Une fois encore, dans son acte expiatoire, la foule obéit d'emblée à un sens aigu du symbolisme. Leurs têtes furent portées à bout de pique et l'on mit du foin dans la bouche de Foulon dont on disait qu'il voulait en faire manger au peuple ; enfin, on traîna leurs corps jusqu'à la Halle, bastion des subsistances. C'est cette scène, parlante à l'extrême, qu'un graveur choisit de fixer. Un attroupement, où se mêlent femmes et enfants, envahit la rue de Viarmes tandis qu'à chaque croisée – celles des immeubles comme celles de la rotonde – s'agglutinent les curieux : tragique contrepoint des spectacles offerts en ce même lieu à la «noblesse françoise», quelques années plus tôt.

Médaille distinctive des forts de la Halle au blé frappée en 1789, (*Musée Carnavalet*).

NOTES

1. Sur cet aspect particulier, révélateur de la modernité de la Halle et son quartier, voir J. Pronteau, *Le numérotage des maisons de Paris du XVème siècle à nos jours*, Paris 1966, pp. 81 - 82. Aussi, D. Roche, dans *Le peuple de Paris* (Paris, 1981) p. 235, qui cite à ce propos *Les nuits* de Restif: «Arrivé à la Nouvelle Halle, j'allais m'asseoir en face du numéro 14.»

2. J.R. de Petity, *Etrennes françoises dédiées à la ville de Paris* (...), Paris, 1766, p. 40.

3. F. Boudon a analysé le lotissement de la Halle dans: «Urbanisme et spéculation à Paris au XVIIIème siècle (...) *Journal of the Society of Architectural Historians*, XXXII, 1973, 280 - 282. Elle y voit, dans l'organisation des unités, l'annonce des lotissements du XIXème siècle.

4. J.A. Piganiol de la Force, *Description historique de la ville de Paris* (...), Paris 1765, t. III, p. 494 - 495.

5. Voir, AN, Z^1 J 908, 9 mars 1767, «Etat des emplacements du terrain de l'ancien Hôtel Soissons (...)».

6. J.A.S. Collin de Plancy, *Voyages de Paul Béranger dans Paris après quarante-cinq ans d'absence*, Paris, 1819, t. I, p. 147.

7. G.L. Le Rouge, *Curiosités de Paris* (...), Paris 1771, t. I, p. 226

8. M.A. Laugier, *Observations sur l'architecture*, La Haye,, 1765, p. 196.

9. J.A. Piganiol de la Force, *op. cit.*, p. 496 - 497.

10. AN, Q^{1}194, «Charges et conditions auxquelles seront tenus les acquéreurs...» article premier.
Voir aussi: AN, H^{2*} 1873, Registres des délibérations du Bureau de la Ville,

22 août 1769, f° 378 v°: «Pour se rendre d'autant plus utiles et satisfaire au désir des Prévôt des Marchands et Echevins et du Lieutenant Général de Police, (Oblin et Le Camus) avaient construit leurs maisons sur un plan uniforme et d'accord avec celui de la halle.»
Dès 1755, dans son projet de halle sur l'emplacement de l'hôtel de Soissons, le Bureau de la Ville ne comptait permettre «dans le pourtour de ce terrain, que des maisons d'une hauteur mesurée, d'une construction uniforme». (AN, H^{1*} 1866, Registres des délibérations du Bureau de la Ville, 25 avril 1755, f° 3 v°).

11. Voir, BN, Cab. Est. Collection Destailleur, rés., Ve 53 f, t. IV, n° 629.

12. Musée Carnavalet, Cab. des Est., Topo, PC 28 c.

13. Sur l'établissement de ces pans coupés, voir AN Y 9507 A, 65 - 67, demande de permis, datée du 8 juin 1764, pour l'alignement des encoignures des nouvelles rues sur l'emplacement de l'hôtel de Soissons et la sentence délivrée par le lieutenant général de police.
Voir aussi AN, Q^1 1193, «Rapport pour les alignements et le Pavé des Rües à la Nouvelle Halle au Bled, 11 avril 1765».

14. Voir D. Rabreau et M. Steinhauser, *Op. cit.*, fig. 20.

15. AN, Q^1 1193, «Rapport pour les alignements...» «(...) les encoignures des maisons actuellement existantes aux trois autres angles du Carrefour doivent être par la suite rectifiées et alignées, pour concourir avec les deux autres à la formation entière dud. cercle.»

16. Voir sur ce sujet, AN, Y 9507 A, 238, Lettre de Le Camus de Mézières au lieutenant général de police, ainsi que la sentence du Châtelet du 25 juin 1768, id., 237: «(...) avons donné le dit allignement à la charge d'observer un pan coupé de vingt pieds de rayon à prendre de l'angle extérieur et ligne circulaire rentrente

pour former la simetrie du carrefour de Sartines (...).»
Sur les travaux, voir AN, Z^1 J 914, 9 septembre 1767, «Visite d'un mur Rue Coquillière...» A ce procès-verbal est joint un plan de la maison en question sur lequel le pan à créer est indiqué au trait.
Aussi AN, Z^1 J 924, 15 octobre 1768, «Visite d'un escalier...».

17. On trouve ces mesures présentées dans trois mémoires, anonymes et non datés, auxquels sont joints des plans et autres pièces annexes:
a) AN, H^2 2157, «Il a été proposé d'ouvrir une rue (...); b) AN, 0^1 1580, 344, «la majeure partie des Bleds (...); c) AN, 0^1 1580, 348, «Moyen pour rachever de pourvoir aux inconvénients de l'arrivée de la nouvelle halle».

18. AN, Q^1 1193, «Rapport pour les allignements (...)»; voir aussi AN, Q^1 1194, «Etat des adjudications (...)».

19. Voir B.N., Cab. Est., Topo, Ve 36. «P.L. Moreau, plan général du cours de la rivière Seine et de ses abords dans Paris avec les différents projets dont cette partie de la ville fut susceptible, 1769».
Le même projet, légèrement simplifié, est inclus dans le plan général des opérations projetées autour de Saint-Eustache. Voir AN, F^{13} 707, «Projet d'ouverture de rue vers la place Saint-Eustache» (1778).

20. J.J. Volkmann, *Neueste Reisen durch Frankreich...*, Leipzig, 1787, t. I, p. 329.

21. AN, 0^1 1580, 348.

22. id.

23. AN, H^2 2157, «Il a été proposé d'ouvrir (...)».

24. AN, 0^1 1580, 348.

25. Voir AN, E 2519, f° 158 r°. Extrait des Registres du Conseil d'Etat du Roy. Versailles, le 6 mai 1775.

«Le roy s'étant representer en son Conseil le plan que les Prévôt des Marchands et Echevins de la Ville de Paris, ont fait lever par ses ordres à l'occasion de la nouvelle halle aux bleds, et sur lequel sont désignés les differens projets d'embellissement et de commodité publique dont cette partie de la ville est susceptible (...) Sa Majesté auroit trouvé que le mauvais état de ces deux maisons étoit une occasion favorable de mettre a execution un projet aussi interessant pour la facilité des débouchés dans un quartier aussi fréquenté, (...).»
Pour des plans des differents projets, voir deux plans annotés dans AN, O¹ 1580 et un autre, presque identique, dans AN, H² 2157. Voir également AN, F¹³ 707.

26. Voir AN, H² 1952 «Précis pour les sieurs Prévôt des Marchands et Echevins de la Ville contre Me Mautort, notaire, mai 1776.»

27. Dessin conservé au Musée Carnavalet, Cab. des Est. série «projets d'architectes», D 572. Le projet, qui porte la mention «Boullée invenit 1766», pose des problèmes de datation. Voir J.M. Pérouse de Montclos, *Etienne-Louis Boullée*, pp. 169 - 170, fig. 54.
L'idée d'une fontaine adossée en cet endroit avait été avancée dès 1756 par Poncet de la Grave dans *Projet des embellissements de la ville et faubourgs de Paris*, Paris, 1756, 2ème partie, p. 191.

28. Voir AN, Q¹ 1187, «Opérations arrêtées par Monsieur le Contrôleur général des finances (...) le 20 juillet 1785».

29. Le projet est discuté dans AN, O¹ 1580, 344 et AN, H² 2157. Un plan du quartier des Halles, datant du milieu des années 1750, indique que l'on avait songé ouvrir une rue entre celles des Prouvaires et de la Tonnellerie, à la hauteur de l'ancienne halle au blé.
Voir BN, Cab. des Est., Rés, coll. Destailleur, Ve 53h, t. VI, f° 97, n° 1207.

30. Voir BHVP, Ms 774, f° 112 «Procès-verbal de la pose d'une pierre de la Bastille (...)» et *Bemerkungen auf einer Reise durch die Niederlande nach Paris*, s.l., 1804, t. II, p. 313.

31. Voir, F. Schulz, *Uber Paris und die Pariser*, Berlin, 1791, t. I, p. 57.

32. Pour le rôle exact de chacun, voir, N.T. Le Moyne, dit. Des Essart, *Dictionnaire universel de Police*, Paris, 1786 - 1787, t. IV, p. 464 et suiv.

33. Le 23 octobre 1789, les forts de la Halle au blé – «fidèles serviteurs et défenseurs de la loi et du roi» – obtinrent le droit de frapper une médaille distinctive en cuivre indiquant leur état. Elle fut distribuée à chacun d'eux afin que «les bons citoyens de cette classe ne soient pas confondus avec ceux qui, en prenant leur habit (...) se livrent aux excès les plus répréhensibles». Voir, S. Lacroix, *Actes de la Commune de Paris pendant la Révolution*, 2ème série, t. II, p. 399.
Le Musée Carnavalet conserve plusieurs de ces médailles.

34. J.A.S. Collin de Plancy, *Voyages de Paul Béranger (...)*, Paris, 1819, t. I, pp. 148 - 149.

35. BN, Ms, n.a. fr. 2864, fol. 34 et suiv.

36. F. Galiani, *Dialogues sur le commerce des bleds*, Londres, 1770, p. 22.

37. Voir, «Ordre du cortège et des cérémonies qui auront lieu le 10 Messidor de l'an VI, à la Halle-aux-Bleds et aux Champs-Elysées pour la Fête de l'Agriculture.»

38. Sur le rôle de tels édifices dans la définition des itinéraires de fêtes, voir A. Chastel, «Cortèges et paysage de la fête», introduction au catalogue de l'exposition: *Les fêtes de la Révolution*, Clermont-Ferrand, 1974.

39. Voir, «Ordonnance de Police (...) pour faire monter les avoines à col dans la Halle haute, du 4 novembre 1767.»

40. Ch. Goret, *La lanterne sourde (...)* Paris 1791, p. 67.

41. J.L. Viel de Saint Maux, *Lettres sur l'architecture des anciens et celle des modernes*, Paris, 1787, Septième Lettre, p. 23.

42. K.G. de Berkeim, *Lettres sur Paris*, Heidelberg, 1809, p. 207.

43. L.M. Prudhomme, *Voyages descriptifs et philosophiques de l'ancien et du nouveau Paris*, Paris, 1814, t. 2, p. 253.

44. Doit-on lier cet aspect à l'usage de la forme ronde et voir en celle-ci la «transcription d'un symbole: l'idée du «resserrement autour d'un trésor»? C'est l'opinion de F. Boudon («Urbanisme et spéculation...», 282) qui renvoie sur ce point à l'ouvrage de L. Hautecœur, *Mystique et Architecture Symbolisme du cercle et de la coupole* (Paris 1954). On préférera cependant les doutes que lui oppose D. Rabreau («La halle aux blés», 306).

45. Fontenelle, *Architecture civile, militaire, hydraulique*, recueil de dessins, Bibl. de l'Union des Arts décoratifs, Rés., FO¹.

46. L. Cl. de Saint Martin, *Le crocodile ou la guerre du bien et du mal arrivée sous le règne de Louis XV*, Paris, an VII, p. 97.

47. Voir le récit de J.Ch. Lenoir dans V.S. Ljublinski, *La Guerre des Farines*, Grenoble, 1979, pp. 359 - 360.

48. «Mes loisirs au journal d'événements tels qu'ils parviennent à ma connaissance», cité dans V.S. Ljublinski, *Op. cit.*, p. 313.
Pour des consignes données au commandement militaire concernant la protection de la Halle au blé, voir BN, Ms Joly de Fleury, 1429, f° 93 r°: «De vouloir bien (...) faire circuler quelques patrouil-

les soit de cavalerie, soit d'infanterie dans les rues adjacentes (...) pour continuer à montrer au peuple les troupes dont la vüe doit necessairement en imposer».

Il est à propos de citer ici un couplet dirigé contre le Maréchal de Biron alors chargé du maintien de l'ordre:

Biron, tes glorieux travaux,
En dépit des cabales
Te font passer pour un héros
Sous les piliers des halles,
De rue en rue, au petit trot
Tu chasses la famine
Général de qui? De Turgot
Tu n'es qu'un Jean Farine.

(dans B. Faÿ, *Louis XVI ou la fin d'un monde,* Paris 1955, p. 122-123).

49. Voir, S. Lacroix, *Actes de la commune de Paris pendant la Révolution,* Ière série, t. II, p. 172, 5 octobre 1789.

50. *Archives parlementaires,* 1ère série 1787 - 1799, Paris 1895, t. XLVI, p. 91, Séance du mardi 3 juillet 1792.

51. Voir, D. Rabreau, «Architecture et fêtes dans la nouvelle Rome», dans les *Fêtes de la Révolution,* actes du colloque (1974), Paris 1977, pp. 355-375.

52. L. Cl. de Saint Martin, *Le crocodile,* Paris, an VII, p. 74.

53. Cité dans S. Lacroix, *Actes de la commune de Paris pendant la Révolution,* t. I, 546, (11 septembre 1789).

54. Voir les nombreuses références dans S. Lacroix, *op. cit.,* et A. Tuetey, *Répertoire général des sources manuscrites de l'histoire de Paris pendant la Révolution* (...), Paris, 1890-1914.

55. *Les tyrans anéantis,* s.l.n.d., p. 2.
Sur le mythe du «Pacte de la famine», depuis ses origines jusqu'à la Révolution, Voir S.L. Kaplan, *le complot de famine: histoire d'une rumeur au XVIIIème siècle,* Paris, 1982.

FORTUNE DE LA FORME

DU COLISEE AU PANTHEON

RAISONS D'UNE METAMORPHOSE

Dans l'opération conduite par Le Camus, édilité et affairisme avaient fait cause commune. Cela se traduisit, on l'a vu, par l'adjonction d'un lotissement spéculatif au pourtour de la halle. L'architecte y trouva, certes, le prétexte à d'heureux effets esthétiques, mais aussi la source de graves imperfections qui devaient, en fin de compte, déprécier la qualité de son oeuvre. Avec son réseau de rues étroites et ses hautes bâtisses, la composition souffrait, en effet d'un resserrement général tendant à amoindrir certains des avantages initialement recherchés. En pâtissaient la ventilation et l'éclairage interne de l'édifice, tout comme sa mise en valeur scénique: «on ne peut voir que par portions; on ne juge point de son ensemble [1].» Cependant, au regard des besoins de l'approvisionnement parisien, plus funeste encore était son manque d'étendue.

Sur ce dernier point, la plupart des contemporains, caustiques parfois avec excès, se montrèrent unani-

mes dans leurs reproches: «D'une petitesse ridicule» aux yeux de De Larocque [2], la halle ne consistait, selon Viel de Saint-Maux, qu'en un «corridor autour d'une cour exposée à la pluie» et n'était propre qu'à «contenir de quoi fournir aux gâteaux pour les sereins et les petits enfants» [3]. De l'avis de Mercier, elle ne convenait qu'à «une ville de troisième ordre» [4]. D'autres s'en prirent aux causes, tels Bachaumont – «on ne peut assez s'étonner de l'ineptie de ceux qui en ont dirigé les plans et comment ils ont pu prendre la confiance des magistrats» [5] – ou Blondel, pour qui «il aurait été à désirer qu'on la fît plus spacieuse aux dépens de nouvelles maisons à loyer qui l'avoisinnent; ce n'est pas dans ces constructions – estimait-il de surcroît – qu'on doit user d'économie; ces sortes de bâtiments durables, une fois élevés, ne se répètent pas volontiers; il est donc important d'en méditer la grandeur (...) [6]». Dans son projet pour les Halles, Boffrand avait attribué au commerce des blés la totalité du terrain de l'hôtel de

Soissons et Patte de souligner qu'il répondait par là aux nécessités de la capitale. Mais sa conception était autre; à l'inverse de ce qui fut réalisé, Boffrand n'avait point dissocié les différentes composantes du programme afin de privilégier un édifice autonome. Les dimensions restreintes de la Halle neuve résultaient donc autant des options de Le Camus que des contraintes relevant du mode de financement Oblin. C'est pourquoi s'imposa une solution d'ordre typologique, à savoir – métamorphose radicale du parti originel – l'établissement d'une couverture au-dessus du vide central.

Il en fut question très tôt. Dès ses premiers mois de service, la halle démontra qu'elle ne pouvait abriter toutes les marchandises qu'on lui destinait. Son portique voûté se révéla trop étroit et l'on dut exposer certaines denrées à l'air libre, sur le carreau, aux dépens de l'espace prévu pour la manoeuvre des charrettes. C'est alors qu'en 1768, le lieutenant de police Sartine décida d'y faire installer un hangar. Paradoxalement, ce magistrat s'en félicita. Pour lui, loin de diminuer le mérite du local, une telle construction témoignait de la plus grande abondance, «plus heureux sur ce point que nous ne l'étions aux époques du siècle dernier [7]». Pourtant – on ne s'y était pas trompé – cette mesure improvisée trahissait les faiblesses de la formule de Le Camus, de même qu'elle marquait les limites de la tradition du carreau. N'en revenait-on pas ainsi à la situation antérieure, celle de l'ancienne Halle au blé où il avait fallu dresser «une espèce de péristile» pour protéger les farines? Enfin, au mépris des intentions de son créateur, c'était défigurer l'architecture de la rotonde comme nuire à sa dignité d'édifice public. «Je ne sais», déplorait Mercier, «quel caractère mesquin, imprimé à tous les monuments modernes, empêche de faire rien de grand [8]».

«Faire du grand» impliquait, dans le cas présent, substituer une couverture monumentale à un abri provisoire, étranger à son cadre. Cela intéressait, bien sûr, l'utilité – mais aussi le caractère du «temple de Cérès». Sous ce double rapport et compte tenu du plan circulaire de la halle, une coupole apparut comme la forme la plus indiquée. Mutation remarquable, ce qui constituait un défaut dans l'édifice ouvert en son centre devenait qualité dès lors qu'on le fermait; le carreau, jugé trop resserré, se changeait en un vaste vaisseau. La halle, écrivait Legrand, «qu'on ne peut décorer du nom de place, trop petite même pour une cour, n'a acquis un peu plus d'importance que lorsqu'on a pu la considérer comme une salle couverte [9]». L'entreprise n'en était pas moins exceptionnelle: ne demandait-elle pas l'édification d'une coupole de trente-neuf mètres de diamètre à sa naissance, soit une voûte à peine plus réduite que celle couronnant le Panthéon de Rome. S'offrait donc là une occasion unique d'égaler, sinon surpasser, l'un des chefs-d'oeuvre incontestés des anciens.

Le problème, de surcroît, ne pouvait que passionner les esprits au moment où allait s'engager l'intense polémique autour de la stabilité du dôme de l'église Sainte-Geneviève.

Les obstacles ne manquaient pas. Tout d'abord, sujétion déterminante, le fait que la structure de la halle ne paraissait apte en aucune façon à recevoir les poussées d'un ouvrage aussi considérable. Consulté à ce sujet par le Bureau de la Ville, Le Camus confirma que «s'étant renfermé dans les lois de la statique et de la stérotomie pour le seul objet qui lui avait été demandé, il eut fait des fondations différentes, s'il eut cru devoir construire une coupole en pierres ou même un Dôme en briques [10]». Et Viel d'ajouter que les parties de l'édifice n'avaient été «nullement calculées pour une autre fin [11]». L'épaisseur des murs était insuffisante, les ouvertures trop nombreuses et l'ossature, elle-même, trop légère; les fissures observées sitôt le bâtiment achevé en apportaient la preuve flagrante. Quant à la maçonnerie, avec de la pierre dure aux seules premières assises, elle ne garantissait pas la résistance voulue. Enfin, le sol sur lequel étaient assises les fondations laissait à craindre un tassement inégal. Comme Soufflot à Sainte-Geneviève, Le Camus avait dû procéder à d'importants nivellements afin d'effacer les traces laissées par des siècles d'occupation : puits, fosses d'aisance et vestiges de l'enceinte de Philippe-Auguste dont un tronçon traversait le terrain [12]. Par ailleurs, le service de la halle appelait à ce que l'on veillât à maintenir la circulation de l'air et de la lumière, impératif qui avait influé sur le choix d'un parti annulaire et paraissait peu conciliable avec l'établissement d'une couverture. Il s'agissait par conséquent – tâche délicate – de préserver les avantages de la nouvelle halle alors qu'on la transformait en un édifice fermé de type inédit, une «halle générale [13]».

Par sa complexité, un tel programme constituait un champ d'expérimentation idéal. De 1769 à 1782, plusieurs architectes de renom s'efforcèrent d'en surmonter les contraintes avec le recours de techniques traditionnelles ou d'avant-garde. Leurs différents projets permettent en cela de juger des ressources de l'architecture des Lumières face à un problème qui devint essentiel au siècle suivant : couvrir les grands espaces publics. Ils marquent à cet égard un tournant décisif dans l'histoire de la construction moderne.

(A gauche) **Plan de la Halle au blé avec le projet de coupole de Le Camus de Mézières,** (*E.N.S.B.A.*) - (A droite) **Détails de la coupole (N. Le Camus de Mézières,** *op. cit.*).

COUVRIR LE CARREAU

Le premier à proposer une modification du parti originel ne fut autre que Le Camus de Mézières lui-même. Publié dès 1769 avec les plans de la halle et dédié au prévôt des marchands Jérôme Bignon, son projet – et pour cause – n'ignorait aucune des propriétés de la rotonde, tant d'un point de vue structurel qu'utilitaire [14]. Averti de l'insuffisance de son ossature, Le Camus voulut, avant tout, rendre les organes de support indépendants du corps de bâtiment. Ainsi, fit-il reposer la coupole sur douze points d'appui distribués autour du carreau, colonnes colossales dont les chapiteaux profilaient avec la corniche de l'édifice. C'était, en fin de compte, adjoindre une nouvelle structure à l'intérieur de la couronne initiale : autrement dit, métamorphoser le hangar établi par Sartine en une sorte d'immense monoptère. Plus encore qu'il ne l'avait fait pour les voûtes de la halle, Le Camus rechercha ici la légèreté : d'abord dans le choix des matériaux – une combinaison de pierre et de brique – mais également dans la disposition générale. Sied-il d'évoquer à nouveau l'exemple gothique ? Viel, en tout cas, parla d'un sys-

N. Le Camus de Mézières, coupe d'un projet de coupole en maçonnerie mixte pour la Halle au blé, 1769, (*Musée Carnavalet, Cab. Est.*). Dès ses premiers mois de service, la nouvelle Halle se révéla trop exiguë. On y dressa un abri en charpente avant de songer à un mode de couverture plus durable et digne de la capitale.

tème «d'arcs boutans [15]». La coupole, quant à elle, devait être en pendentifs, ce qui permettait l'ouverture de douze lunettes et élevait la partie supérieure de la voûte percée d'un oculus au-dessus de la ligne de faîte de la halle; l'air et la lumière bénéficiaient donc d'un libre passage.

Rationnel à maints égards, le projet de Le Camus formait toutefois un ensemble composite dans lequel s'imbriquaient sans réelles liaisons, deux architectures distinctes.

Il ne reçut d'ailleurs qu'un accueil mitigé: «il n'y a point de regrets à former» – affirmait Viel – «de ce que cette coupole n'ait pas eu d'exécution. L'ordonnance n'a rien d'intéressant et la construction n'en auroit pas été solide, on peut même dire qu'elle eut été impossible [16]». Pour les contemporains, sa valeur était autre; la coupole de Le Camus consacrait en effet l'idée qu'il fallait désormais considérer la Halle au blé comme un édifice perfectible.

Alors qu'il travaillait à la réalisation de l'hôtel des Monnaies (1771 - 1777), Antoine s'intéressa au cas de la Halle et conçut deux projets pour la couvrir. Jamais publiés mais souvent cités, ils acquirent une certaine notoriété [17]. De fait, leur auteur s'y montrait ambitieux. Là où, non sans motifs, Le Camus avait ménagé au maximum l'édifice annulaire, Antoine choisit à l'inverse de le remodeler pour lui faire jouer un rôle de contrebutement. En ce sens, il s'agissait moins d'un amendement ponctuel que d'une véritable recréation du parti d'origine. Il comptait en effet voûter l'étage du grenier et surhausser le bâtiment d'un niveau d'attique. Ayant renforcé la couronne, il prévoyait deux façons possibles d'assurer la stabilité de la coupole. Dans un cas, Antoine recourut à une

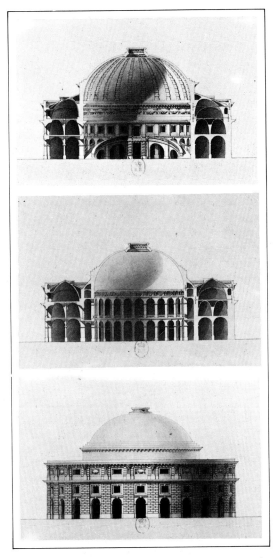

J.-D. Antoine, deux variantes d'un projet de coupole pour la Halle au blé, coupes et élévation, ca. 1771-1777, (*BN, Cab. Est.*) **Comme Soufflot à Sainte-Geneviève, Antoine recourut à des arcs boutants dérivés de l'architecture gothique.**

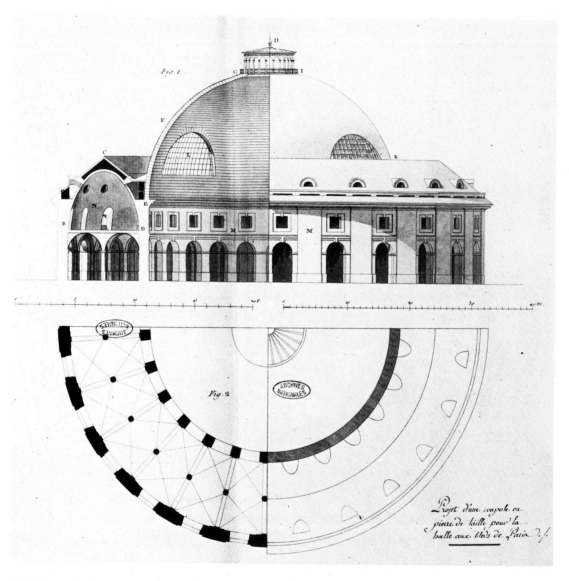

J. Rondelet, projet d'une coupole en pierre de taille pour la Halle au blé, (*AN, F* [13]*1163*). Un éminent spécialiste de la stéréotomie y affichait sa foi dans les procédés de construction traditionnels.

disposition dont le principe rappelait le projet élaboré par Le Camus: la structure portante y était dissociée de la rotonde. Ainsi la voûte s'élance-t-elle à partir d'un rideau d'arcades à deux niveaux doublant l'élévation intérieure. Dans l'autre, au contraire, formée de chaînes de pierre et voûtains de brique, la coupole monte de fond à l'aplomb du mur de face du carreau, mur que devait consolider l'adjonction de rampes menant à la halle haute. D'après ce qui semblerait être une variante, Antoine aurait en outre prévu d'ajouter des rampes à l'extérieur permettant aux voitures d'accéder directement à l'étage [18]; une étonnante innovation – «futuriste» d'esprit – faite, il faut le noter, aux dépens de la rue de Viarmes. Mais le plus remarquable était bien la manière dont Antoine neutralisait les poussées de la coupole. A l'instar de Soufflot à Sainte-Geneviève, il usait d'arcs-boutants transmettant les forces aux autres parties de la structure, elle-même consolidée par des tirants métalliques. Rondelet l'observa pertinemment: c'était faire «comme dans les constructions gothiques [19]».

L'apparence de la halle devait aussi changer: outre la présence de la coupole – évocatrice du Panthéon – la toiture de la partie annulaire disparaît derrière l'attique, altération que parachèvent l'emploi de festons et bucranes, ainsi qu'un bossage à chanfrein. Au-delà de difficultés techniques prévisibles, le seul coût des travaux rendait les projets d'Antoine irréalisables. On ne pouvait, en l'occurrence, envisager de remaniements aussi importants. N'exigeaient-ils pas, comme l'assurait Giraud, une démolition préalable de l'édifice?

Aux solutions mixtes associant la brique et la pierre – celles de Le Camus et d'Antoine – il convient d'opposer celle élaborée par Rondelet en 1775; n'y était prévue que la pierre de taille [20]. A l'époque, Rondelet collaborait au chantier de Sainte-Geneviève. Il avait été l'un des experts qui réfutèrent les arguments de Patte mettant en doute la stabilité du dispositif de Soufflot. «Approuvé» par celui-ci, son projet de coupole pour la halle s'inscrivait donc au cœur du débat portant sur l'équilibre des voûtes de grandes dimensions [21]. Il était d'ailleurs contemporain des dernières variantes du dôme de Sainte-Geneviève, caractérisées par leur ampleur. Pourquoi privilégier la pierre? S'agissant d'une des «matières les moins sujettes à varier de figure et de volume», Rondelet pensait ainsi parvenir à une solidité optimale. Une solidité qui ne dépendait pas seulement de l'emploi exclusif de la pierre, mais aussi d'une disposition homogène dans laquelle devaient s'affirmer – qualités fondamentales à ses yeux: «la régularité, l'uniformité et la continuité [22].» La foi de Rondelet en de tels principes expliquait ici son audace. Rien de «gothique» en effet dans la coupole hémisphérique qu'il proposait d'ériger au-dessus du carreau. N'exerçant, selon lui, aucune poussée – l'effort de la partie supérieure ne surpassant pas la résistance de la partie inférieure – elle devait s'élever à partir de la corniche sans le moindre renfort structurel. Cinq lunettes vitrées, dont le plein cintre répondait aux arcades du rez-de-chaussée, assuraient l'éclairage ainsi qu'une ouverture zénithale surmontée d'une lanterne métallique en forme de tempietto.

Rondelet ne tenait aucun compte des faiblesses de la maçonnerie portante. Privée d'organes de raidissement, la halle n'aurait pu, à l'évidence, supporter une pareille charge. Viel, qui objectait également à la présence des lunettes, le souligne dans ses écrits [23], dénonçant en même temps les déficiences du dôme de Sainte-Geneviève. Pour Cointeraux, la théorie ne suffisait à défier la gravité: «malgré la grande réduction de l'épaisseur de cette voûte, à laquelle on est obligé, ne lui reste-t-il pas encore un poids énorme, et qui devient de plus en plus effrayant, lorsqu'on pense qu'elle ne saurait se soutenir dans le vide, que par le seul effet de l'art, (...) Et comment rassurer les marchands avec le peuple, eux tous qui journellement se verraient obligés de séjourner sous une pareille couverture? [24]»

Aucun des projets proposés jusque-là ne paraissait réalisable. Trop coûteux, structurellement peu fiables, ils supposaient de surcroît de longs travaux entravant l'activité de l'édifice. Or, on ne pouvait interrompre son service au risque de perturber l'approvisionnement de la ville. La halle serait sans doute restée telle quelle si n'était intervenu un événement fortuit mais décisif: les réjouissances organisées en son enceinte – le 21 janvier 1782 – pour la naissance du Dauphin. Il fallut alors démolir l'abri provisoire qui obstruait le carreau. Ce fut une révélation. Habitués depuis toujours à la voir défigurée, les contemporains redécouvrirent soudain la rotonde originelle de Le Camus: «le hangar a disparu et l'ensemble du Bâtiment dont on avoit pu jouir encore a formé un spectacle intéressant et nouveau pour le public». «Un instant plus séduisant a bientôt succédé»: un vélum fut tendu au-dessus de l'espace central et l'on put enfin juger d'une transformation souhaitée par tous. «Cette même cour est devenue une salle de bal, tous ceux qui l'ont vue ont été frappé de son heureux effet et les artistes ont Désiré que cette unité si agréable ne soit point interrompue par un Remplissage comme celui qui venait d'être détruit [25].»

Au lendemain de la fête, une question s'imposait donc: plutôt que de rétablir un hangar aussi disgracieux qu'incommode, ne valait-il pas mieux profiter des circonstances et couvrir l'édifice de façon durable? Le lieutenant général de police Jean-Charles Lenoir en prit la décision. Successeur de Sartine dont il partageait les vues en matière de politique des grains, Lenoir faisait grand cas des subsistances de la capitale. Les troubles de la Guerre des Farines auxquels il avait eu à répondre demeuraient en sa mémoire. Entre autres mesures, il ouvrit une école de boulangerie «théorique et pratique», rue de la Grande Truanderie, et surtout s'occupa des moyens de perfectionner la Halle au blé [26]. Ainsi, en vue de la couvrir, il demanda et obtint le concours financier de la Ville: «il étoit convenable qu'elle participât à une dépense qui n'étoit nullement de réparation, mais bien d'embellissement», en outre c'était l'acquitter des frais «qu'elle auroit été dans le cas de faire pour réparer les changements et dégradations occasionnés par les dites fêtes» [27]. Le projet de Lenoir la dispensait donc de pourvoir à un nouveau hangar.

S'il n'y eut pas de véritable concours pour désigner le mode de couverture de la halle, deux solutions inédites furent néanmoins considérées. L'une conçue par François-Joseph Bélanger – premier architecte du comte d'Artois – et Deumier – serrurier «connu par ses talens dans l'art de fabriquer les ouvrages en fer en grand» – proposait une coupole constituée de fermes en fer forgé et recouverte de feuilles de cuivre [28]. On ne sait, par malheur, que fort peu de choses de ce projet révolutionnaire, sans doute le premier dans l'histoire à envisager la mise à couvert d'un aussi vaste espace à l'aide d'une charpente métallique. Faut-il voir ici le fruit de fréquents voyages effectués par Bélanger en Angleterre où se développait l'usage du fer comme matériau de construction? Le célèbre pont de Coalbrookdale était achevé depuis 1779. En France, autour de ces mêmes années, Soufflot et Brébion l'avaient employé au Louvre et Louis dans les combles du Théâtre Français. Mais en regard de ces noms illustres, il est révélateur de citer un particulier – artisan du nom de Mégnié – qui fit part de son invention dans le *Journal de Paris* du 11 juin 1783: «Ma manière de construire les carcasses d'instrumens d'Astrologie m'a conduit à imaginer des espèces de charpentes en fer pour la couverture de toutes sortes de monumens, soit que l'on veuille appliquer les verres sur les charpentes pour en former des dômes ou des berceaux (...), soit que l'on veuille revêtir ces charpentes en planches solides recouvertes en lames de cuivre»; ce procédé – ajoutait-il – «n'est susceptible d'aucune poussée» [29]. On le voit, le projet de Bélanger s'insérait au sein d'un courant expérimental d'actualité. Il ne devait pourtant être exécuté qu'une trentaine d'années plus tard.

L'ACTUALITE DE PHILIBERT DE L'ORME

Due à Jacques-Guillaume Legrand et Jacques Molinos, l'autre solution consistait en une coupole faite d'un assemblage de planches de sapin. Convaincu par le modèle qui lui en fut présenté, Lenoir voulut agir au plus vite.

«Je raportai leur projet au gouvernement» – écrit-il – «qui l'autorisa et me chargea d'en hâter l'exécution [30].» Il s'agissait là d'un choix inattendu comme le montre assez l'aigreur éprouvée par Bélanger: «rien ne fut écouté, et de jeunes artistes, sans expérience, parvinrent à faire adopter leurs projets et à en faire rejetter un sagement conçu [31].» L'apprentissage des deux architectes en question – jeunes il est vrai – ne justifiait guère de tels reproches. Legrand, surtout, avait été l'élève remarqué de Perronet à l'école des Ponts et Chaussées puis, sur l'avis de ce dernier, inspecteur de la construction du pont de Tours. Mais «la carrière des ponts et chaussées parut trop étroite pour M. Legrand, elle ne lui servit que pour lui indiquer le vaste champ de l'architecture. Son imagination, enrichie par l'étude de l'histoire (...) s'éveilla [32]». Il suivit alors les cours de Blondel, où il rencontra Molinos, et plus tard ceux de Clérisseau, «savant professeur, antiquaire, architecte et peintre à la fois». Quant à Molinos, il s'était jusque-là essentiellement consacré à l'architecture résidentielle et aux jardins [33]. Pour tous deux, la couverture de la Halle au blé constituait donc la première commande publique de prestige.

Sur bien des points, leur projet de charpente en planches offrait ce qu'aucun n'avait su garantir: une coupole légère ménageant la structure portante, mais aussi – avantage sans nul doute décisif – une construction rapide et économique. Il n'en était pas moins expérimental. Au dire de ses auteurs, sa conception même remontait au bal donné dans la halle pour la naissance du Dauphin. Or, s'ils cherchèrent à restituer l'effet que produisit l'immense velum couvrant la rotonde – et ainsi à perpétuer le décor éphémère d'une fête – ils s'inspirèrent d'une source tout autre afin d'y parvenir. Un ancien procédé de charpente fut remis à l'honneur, celui élaboré par Philibert De L'Orme, deux siècles plus tôt. D'ailleurs, n'était-ce pas ici la meilleure application d'un système dont De L'Orme lui-même affirmait que «les anciens Romains (...) eussent pris grand plaisir de pouvoir ainsi couvrir leurs Théâtre, ou Amphitéâtres» [34], plutôt que d'employer de vastes bannes. Ironie ou logique de l'Histoire, ce «plaisir» fut réservé au Siècle des Lumières, grâce à Legrand et Molinos.

Avec la publication des *Nouvelles inventions pour bien bastir à petits frais* (1561), De L'Orme proposait une manière originale de remplacer les lourdes poutres traditionnelles par des planches jointes entre elles au moyen de liernes clavées [35]. Outre un gain sur les coûts de construction, cette méthode permettait d'élever des fermes d'une grande portée, sans l'aide d'entraits, et donc de couvrir des salles d'une ampleur remarquable, sans charger les murs. De L'Orme en fit la démonstration au grand comble du château de la Muette et, dans le même esprit, projeta une gigantesque basilique royale voûtée en berceau; elle annonçait des temps futurs.

On présenta l'oeuvre de Legrand et Molinos comme la résurrection à Paris de ce procédé, injustement oublié, et Bachaumont de noter qu'il revivait «au grand étonnement de tous les amateurs» [36]. En fait, leur coupole constituait la manifestation la plus accomplie de l'intérêt dont avait bénéficié le système de De L'Orme tout au long du dix-huitième siècle [37]. Les deux architectes le reconnaissaient volontiers: «c'est dans son ouvrage qui n'est pas connu de tous les négotians à la vérité mais bien de tous les artistes que nous avons étudié ce procédé [38].» En 1704, les *Nouvelles inventions pour bien bastir* faisaient l'objet de commentaires critiques à l'Académie royale d'architecture [39]. Plus tard, dans son *Discours sur la nécessité de l'étude de l'architecture* (1754), Blondel – professeur de Legrand et Molinos – signalait le traité de De L'Orme, «intéressant pour sa manière de bâtir à petit frais, et ses développemens sur la charpenterie» [40]. Enfin, en 1781, peu avant le projet pour la halle, l'architecte Jardin demandait des éclaircissements sur cette méthode ainsi que son «historique», ce qui fut une nouvelle occasion d'en discuter à l'Académie [41]. Son usage, de plus, ne s'était pas entièrement perdu, en particulier «dans quelques provinces pour faire les ceintres des caves mais d'une manière très imparfaite en clavant seulement deux voliges ensemble. A Lion» – ville natale de De L'Orme comme de Molinos – «en Lorraine et dans le pays messin, c'est ainsi que se font encore actuellement tous les ceintres des voûtes: on a renouvellé cette construction dans la Tourraine depuis quelques années et plusieurs maisons et granges y sont couvertes de cette manière [42]». Mais à Legrand et Molinos revenait indiscutablement le mérite d'avoir su appliquer ce type de charpente à la couverture d'un aussi vaste espace. «En effet, qui se serait jamais douté» – écrivit alors un certain Vallée, sous-ingénieur des Ponts et Chaussées – «qu'il fût possible de substituer de simples planches pour la construction d'un dôme de cent vingts pieds de diamètre aux robustes pièces de charpente qui ont été employées jusqu'à ce jour en pareil cas, et sous les yeux de tant d'habiles gens versés dans la connoissance de la statique [43].» A une époque où l'on se préoccupait des différents moyens d'alléger les charpentes, notamment pour remédier à la pénurie des gros bois, la couverture de la Halle neuve apparaissait donc comme un modèle.

L'importance du projet – la plus grande coupole du royaume – et la nouveauté de la technique utilisée firent de sa réalisation une entreprise à tous égards exceptionnelle. Pour la mener à bien, Legrand et Molinos s'adjoignirent les services de A.J. Roubo fils, maître menuisier et auteur de l'*Art du menuisier*, qui assuma la conduite des travaux. Ceux-ci débutèrent dès le 20 juillet 1782 [44]. Il fallut d'abord adapter la halle aux exigences du chantier: le carreau devint une aire destinée aux épures et une partie du grenier fut cloisonnée puis convertie en atelier pour le sciage des planches. Restait le problème le plus délicat, celui de l'assemblage progressif des fermes. Aidés d'un certain Albouy, maître-charpentier, les architectes conçurent à cette fin un échafaudage particulièrement audacieux: reposant sur la corniche de l'édifice et libérant le carreau, il se composait d'une plate-forme à partir de laquelle s'élevaient deux étages dotés de quatre chèvres. Les progrès du chantier captivèrent les contemporains. L'échafaudage, surtout, «faisait l'admiration de la foule qu'il attirait: c'était devenu un spectacle public» [45], à tel point qu'un «menuisier téméraire» crut devoir se livrer à des acrobaties dans les haubans. A Versailles, le roi demanda à voir un modèle de la construction en cours, «il en fut très satisfait et le garda dans ses appartemens jusqu'à la fin du mois de novembre» [46].

Objet de la curiosité générale, ces travaux n'en furent pas moins entourés d'un relatif secret. N'élevait-on pas une structure expérimentale dont le succès demeurait encore incertain? Obtenir, puis fixer l'aplomb parfait des fermes, soulevait ainsi plus de difficultés que prévues. A l'évidence, on souhaitait éviter toute polémique semblable à celle qui avait perturbé l'édification de Sainte-Geneviève. Lenoir, d'ailleurs, n'autorisa la presse à publier de comptes rendus sur la coupole qu'une fois celle-ci achevée: «il nous a paru d'autant plus nécessaire d'attendre (...) pour en parler que le jugement qu'on peut porter sur les ouvrages d'architecture non terminés est souvent hazardé [47].» Cette réserve face à une réalisation aussi neuve se vérifia de façon plus éclatante encore lors de la cérémonie cruciale marquant le retrait des échafaudages.

«Roubo, plein de confiance dans les combinaisons si bien calculées de son système, voulut, malgré les instances des nombreux spectateurs qu'effrayait son audace, rester sous la corniche de la plate-forme

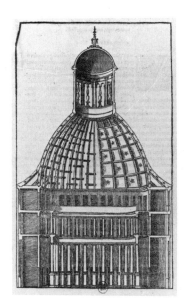

Philibert De l'Orme, projet d'un dortoir circulaire pour les religieuses de Montmartre publié dans les *Nouvelles inventions pour bien bien bastir et à petits frais,* (1576).

Philibert De l'Orme comptait voûter une vaste enceinte circulaire à l'aide d'une charpente de planches en hémicycle. Legrand et Molinos s'inspirèrent directement de cet audacieux projet du XVIème siècle.

pour s'assurer si la charpente abandonnée à elle-même ne faisait pas quelque mouvement. Tout se passa comme il avait prévu. Les étais furent enlevés sans qu'il en résultât le plus léger accident. A la vue d'un pareil chef-d'œuvre, les acclamations furent unanimes, un battement de mains général salua l'auteur; les forts de la halle, eux-mêmes, s'abandonnant aux transports de leur joie bruyante, coururent tirer le modeste Roubo de son lieu d'observation et le conduisirent triomphalement chez lui en le portant sur leurs épaules [48].»

Un même enthousiasme populaire avait salué le décintrage du Pont de Neuilly en 1772, apothéose de Perronet et de sa science qui fournit à Hubert Robert le sujet d'une saisissante peinture d'actualité. Le 30 septembre 1783, sur la demande de Lenoir, une commission extraordinaire de l'Académie d'architecture – comprenant Hazon, Coustou, Peyre l'aîné, Gondoin et Antoine – vint inspecter la coupole nouvellement achevée. «Il résulte de nos examens», conclua-t-elle,» (...) que non seulement cet ouvrage est intéressant par lui-même mais qu'il paraît remplir complètement l'objet auquel il est destiné [49].» Lenoir leva toute censure et, le 4 novembre, le *Journal de Paris* put enfin convier ses lecteurs à jouir du monument.

Plus encore qu'elle ne ressuscitait un ancien procédé de charpente, cette construction renouait avec les sources de l'architecture nationale: elle réalisait un projet conçu au seizième siècle. De fait, Legrand et Molinos s'inspirèrent directement de la couverture d'un dortoir annulaire imaginé par Philibert De L'Orme pour les religieuses de Montmartre et publié dans les *Nouvelles Inventions* [50]. Le programme s'y révélait identique: ériger, à partir de l'entablement de l'édifice, une coupole devant abriter un espace de cinquante-huit mètres de diamètre sur lequel donnaient les cellules réparties sur plusieurs niveaux.

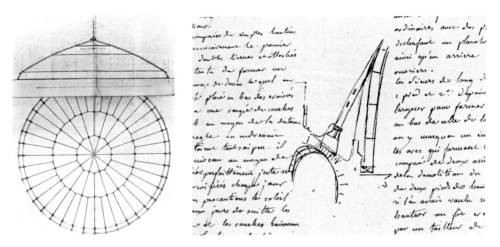

Lanterne métallique de la coupole de
Legrand et Molinos (*BHVP*).

Naissance d'une ferme; croquis extrait du journal des travaux de la coupole
(*BHVP*).

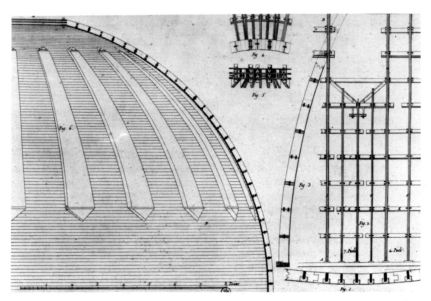

Détails de la charpente élevée par Legrand et Molinos (dans J.C. Krafft, *Plans, coupes et élévations de diver-*
ses productions de l'art de la charpente, Paris, 1805, pl. 71).

178

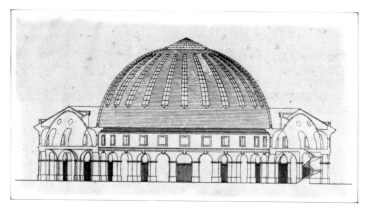

Coupe de la Halle au blé avec la coupole de Legrand et Molinos, (dans J.C. Krafft et Ransonnette, *op. cit.*, pl. 110). Le carreau devint une «place couverte», abritée par une voûte à peine plus réduite que celle du Panthéon de Rome. *«Cette coupole était sans doute la plus belle application qui ait été faite et qui le sera jamais, peut-être, du système de Philibert de Lorme».* (A.R. Emy, *Traité de l'art de la charpenterie,* Paris 1837-1841, t. II, p. 174).

Longtemps, on l'avait jugée irréalisable. Par exemple, en 1704, l'Académie d'architecture estima qu'il s'agissait là d'un projet «dont l'idée ne peut avoir nulle utilité, quoy qu'elle semble extraordinaire par sa figure et sa grandeur» [51].

Pourtant, à maints égards, l'ouvrage élevé en 1783 surpassa le modèle. C'était vrai surtout des vingt-cinq côtes à jour qui, à l'aplomb de chaque arcade, divisaient la voûte sur presque toute sa hauteur. Formant «autant de rayons divergens du centre lumineux ouvert au sommet de cette calotte» [52], elles conféraient à la coupole de la halle un caractère unique, témoignage de l'extrême talent d'invention de Legrand et Molinos: les vides, ici, rivalisaient d'importance avec les pleins. Par ce mode d'éclairage, ils voulurent d'abord «satisfaire aux principales données du service et de l'usage du monument qui étoit de laisser le plus de jour possible dans cette cour tant à cause du marché qui doit s'y tenir qu'à cause des greniers de ce monument qui prennent tout leur jour par cette cour, l'élévation des maisons de l'autre côté de la rue interceptant celui qu'elle (sic) pourroient y prendre [53]». Mais ce qui répondait à l'utilité relevait aussi d'un choix esthétique délibéré. Diminuant de largeur avec la courbe de la voûte, ces grandes côtes vitrées valaient mieux, pensaient-ils, que des «caissons à jour ou des lunettes assés multipliées pour donner autant de lumière». Elles contribuaient donc à «décorer» l'enceinte de la halle en y produisant «des effets piquants et variés selon la position du soleil» [54] – aspect que se plurent à souligner la plupart des représentations contemporaines.

D'un profil hémisphérique, la coupole de Legrand et Molinos s'élevait, sous la clef, à une hauteur de trente-deux mètres: c'était «en france le plus grand espace couvert d'une seule voûte et ce seroit le plus grand de l'univers si le panthéon de rome et le dome de Saint-Pierre qui sont de même dimention n'avoient treize pieds de plus [55]» de diamètre. La constituaient des fermes composées de trois épaisseurs de planches de sapin – quatre en bordure des côtes à jour – que liaient, pour plus de sécurité, des

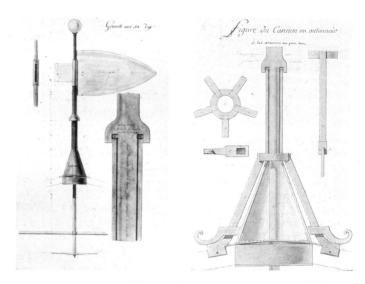

Détails de la girouette de la Halle au blé en forme de soc de charrue (*BHVP*).

liernes doubles. Elles portaient, à leur naissance, sur des sablières établies au-dessus de la corniche et s'assemblaient toutes en une triple couronne supportant le châssis vitré de la lanterne. Formée de fers posés de champ et réunis par des vis «suivant le même principe adopté pour les bois», cette lanterne, due à Contou, Maître-Serrurier, se distinguait comme «l'un des plus grands ouvrages de serrurerie en ce genre»[56]. A son sommet – amortissement convenant au «Temple de Cérès» – se trouvait une girouette en forme de soc de charrue dont le prolongement indiquait les vents sur un cadran placé à l'intérieur et qualifié de «pneumanomètre». De l'ardoise recouvrait l'extrados de la coupole, excepté le long des côtes à jour où l'on fit usage d'un alliage métallique nouveau[57]. Quant à l'intrados, il était revêtu de voliges qui masquaient entièrement la charpente. Peintes en blanc, elles imitaient par leur disposition les assises d'une maçonnerie de pierre. Les deux architectes tinrent cependant à ce que le

système utilisé fût quelque part visible: la passerelle qu'ils établirent au travers du grenier pour mener au balcon de la corniche, ainsi qu'aux degrés permettant de monter jusqu'à la lanterne, leur en offrit le prétexte: «nous avons voulu que le public retrouva absolument dans cette nouvelle application du même procédé le model exact de la construction de la voûte[58].» Enfin – il faut le noter – si Legrand et Molinos soignèrent l'éclairage de la Halle, ils n'en pourvurent pas moins à sa ventilation, cela pour préserver les grains autant que les bois de charpente. Ainsi, l'air pouvait-il passer sous la lanterne, légèrement surélevée, et de même filtrer par les interstices ménagés à cet effet entre les voliges du revêtement intérieur.

«Cet ouvrage paraît plaire au public» rapportait Lenoir au comte d'Angiviller avant même la fin des travaux[59]. Il compta en effet parmi les réalisations les plus remarquées de son temps. Les commentaires ne

180

manquaient pas. «On ne peut se lasser d'admirer la coupole de la nouvelle halle» notait Bachaumont – «et tout le monument qu'elle change de face. Rien de plus gracieux à l'oeil: il y règne malgré cela une simplicité noble qui en impose; il semble que tous les artistes qui ont concouru à ces travaux aient cherché à s'évertuer et à se surpasser [60].» Pour tout visiteur séjournant dans la capitale, la Halle au blé et sa charpente devinrent une étape obligée et, pour les Parisiens, un but de promenade, voire un lieu de rencontres mondaines. Thomas Jefferson, qui voyait en cette coupole «the most superb thing on earth!» [61], y fut présenté à Maria Cosway. «Enchanté de cet édifice», Franklin voulut assurer sa conservation en y faisant installer un «paratonnerre préservatif» [62].

Pareil engouement tenait évidemment à l'originalité du procédé de construction – objet d'une habile campagne de publicité – et à l'emploi d'éléments métalliques à la lanterne. Mais ce qui frappait était avant tout la légèreté comme la transparence de la coupole, qualités inhabituelles dans des ouvrages d'une telle ampleur.

Là réside en effet sa surprenante modernité. Elle exigeait, de la part des contemporains, une perception nouvelle de l'espace architectural désormais tributaire des progrès de la technologie: «L'oeil parcourait avec étonnement cette voûte immense», remarque Saint-Victor, «on ne concevait pas comment elle pouvait se soutenir ainsi découpée, et sur moins d'un pied d'épaisseur apparente [63].» Et Arthur Young d'attribuer aux fées sa légèreté [64].

De même, manifestant un goût précoce pour la transparence des verrières, on s'émerveilla de ce qu'il régnait un jour intense à l'intérieur d'un édifice pourtant couvert: «la masse de lumière est telle», observait Thiéry, «qu'il ne semble pas que cette calotte ait diminué en rien le jour qui existait avant sa construction, et qui est indispensable au service de ce monument [65].» La nuit, l'effet était inverse et tout aussi extraordinaire: vue de dehors, la voûte semblait s'illuminer de l'intérieur, comme ce fut le cas lors du bal de 1783.

En avançant que loin de nuire à la beauté de la halle, la nouvelle coupole y ajoutait «infiniment», Thiéry traduisait à n'en pas douter l'avis de ses contemporains [66]. Dégagée, l'enceinte du carreau dessinait un immense vaisseau circulaire où l'on pouvait empiler les sacs sur des planchers disposés à intervalles réguliers. A l'extérieur, là où Le Camus avait établi une ligne de faîte commune intégrant halle et lotissement, saillait désormais une vaste coupole en plein cintre: la zone des Halles se trouvait ainsi dotée d'un accent visuel affirmé, pôle de développements futurs. D'ailleurs, n'était-ce pas lui prêter le rôle des dômes qui «ont eu pour objet», notait Legrand, «d'annoncer au dehors et de loin, l'opulence des cités?» [67]. De plus, à une époque où – faut-il le rappeler – Boullée combinait les «corps réguliers» dans de grandioses compositions, la nouvelle Halle impressionnait par son architecture associant le cercle et la spère. Seul exemple du genre, elle rendait compte d'un idéal à l'origine de maints projets monumentaux – cénotaphes, salles d'assemblée, musées – dont le programme, au nom d'impératifs le plus souvent symboliques, justifiait une ample rotonde voûtée. Enfin, les «amateurs» surent distinguer ici l'heureuse fusion de deux archétypes antiques: le Panthéon s'ajoutait au Colisée, évocation de la Ville éternelle qu'accentuait la présence de la colonne Médicis.

On ne manqua pas non plus, pour d'évidentes raisons politiques, d'honorer ceux qui avaient contribué au perfectionnement de la Halle neuve. Un même hommage exalta ainsi les vertus civiques de Louis XVI, le mérite de son lieutenant de police et le génie de Philibert De L'Orme. Dus au ciseau du sculpteur Roland, des bustes en médaillon de chacun d'eux furent placés sur des piliers du carreau, l'effigie de Louis XVI faisant face à celle de son aïeul [68]. Deux «inscriptions françaises» les accompagnaient [69]:

Vue extérieure de la Halle au blé avec la coupole de Legrand et Molinos, grav. coloriée anonyme,
(Musée Carnavalet, Cab. Est.).

PHILIBERT DE LORME,

CONSEILLER ET AUMÔNIER DE HENRI II,

GOUVERNEUR ET ARCHITECTE DU CHÂTEAU DES TUILERIES,

ABBÉ DE S. ÉLOI DE NOYON ET DE S. SERGE D'ANGERS, &c.

CONÇUT L'AN MDXL L'IDÉE D'UNE CHARPENTE EN PLANCHES.

SA MÉTHODE LONGTEMPS NÉGLIGÉE À PARIS,

FUT EMPLOYÉE POUR LA PREMIERE FOIS

À LA CONSTRUCTION DE CETTE COUPOLE,

L'AN MDCCLXXXII.

Copie de la plaque posée à la Halle au blé en l'honneur de Philibert De l'Orme, 1783 *(BN, Cab. Est.).*
L'hommage à l'un des pères de l'architecture classique nationale se doublait en fait d'une habile opération publicitaire.

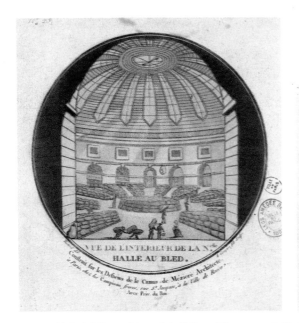

(A droite) Vue extérieure de la Halle au blé, gravure coloriée de Janninet d'après Durand (AN, F¹³ 1163). (A gauche) Vue intérieure, gravure de Le Campion fils d'après Testard, 1787 (*Musée Carnavalet, Cab. Est.*). «La lumière tombe d'en haut dans la cour qui est aussi claire que si la voûte ne la recouvrait pas». (*Paris 1790, Voyage de Halem*, A. Chuquet, ed., Paris 1896, p. 376).

l'une célébrait le rôle décisif de Lenoir, l'autre – posée sur l'ordre de Legrand et Molinos – rappelait les sources de la méthode de charpente employée ici «pour la première fois». S'ils marquaient par là leur «vénération» envers De L'Orme, les deux architectes n'en cherchaient pas moins à soigner leur notoriété. Sur ce point, la Révolution leur rendit un service inespéré. Avec la destruction des symboles de l'Ancien Régime à l'ordre du jour, le médaillon et la plaque dédiés à Lenoir s'attirèrent le courroux des patriotes. Un pamphlet dénonça ce «monument d'orgueil et d'injustice», exigeant de la municipalité qu'on lui substituât une «inscription civique digne du temps où nous vivons» [70] (cf. Annexe 6). Le 17 juillet 1790, décision fut prise par le Conseil de Ville de sceller à la place une table porteuse de l'inscription suivante: «LA COUPOLE DE CE MONUMENT A ETE CONSTRUITE D'APRES LES DESSINS ET SOUS LA CONDUITE DE MM. LEGRAND ET MOLINOS, ARCHITECTES; EXECUTEE PAR ROUBO, MENUISIER, COMMENCEE LE 10 SEPTEMBRE 1782 ET TERMINEE LE 20 SEPTEMBRE 1783 [71].» Appel à l'émulation et au progrès des Arts, ce geste démontrait en fait combien les noms des intéressés étaient désormais liés à cette charpente et, par conséquent, à la redécouverte de Philibert De L'Orme, premier «classique» français. Un tel succès ne pouvait qu'éveiller des rancoeurs. Ainsi, l'architecte Callet-père de s'insurger lorsque les travaux d'embellissement du Museum révinrent à Molinos, sous l'unique prétexte qu'il avait «couvert en planches la halle aux bleds».

183

«Cet éloge – affirmait-il – (...) ne suffit point pour en faire un privilégié, sur-tout, si l'on considère qu'il n'a fait qu'appliquer un procédé connu depuis plusieurs siècles en Italie, nommément à Venise et à Padoue, et qu'en outre ce procédé est amplement décrit avec des figures dans l'ouvrage de Philibert Delorme qui lui-même en a fait usage [72].»

Legrand et Molinos l'avaient pressenti : le système de charpente «artificielle» appliquée à la coupole de la halle connut une faveur certaine, cela jusqu'au triomphe définitif du fer, vers le milieu du dix-neuvième siècle. Moyen de libérer les volumes intérieurs – puisque ne réclamant l'aide d'aucun élément auxiliaire – il était «propre à toutes les destinations telle que galleries, logemens, chapelles, bibliothèques, serres, cabinets d'histoire naturelle» [73], mais aussi halles, hangars divers et manèges. Dans un premier temps, Legrand et Molinos s'employèrent eux-mêmes à en diffuser la méthode. On peut d'ailleurs parler, à ce propos, d'une véritable campagne soigneusement orchestrée : envoi à de hautes personnalités d'un portrait en médaillon de De L'Orme, présentation des modèles à diverses académies – celles d'architecture et des sciences – et surtout, le 9 novembre 1784, une conférence à l'Académie de Lyon. User de cette tribune réputée, comme l'avaient déjà fait Soufflot puis Laugier, revenait, en l'occurrence, à s'assurer la caution de l'Histoire. «C'est dans cette ville» – rappelèrent-ils en effet – «que Philibert Delorme prit naissance et qu'il puisa le germe de ses grands talents. C'est encore dans son sein qu'il trouva les occasions de les faire connoître [74].

Forts de leur expérience, Legrand et Molinos fournirent de nouvelles illustrations du procédé de charpente employé à la Halle au blé : la voûte en berceau de la Halle aux draps de Paris (1784-1785) évoquant la basilique royale projetée par De L'Orme [75], ainsi que la couverture d'une cale de lancement au port de Brest (1788). Roubo, à son tour, couvrit de la même façon un manège près de Versailles. Parmi les diverses réalisations dues à d'autres architectes, il convient de signaler le comble du salon circulaire de l'hôtel de Salm par Rousseau (1783) [76], la voûte de Saint-Philippe-du-Roule terminée sur les dessins de Chalgrin en 1784 [77], et un projet pour le manège de Lunéville présenté à l'Académie d'architecture [78]. Il y eut aussi, en 1804, exécutée par l'ingénieur militaire André, la coupole des Petites écuries de Versailles qui remplaça la charpente de Mansart devenue trop vétuste [79]. Non moins intéressant, et révélateur du rôle joué par la presse dans la propagation des techniques nouvelles, est le témoignage d'un particulier rapportant au *Journal de Paris* le conflit qui l'a opposé à son charpentier «lorsque» – dit-il – «j'ai voulu substituer aux bois de charpente qui deviennent fort rares et conséquemment fort chers, la charpente en planche employée à la nouvelle halle au bled de Paris ; cependant j'ai tenu bon, et grâce aux justes éloges que vous avez donnés à ce procédé économique et ingénieux, je l'ai adopté pour une grange très vaste [80].»

L'application la plus remarquable de ce procédé fut, sans conteste, la couverture de la Chambre des représentants au Capitole de Washington [81]. Nulle part ailleurs mesure-t-on mieux la profonde impression qu'exerça, en son temps, l'ouvrage érigé par Legrand et Molinos. Lorsqu'ils reprirent en 1803, les travaux du Capitole concernaient l'aile sud du monument destinée en partie à loger une salle d'assemblée. Pour Jefferson, marqué par son séjour en France et l'architecture contemporaine qu'il y avait admirée [82], ce fut l'occasion d'imposer ses vues à Benjamin Latrobe, l'architecte en charge de l'entreprise [83]. Celui-ci dut ainsi renoncer à un amphithéâtre en hémicycle au profit d'une salle obéissant à un tracé proche de l'ellipse. S'agissant du type de couverture à adopter, les directives présidentielles se firent plus pressantes encore : il fallait qu'elle reproduisît la coupole de la Halle au blé [84]. Il n'était point question ici d'économie mais bien d'esthétique. Aux objections de Latrobe qui craignait les infiltrations, Jefferson rétor-

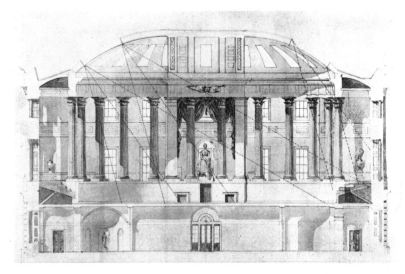

B. Latrobe, coupe longitudinale d'un projet pour la Chambre des représentants du Capitole de Washington, 1804 (repr. dans G. Brown, *History of the United States Capitol,* Washington, 1900, pl. 42). Jefferson estimait qu'une voûte imitant la coupole de la Halle au blé était la seule qui seyait au «caractère» de la salle.

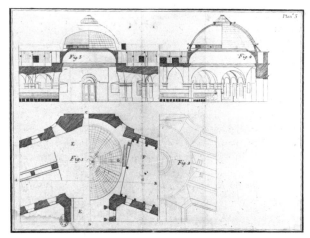

Coupole des petites écuries de Versailles (dans A. Ch. André, *Mémoire sur la reconstruction de la coupole des petites écuries à Versailles*, Paris 1804). Nombreuses furent, à la fin du XVIIIème siècle et au début du siècle suivant, les charpentes conçues d'après l'ouvrage de Legrand et Molinos.

185

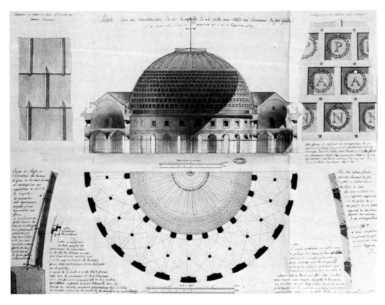

J-G. Legrand, projet pour la reconstruction d'une couverture à la Halle au blé après l'incendie de 1802 (*AN, F*[13] *1163*). Abandonnant le bois, Legrand choisit le fer mais conserva l'idée de côtes à jour, reléguées ici au sommet de la voûte.

quait qu'avec ses rayons à jour assurant une intense luminosité, seule cette coupole en charpente convenait à la dignité des lieux; sans elle, la salle perdait tout caractère. Dans un premier projet de 1804, l'architecte s'efforça de transposer le modèle parisien en dessinant une voûte surbaissée assise sur une colonnade intérieure et percée de jours comparables à ceux de la halle. Latrobe n'en demeurait pas moins opposé à l'idée. Au terme d'une vive controverse entre lui et Jefferson, il fut finalement décidé de remplacer les grandes côtes vitrées par des séries de cinq caissons à jour – compromis qui permit à l'un de satisfaire à des préoccupations pratiques, à l'autre d'obtenir un effet «as beautiful as the Halle aux Blés». Voulue par Jefferson, cette recréation du chef-d'œuvre de Legrand et Molinos ne connut qu'une brève existence; un incendie la détruisit en 1814.

De quelles références se servait-on pour édifier de telles charpentes? Etant donné le nombre restreint d'exemples, le besoin de traités modernes, aisément accessibles, se fit très vite sentir. On disposait bien sûr des *Nouvelles inventions* publiées par De L'Orme avec de nombreuses figures; Jefferson en possédait une édition de 1576 [85]. Mais le texte explicatif souffrait de son archaïsme: «l'ancienneté du stile éloignoit les artistes de sa lecture et c'est en bravant ce qu'elle put avoir de fastidieux» [86] que Legrand et Molinos parvinrent à projeter leur coupole. Ils furent d'ailleurs, dès 1784, les premiers à s'acquitter d'une indispensable tâche de vulgarisation en soumettant à l'Académie de Lyon des «Détails sur les opérations nécessaires pour bien exécuter les toits en planches, suivant la méthode de Philibert de L'Orme [87]». Accompagné de dix-huit figures, leur mémoire était

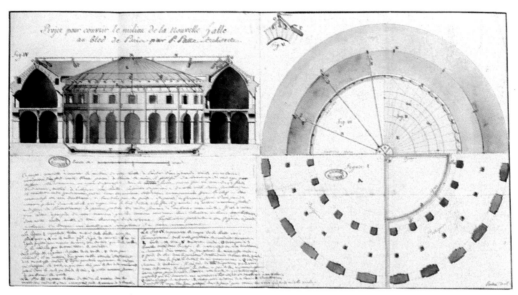

P. Patte, projet de velum pour abriter l'intérieur de la Halle au blé (*AN, F*¹³ *1163*). Evocatrice de la couverture des amphithéâtres antiques, seule la solution de Patte respectait le caractère originel de l'édifice.

vraisemblablement destiné à la publication. Une importante étude sur ce procédé parut à Berlin en 1797 sous le titre: *Ueber Erfindung, Construction und Vortheile der Bohlen Dächer*. Elle témoignait du vif intérêt porté outre-Rhin à l'architecture française des Lumières. Son auteur, David Gilly, y accorda une large place aux couvertures réalisées par Legrand et Molinos, y incluant de même – dû à son fils Friedrich – un projet monumental dérivé de la basilique de De L'Orme. C'est à une véritable remise à jour des *Nouvelles inventions* que procéda, de son côté, l'architecte Détournelle. Il en «traduisit» le texte et redessina les figures les plus obscures. «Le motif de la publicité de cet ouvrage» – précisa-t-il dans le *Journal des bâtiments civils* – est, en le rendant plus intelligible, de le mettre à la portée des artistes (...)[88].» Ministre de l'intérieur, Lucien Bonaparte décréta qu'un exemplaire fût envoyé dans chaque école centrale de département. C'est dans le même esprit que le capitaine André publia les détails du système appliqué à la coupole des Petites écuries de Versailles[89]. Enfin, dans son *Traité de l'art de la charpenterie* (1837-1841), Armand-Rosé Emy consacra de longs développements aux «combles en boiseries», proposant de surcroît une variante de sa propre conception.

LA COMPETITION DES MATERIAUX

Un événement tragique devait pourtant marquer les limites de ce type de construction et, par làmême, annoncer le recours à d'autres matériaux. Le 16 octobre 1802, vers les deux heures et demie de l'après-midi, le feu prit soudain à la couverture de la Halle au blé. «En un instant, une grande portion de la circonférence fut embrasée, la coupole perdit son équilibre et s'écroula sans que l'on eut pu avoir le temps de retirer tous les sacs de grains et farines qui étaient au centre[90].» Aux alentours, régnait le plus grand émoi: «c'était un spectacle touchant de voir les citoyens de toutes professions courir en foule pour coopérer à éteindre le feu», chacun s'employant à «empêcher le progrès de l'incendie qui semblait devoir engloutir tout le quartier»[91]. Certains y virent l'acte criminel d'«hommes malfaisans» prêts à spéculer sur les malheurs publics. La négligence de plombiers occupés à des réparations fut, en réalité, seule à blâmer: ils ne s'étaient point aperçu de la chute de leur réchaud. Disparut ainsi, aux regrets de tous, «le premier chef-d'oeuvre de la menuiserie».

Si toute charpente de bois encourait un tel sort – l'histoire monumentale du dix-huitième siècle est ponctuée d'incendies dévastateurs – ce fut ici autant le fait du caractère expérimental de l'ouvrage que du matériau employé. La coupole de Legrand et Molinos nécessita en effet de très fréquentes – et coûteuses – réfections du revêtement extérieur comme des châssis vitrés[92]. A ces inconvénients, s'ajouta – observée par Roubo dès l'époque du chantier – une tendance de la structure à se déformer sous les effets de variations de température[93]. Elle s'était «tourmentée» – remarqua Détournelle – «au point de n'avoir plus sa forme demi-sphérique dans toutes ses parties»[94]. En 1802, son état inspirait de telles inquiétudes qu'il fut décidé d'entreprendre sur-lechamp des réparations générales. C'est alors que survint la catastrophe.

Avec la disparition de la coupole, ressurgirent d'anciens problèmes: il fallait abriter un édifice redevenu tel qu'il se présentait à l'origine. On dut, tout d'abord, parer au plus pressé à l'aide d'aménagements provisoires. Une vaste banne de «toile imperméable à l'air et à l'eau» fut tendue au-dessus du carreau. Comparée par certains à un «pavillon chinois» [95], elle se révéla vite inefficace et nécessita l'installation de parapluies – avant d'être elle-même emportée par un ouragan. «Le découragement est à son comble», reconnut alors le contrôleur de la halle [96]. On finit par en revenir à la solution du hangar en charpente [97].

Rétablir à la Halle au blé une couverture durable s'imposa donc avec force [98]. Le Bureau des Subsistances comme le préfet de police y voyaient une mesure d'extrême urgence intéressant la sûreté publique – occasion de rappeler les mérites de Lenoir qui avait autrefois compris l'enjeu d'un tel ouvrage. En outre, n'appartenait-il pas au «Siècle de Bonaparte» de perfectionner un monument qualifié de «musée du peuple» par le futur empereur [99]? On le voit, autant d'arguments qui faisaient écho à ceux avancés, vingt ans plus tôt, sous l'Ancien Régime. Ce fut aussi, pour les architectes impliqués dans le débat autour de la première coupole, l'unique chance de renouveler leurs propositions. Rondelet s'empressa de publier son projet, Huvé exhuma celui d'Antoine, Bélanger «ressuscita» le sien et Legrand élabora une variante de la couverture initiale; quant à Molinos – opposé à la tenue d'un concours – il estima que la commande lui revenait de droit «comme l'un des architectes de la coupole incendiée» [100]. De 1802 à 1806, nombreux furent ceux – architectes, ingénieurs, «artistes» ou entrepreneurs – qui eurent une idée sur la manière la plus adéquate de couvrir la halle. Pour la faire connaître toutes les formes de publicité furent jugées utiles: articles dans la presse, échanges de lettres avec les autorités, publication de mémoires explicatifs; on ne négligea pas non plus les vertus de la polémique. Toutefois, dans la plupart des cas, ces projets se bornaient à de simples déclarations d'intention. Or, leur diversité même annonce le tournant décisif qui intervint à l'aube du dix-neuvième siècle dans la manière d'abriter les grands espaces. De ce point de vue, ils marquent une étape ultime par rapport aux cinq types de coupole proposés de 1769 à 1782: celle qui devait consacrer l'emploi du fer.

Outre les impératifs précédents – économie, légèreté structurelle, éclairage et ventilation – celui d'incombustibilité apparaissait désormais primordial. On envisagea tous les procédés possibles. Certains, comme Cointereaux et les entrepreneurs Bélanger (un homonyme de François-Joseph) et Brunet, ne reculèrent pas devant le rétablissement de la charpente en bois. Mais il s'agissait, cette fois-ci, de l'associer à d'autres matériaux afin de la prémunir du feu [101]. Dans le projet de Cointereaux, un mélange de plâtre et de chaux devait recouvrir des nervures de bois, membres eux-mêmes noyés dans une maçonnerie successivement faite de pierres de taille, de moellons, de briques et de turf. D'autres structures mixtes, celles de Giraud, Thierry et Bourdon, exclurent en revanche tout bois au profit de la poterie creuse [102]. Plus originale encore fut la suggestion émise par A.F. Peyre: utiliser des «scories provenant des volcans éteints du Vivarais et de l'Auvergne» [103]. On songea aussi – solution quelque peu conservatrice – à une voûte de briques et de pierres. Tel fut le cas d'Huvé avec le projet d'Antoine et de Mangin, ancien assistant de Le Camus au chantier de la halle [104].

Enfin, il y eut ceux qui écartèrent l'idée d'une coupole. Peyre lui-même, proposa ainsi de renforcer les voûtes du portique, puisque leur état ne permettait plus de stocker les blés dans la «halle haute» [105]. «Si ces voûtes étoient réparées», estimait-il, «et que les greniers fussent rendus à leur première destination, que la cour fût débarrassée de tout ce qu'on est forcé d'y déposer et offrît une libre circulation, le commerce s'y feroit facilement et plus grandement que si l'on couvroit cette cour». N'était-ce pas là, finalement, reconnaître la validité du parti de Le Camus? La formule avancée par P. Patte se révéla tout aussi respectueuse de l'édifice originel et de l'intégrité de son «caractère» [106]. Elle consistait à établir «un espèce de parasol», une banne circulaire maintenue au-dessus du carreau à l'aide de cordages fixés à des anneaux et bandés par des poids. On avait déjà abrité la halle de façon comparable lors de la fête de 1782, puis en remplacement de la coupole incendiée. Mais ici, auteur d'un *Essai sur l'architecture théâtrale* (1782), Patte voulut que la référence à l'usage antique du velum fût explicite: «Il est à croire», précisait-il, «que c'étoit à peu près de cette manière que les anciens couvroient leurs théâtres et leurs amphithéâtres dont notre halle au bled tient beaucoup de la forme». Saisissant un prétexte d'ordre fonctionnel, Patte se livra donc à une restitution archéologique qui exploitait pleinement la métaphore de Le Camus. Elle apparaissait de ce fait comme la seule solution «correcte», celle que réclamait une rotonde digne du Colisée. Sans doute aussi était-ce, de la part de l'ancien détracteur de Soufflot, critiquer la coupole en pierre proposée par Rondelet, un projet que ce dernier légitimait en citant le dôme de Sainte-Geneviève. De ce point de vue, la démarche de Patte rejoignait la logique d'un Gisors ou d'un De Wailly lorsque, pour répondre au double problème du

«caractère» et de la stabilité du «Panthéon français», ceux-ci proposaient d'altérer – voire supprimer – le dôme de Soufflot.

Jugées peu réalistes en dépit de leurs qualités respectives, ces différentes idées ne reçurent qu'un faible écho. On pouvait s'y attendre: tout se joua entre les partisans d'une voûte en pierre et ceux d'une charpente métallique, formule – il convient de le souligner – qui suscita le plus d'intérêt. Aux noms de Bélanger et Legrand s'ajoutent en effet ceux, moins connus, de Decaen, Touroude, Devarme, Gilbert et Duchêne-Legarde [107]. «Tout bien examiné,» écrivait dès 1804 «l'observateur» du *Journal des bâtiments civils,* «nous ne craindrons pas d'avancer qu'il serait à désirer que cette coupole fût construite en fer (...) le fer ne nous offre encore aucun ouvrage bien marquant, qui soit digne des regards des amateurs et de l'étranger» [108]. Paris comptait néanmoins deux exemples remarquables de l'emploi privilégié du fer dans la construction d'ouvrages civils contemporains: le pont des Arts – de Cessart et Dillon, premier pont métallique de France achevé en 1803 [109] – et le pont d'Austerlitz commencé en 1802 sous la direction de l'ingénieur Becquey de Beaupré.

LA REVANCHE DE BELANGER

Pierre de taille ou fer? Opposant la tradition à l'innovation, le choix définitif n'intervint qu'au terme de plusieurs années d'atermoiements [110]. Dans un premier temps, en 1805, le ministre de l'Intérieur ouvrit un concours auquel répondirent Rondelet, Mangin, Duvault, Giraud, Bélanger et Legrand. Leurs projets furent soumis à l'appréciation du Conseil des Travaux publics en janvier 1806. Or, après étude, le Conseil émit un avis négatif: aucune des coupoles ne lui paraissait exécutable. Il fallut un

décret impérial pour relancer le débat. Daté du 16 avril 1806, il ordonnait que des mesures fussent prises sans délai, dans le courant de l'année. On constitua alors une commission spéciale, élargie à des membres du Conseil des Bâtiments civils.

Réunie pour la première fois le 11 novembre 1806, elle se prononça, le 27 janvier 1807, en faveur d'un ouvrage en pierre à la condition qu'il fût érigé sur vingt-cinq points d'appui entièrement isolés et indé-

Portrait de François-Joseph Bélanger, médaillon sculpté par H.V. Roguier (*Cimetière du Père Lachaise, Paris*)**.**

Amant passionné de son art
Il en surprit tous les secrets
(...)
Digne émule de Michel-Ange
Dans la coupole
de la halle aux blés.

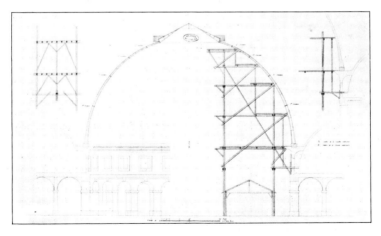

Echafaudage utilisé pour l'assemblage des fermes de la charpente métallique de F.-J. Bélanger (*AN, N III S 1067*)**.**

pendants de l'ancienne structure. Les adversaires d'une coupole métallique – «genre de construction parasite»[111] – semblaient donc l'emporter: «nous nous devons à nous-mêmes, à la société», déclarait ainsi Ch. F. Viel, «d'opposer une digue puissante contre les débordements et les innovations du mauvais goût qui dominent l'architecture et la détruisent si activement (...) cet avis fera époque dans l'histoire de l'architecture et du tems où nous vivons»[112].

Mais c'était sousestimer l'influence réelle des partisans de «l'architecture serrurière»[113] et, en particulier, les talents persuasifs de Bélanger. Plusieurs lettres témoignent en effet de son zèle à promouvoir ses vues auprès du gouvernement[114]. Averti qu'à toute autre formule, on préférait une couverture «comme celle du dôme du Panthéon», Bélanger, alors sans emploi, n'en persista pas moins à exposer les avantages de son projet. De façon significative, on retrouve appliqués au fer certains des arguments dont Legrand et Molinos avaient fait usage en 1782: l'économie, la légèreté de la construction et le fait que les travaux ne perturberaient pas le service de la halle. De surcroît, grâce à la résistance et l'incombustibilité du matériau, cet ouvrage, assurait-il, «passerait sans altérations aux siècles futurs». A cela s'ajoutait le prestige qu'une telle coupole, unique au monde, ne manquerait pas d'apporter à «l'Immortel Napoléon». Plus précisément, il y avait là moyen, selon Bélanger, d'affirmer la suprématie de la France sur l'Angleterre. «Il convient d'apprendre, enfin, à l'Europe savante», écrivait-il, «que nous n'avons plus besoin d'emprunter des Anglais nos connaissances dans l'art de construire et que s'ils ont été les premiers à substituer le fer fondu pour suppléer aux pierres et à la charpente dans la construction des différentes poutres, c'est qu'ils manquoient de pierres et de bois, mais que long-temps avant on avoit l'exemple même en France de conceptions aussi hardies, qu'on a même su les perfectionner et les exécuter dans des dimensions qu'ils n'ont pas encore osé tenter»[115].

Afin de vérifier d'aussi nombreux avantages, le ministre de l'Intérieur chargea la Commission spéciale d'examiner la possibilité d'une charpente métallique. Le 31 juillet 1807, l'ingénieur en chef des Ponts et Chaussées Becquey de Beaupré déposa un rapport qui remit en cause les avis précédents: il déconseillait une voûte en pierre, jugée trop onéreuse, et recommandait au contraire une coupole en fer fondu[116]. Gardien des «vrais principes de l'art», Viel perçut l'enjeu capital d'un tel retournement: «Il importe» plaida-t-il en vain, «de ne point offrir l'exemple d'une coupole, à la Halle au blé, qui seroit toute entière construite en fer; exemple contagieux qui pourroit se répandre dans nos plus grands et intéressans monuments publics»[117]. L'Histoire devait confirmer ses craintes. Le 20 août 1807, revenant sur son attitude première, la Commission finit par approuver l'emploi du fer. Un décret impérial confirma sa décision le 4 septembre 1807 puis, le 20 avril 1808, Bélanger se vit officiellement désigné pour rétablir la couverture de la halle sur ses plans et sous sa direction[118].

Les travaux de la nouvelle coupole débutèrent dans le courant de l'année 1809. A la fin du mois de juin, responsables et fournisseurs furent nommés par le ministre de l'Intérieur: Rondelet se vit confier la charge d'inspecteur et Brunet, celle de contrôleur. Quant à la commande des fers, elle revint aux sieurs Chardon et Chagot, administrateurs des forges du Creusot[119]. Le chantier s'organisa[120]. On loua un local proche de la halle – l'hôtel d'Aligre, rue d'Orléans – en vue d'y entreposer les éléments préfabriqués. Enfin, pour que «les dispositions du levage et des assemblages ne gênent en rien les arrivages et la vente des grains»[121], il fallut, comme en 1782, concevoir un échafaudage laissant libre la majeure partie du carreau. Une portion du grenier fut réservée aux épures «grandeur d'exécution»[122]. Mais, à l'inverse des travaux de la première coupole, ceux-ci n'avancèrent que très lentement. Les raisons techniques propres à la nature inédite de l'entreprise

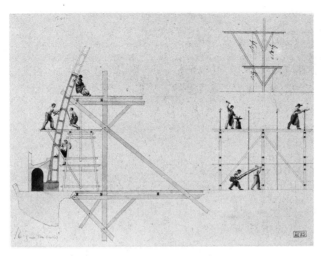

Ouvriers travaillant à la construction de la nouvelle coupole, dessin de I.J. Hittorf qui fut l'assistant de Bélanger (*Wallraf Richartz Museum, Cologne*).

l'expliquaient autant que les rapports envenimés entre l'architecte et son inspecteur: «Rondelet, protesta Bélanger, ne devrait pas être admis à exercer à mon égard la qualité de censeur, se trouvant avoir été mon compétiteur» [123]. Au terme de l'année 1811, contrairement aux prévisions, les travaux n'étaient toujours pas achevés. Faisant le même constat en septembre 1812, le ministre de l'Intérieur perdit patience et recourut à la menace: «les traitements et honoraires de tous les agents attachés aux dits travaux, sans exception, cesseront à partir du premier janvier 1813» [124]. «Je n'ai plus qu'un seul parti à prendre, si l'on persiste à m'invalider» – écrivit alors Bélanger – «c'est de demander ma pension, ou de vendre à la porte de la Halle les détails de la Coupole, assis comme Diogène dans un tonneau et disant aux passants: «Ayez pitié d'un artiste qui a été honorablement ruiné» [125]. Le chantier se poursuivit malgré tout, tant et si bien qu'en juin 1813, Bélanger put inviter l'architecte Fontaine et le peintre David à venir admirer la coupole [126]. Le 3 juillet, une fête populaire en l'honneur des ouvriers marqua la démolition de l'échafaudage [127].

Dès l'amorce des travaux, un bruit avait couru: Brunet – et non Bélanger – se trouvait être le véritable auteur de la coupole. Manoeuvre ou malentendu? Cette rumeur portant sur la paternité du projet dévoilait en fait toute l'ambiguïté du partage des tâches entre architecte et ingénieur; problème – on le sait – qui devait prendre une importance accrue au cours du siècle, en particulier avec l'essor de l'architecture métallique. Brunet se vit donc contraint de rétablir la vérité en précisant son rôle exact: «Monsieur Bélanger est le seul inventeur des dessins», confirma-t-il, «je ne me suis chargé que des calculs [128].» Déjà en 1782, Bélanger s'était adjoint les compétences techniques d'un «serrurier» et Legrand et Molinos, celles d'un maître-menuisier. Dans le cas présent, la nouveauté de la construction et ses impératifs d'exactitude amenèrent Brunet à contribuer pour beaucoup au développement des différents

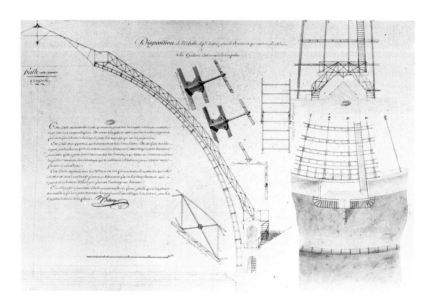

F.J. Bélanger, développement d'une ferme avec l'échelle de service menant à la lanterne et détail du système d'assemblage (*AN, NIIIS 1067*).

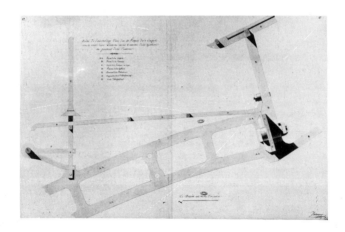

Intérieur de la Halle au blé avec la nouvelle coupole, grav. de Guiguet d'après Courvoisier
(*BN, Cab. Est.*). Le squelette apparent de la voûte y faisait grand effet, mais on y souffrait
de l'obscurité comme d'un manque de ventilation.

détails. Il établit de nombreux modèles des assemblages – notamment les modèles en bois utilisés par les fondeurs [129] – et calcula les dimensions de chaque pièce du châssis, études qu'il publia sous son nom en 1809 [130].

A David qui venait de visiter la coupole, Bélanger déclara: «Vous avez applaudi au résultat d'une conception nouvelle qui, pour la première fois, dans ce genre, donne à l'Europe présente l'idée que des artistes encouragés peuvent quelquefois dérober une étincelle au flambeau de Prométhée [131].» De fait, il s'agissait là du tout premier exemple d'une utilisation exclusive du fer pour couvrir un aussi vaste espace. S'élevant depuis la corniche de l'édifice, cette charpente se composait de cinquante et une fermes courbes s'assemblant au châssis de la lanterne et entretenues sur toute la circonférence par quatorze ceintures. En résultat, exposée à l'oeil, une imposante ossature de sept cent soixante-cinq caissons dont la diminution progressive avait été soigneuse-ment calculée par Brunet, compte tenu de la perspective. L'effet ainsi produit, jugé «assez agréable» par certains contemporains [132], ne manquait pas d'évoquer l'intérieur du Panthéon romain, référence ici plus littérale que chez Legrand et Molinos. Quant à la couverture, elle consistait en feuilles de cuivre laminé [133]. Avec ses pièces en fer coulé réunies par des clavettes et des boulons à écrou en fer forgé, l'assemblage de Bélanger présentait plus d'un point commun avec le système de Philibert De l'Orme appliqué à la première coupole. Il est donc remarquable que la transition du bois au fer se soit opérée par le biais d'un même principe de construction, un procédé inventé à la Renaissance. Il existait cependant de notables différences entre la charpente de 1783 et celle de 1813. Bélanger tint en effet à éviter les défauts de l'ouvrage précédent, notamment son instabilité structurelle. Pour cela, il prit en compte le phénomène de la dilatation des matériaux et imagina des boulons à tête pyramidale destinés à laisser aux assemblages le jeu nécessaire. Grâce à ce jeu,

La coupole de Bélanger avec les panneaux vitrés établis en 1838 pour améliorer l'éclairage (dans J. Gailhabaud, *Monuments anciens et modernes,* Paris, 1850, t. IV).

Vue de la coupole de Bélanger lors de la démolition de la halle, vers 1886 (*BHVP, Coll. Godefroy*). Outre l'étonnante légèreté du châssis métallique, cette photographie, prise du haut de la colonne de Médicis, met clairement en évidence le schéma d'implantation de la halle annulaire.

l'ensemble pouvait «suivre les impulsions atmosphériques sans éprouver de résistance» [134]. De même, se souvenant des grandes côtes à jour qui avaient affaibli la coupole en bois et accéléré sa «torsion», Bélanger renonça à tout mode d'éclairage aménagé au travers de la voûte [135]. Veiller à la cohérence de la charpente revint pourtant à négliger le service de la halle. L'enceinte de Le Camus, comme jamais elle ne l'avait été, devint alors un espace clos, privé de respiration: l'air et la lumière n'y filtraient que par les seuls jours latéraux de la lanterne. A l'obscurité s'ajouta bientôt la fermentation des grains et l'insalubrité des lieux [136].

De tels inconvénients exigeaient des dispositions répondant aux besoins utilitaires de l'édifice. En 1838 – désaveu tardif du parti de Bélanger – il fut décidé d'ouvrir une série de baies oblongues entre la troisième et la cinquième entretoise. A peine suffisantes et sans rapport avec l'architecture environnante, elles n'offraient qu'un pâle reflet des rayons grandioses conçus jadis par Legrand et Molinos. Il convient de relever à ce propos qu'aux yeux de nombreux contemporains, Bélanger n'était parvenu à surpasser la première couverture de la halle: sa coupole, affirmait l'ingénieur Emy, «est sans doute un magnifique ouvrage, mais il s'en faut, à notre avis, qu'elle ait, surtout intérieurement, l'apparente légèreté et l'élégance de l'ancienne [137]». Paradoxalement, ce fut en 1888, lors de la démolition partielle de la halle – et, il faut le noter, tandis que s'élevaient les colossales structures métalliques de l'Exposition universelle – que l'on redécouvrit le chef-d'oeuvre de Bélanger. Débarrassé de sa chape de cuivre, le châssis se dressait, visible en totalité, grêle et aérien. «Aussi s'expliquerait-on difficilement l'oubli profond dans lequel cet important travail paraissait enseveli, si l'on ne réfléchissait que la destination toute spéciale de l'édifice l'avait tenu pendant longtemps éloigné de tout examen [138].» Et l'ingénieur Canovetti de vanter les mérites de cette vénérable antiquité industrielle: «on ne saurait réaliser mieux aujourd'hui», reconnut-il [139]; c'est dire combien, d'un point de vue technique, la charpente de Bélanger avait été en son temps un ouvrage d'avant-garde. Partiellement remaniée par H. Blondel, elle devait abriter la cour circulaire de la Bourse de commerce, couronne édifiée à partir de l'élévation intérieure de l'ancienne halle.

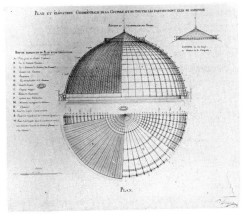

F.J. Bélanger, plan et élévation de la coupole de la Halle au blé (*AN, N III S 1067*).

Aucune ouverture latérale n'affaiblissait, cette fois-ci, la voûte.

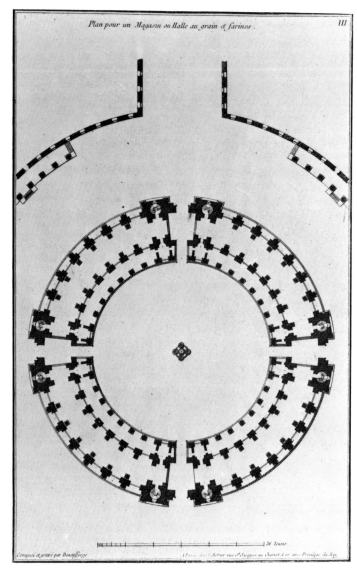

III

Composé et gravé par Neufforge.

A Paris chez l'Auteur rue St Jacques au Chariot d'or avec Privilege du Roy.

36 Toises

J.F. Neufforge, projet de halle au blé, ca 1780 (dans *Recueil élémentaire d'architecture*, Paris 1757-1780, suppl. II, pl. 297). La rotonde de Le Camus constitua d'emblée une référence typologique.

198

VARIATIONS SUR UN THEME

Vue actuelle de la Halle au blé
d'Alençon.

SUCCES ET REJET D'UN MODELE

De même que les coupoles de 1783 et 1813 représentèrent deux métamorphoses successives du parti originel, les ensembles projetés ou réalisés à son image – en France et à l'étranger – constituèrent autant de variations autour du modèle fixé par Le Camus de Mézières. Plus ou moins fidèles selon les cas, ces variations permettent d'évaluer le rayonnement qu'exerça une construction circulaire dont on affirmait en 1787 qu'elle pouvait «servir de modèle pour les édifices de ce genre» [140]. Le Camus avait apporté une solution typologique au programme – utilitaire, monumental et urbain – d'une halle au blé de 1763. Or, il importe, à travers différents exemples de l'architecture des halles et marchés, de distinguer quels en furent les aspects retenus – ou critiqués – et ce à la fin de l'Ancien Régime comme au dix-neuvième siècle.

La nouveauté du parti formel de la Halle au blé de Paris inspira très tôt de multiples projets, succès qui bénéficia sans nul doute de la publication d'un recueil de plans gravés dès 1769. Avec le «Plan pour un Magasin ou Halle au grain et farines», inclus dans le supplément de son *Recueil élémentaire d'architecture* (1780), J.F. de Neufforge proposa une version idéalisée du tracé de Le Camus [141]. Affranchie de toute contrainte, la composition annulaire obéit ici à la plus stricte symétrie: quatre passages en vis-à-vis donnent sur le carreau où se dresse une fontaine centrale; aussi transparente que son modèle parisien, la halle proprement dite consiste en un portique fermé par des grilles et bordé d'une colonnade ouverte sur l'aire intérieure; des escaliers, logés dans les massifs flanquant les passages, conduisent à la «halle haute». S'il se montrait attaché à la formule de Le Camus – «deux halles en une» – Neufforge n'en prévoyait pas moins de doubler la superficie de l'enceinte. N'avait-on pas assez reproché à la Halle neuve l'insuffisance de ses dimensions? Quant au parti d'implantation, il demeurait le même: isolée comme à Paris, la rotonde

Peyre (le Jeune), situation, plan et vue générale d'un projet de marché pour le terrain des Jacobins à Paris, 1778 (*ENSBA*).

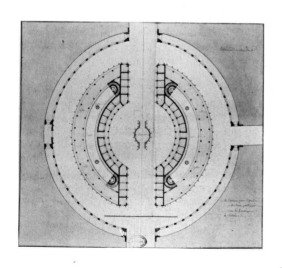

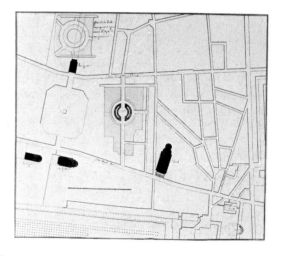

200

devait être entourée d'une ceinture de bâtiments interrompue par des rues dans l'axe des passages d'entrée.

Plus significatifs encore furent les projets destinés à des sites particuliers. Ainsi celui qu'élabora Peyre le jeune en 1778 pour un marché sur l'emplacement du couvent des Jacobins, à Paris [142]. L'opération, à maints égards, rappelait l'aménagement du terrain de l'hôtel de Soissons. Peyre comptait en effet exploiter la vaste parcelle oblongue du couvent afin d'y reloger le marché des Quinze-Vingts, alors confiné dans une cour étroite et difficile d'accès. Il y avait là prétexte à la création d'un ensemble moderne dérivé du schéma de la Halle au blé. L'architecte, d'ailleurs, ne fit aucun mystère de ses sources: un plan de la halle accompagnait ses dessins «pour servir d'objet de comparaison». C'était confirmer d'évidents liens de parenté. Au cœur du terrain, il inscrivit une place circulaire sur laquelle, composé de deux constructions symétriques en arc de cercle, s'élève le marché. Plusieurs rues y débouchent, découpant des îlots réservés à un lotissement. Mais ici, davantage que chez Le Camus, règne une subtile gradation des transparences servie par un dispositif concentrique. Au pourtour de la halle, Peyre établit des galeries marchandes qui répondent aux deux «halles», abris ouverts eux-mêmes compris entre une rue tournante et une petite «cour» incurvée; s'y rattachent des boutiques doublées d'un portique environnant l'espace central. Autant qu'à l'efficacité du service, de telles recherches satisfaisaient à l'esthétique. Celle-ci, secondée par la différence de niveau entre le marché et son enveloppe urbaine, s'affiche, en élévation, dans un déploiement de courbes étagées qu'appuie le jeu des diverses moulurations horizontales: la place, le marché et le quartier circonvoisin auraient dès lors formé un tout.

Quelques années plus tard, Loret dressait les plans d'un marché pour le marais du Temple, un important terrain au nord-est de la capitale [143]. Lui aussi recourut au parti général de Le Camus, à ceci près qu'il préféra donner à l'enceinte du lotissement un tracé octogonal et non circulaire. La composition frappe par son ampleur. Edifice couvert, le marché se présente sous la forme d'une vaste tholos périptère que borde un boulevard planté d'arbres, excepté dans l'alignement des rues; sur les îlots contigus se dressent, ordonnancés avec faste, des bâtisses enveloppées d'arcades et pourvues de portiques ouverts sur le boulevard. Loret, somme toute, ne faisait que transposer ici deux architectures aptes à monumentaliser la fonction de marché urbain: l'opéra de Boullée et les galeries du Palais-Royal.

Toujours de Loret, il faut encore citer un marché aux légumes sur le cimetière des Innocents aux Halles. A l'intérieur de ce périmètre rectangulaire – des anciens charniers changés en boutiques – l'architecte situait une halle annulaire épousant un tracé elliptique, une construction «qui d'un lieu triste, fera une place décorée et embellira ce quartier», observait-il [144]. On se souvient enfin qu'en 1789, De Wailly avait projeté d'établir au bord de la Seine une nouvelle halle au blé dont la disposition se référait à celle de Le Camus [145]. Gare fluviale enfermant un bassin, elle se prêtait à plusieurs rôles: les soubassements du «cirque» devaient servir de bains publics précisait De Wailly qui parvenait ainsi à combiner thermes et Colisée en une même structure polyvalente.

Pour les grandes villes du royaume, imiter la rotonde bâtie par Le Camus constituait un moyen de rivaliser en modernité avec Paris. Il n'est donc pas surprenant qu'on y ait songé à Bordeaux, riche cité portuaire fort attachée à la magnificence de son décor monumental. On doit ainsi à l'architecte du nouveau théâtre de la ville, Victor Louis, un projet de halle au blé destiné, selon Gaullieur l'Hardy, au quai de la Grave, sur la rive gauche de la Garonne [146]. Cette halle circulaire empruntait plusieurs caractéristiques à son modèle parisien: une distribution d'arcades équipées de grilles, un portique à deux rangs de voûtes déployé

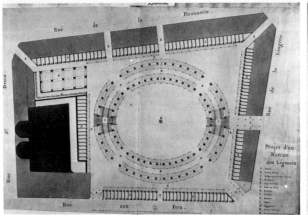
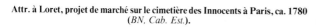

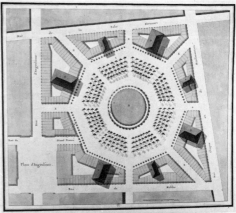

Attr. à Loret, projet de marché sur le cimetière des Innocents à Paris, ca. 1780 (*BN, Cab. Est.*).

Loret, schéma d'implantation et, ci-dessous, vue générale d'un projet de marché au marais du Temple, fin du XVIIIᵉ siècle (*BN, Cab. Est.*).

Attr. à V. Louis, projet de halle au blé pour Bordeaux (*Archives municipales de Bordeaux*).

autour d'un carreau, des bureaux et une «halle haute» accessible par deux escaliers. Cependant, à l'inverse de Le Camus, Louis décida de couvrir l'édifice. L'unité de son agencement interne y gagnait. De fait, grâce à des piliers de travée prolongés en doubleaux sous la voûte, élévation et couverture semblent ne faire qu'un. A l'étage – véritable tribune – ces mêmes piliers définissent de hautes baies avec balustrades donnant sur le vaisseau central. Est-ce une telle organisation qui amena Gaullieur l'Hardy à juger que le projet avait été «tracé avec une heureuse audace, sans rien présenter d'aventureux»? En tout état de cause, on ne peut s'empêcher de songer à l'architecture religieuse, notamment aux chapelles de l'Hôtel-Dieu et de la Charité de Mâcon pour lesquelles Soufflot fut consulté.

Ces projets de halle ou de marché conçus autour des années 1780 demeurèrent tous à l'état d'architectures «dessinées». Il fallut attendre le siècle suivant pour que l'intérêt porté à l'oeuvre de Le Camus se traduisît par des constructions en dur. On peut suivre, dès lors, le cheminement de la Halle neuve

comme modèle typologique, depuis son origine jusqu'aux différentes versions qu'elle engendra - itinéraire d'autant plus instructif si l'on tient compte des développements de la théorie architecturale survenus tout au long de cette période charnière entre deux siècles.

Dans les faits, la forme ronde eut peine à s'imposer face au poids de la tradition. Il est à cet égard un paradoxe révélateur : alors que se multipliaient les projets dérivés de la Halle de Paris, les plus importantes halles au blé construites à l'époque obéissaient encore au schéma longitudinal. Ainsi, terminée en 1788, celle d'Amiens – une bâtisse oblongue qui enfermait une cour étroite et arborait en façade le motif de l'arc de triomphe [147] – et, inaugurée en 1784, celle de Corbeil due à Ch. F. Viel [148]. Ce dernier – on le sait – devait se montrer l'un des plus ardents critiques de l'édifice de Le Camus. Au parti annulaire, il préféra donc une halle-nef conventionnelle. S'il reprit l'idée d'arcades équipées de grilles comme celle d'un grenier accessible par un escalier à double révolution, Viel ignora les nouveautés structurelles de Le

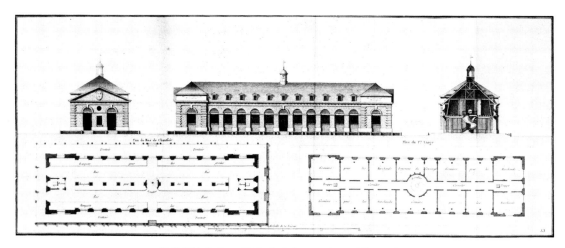

Ch.F. Viel, Halle au blé de Corbeil construite en 1784. (*BHVP*).

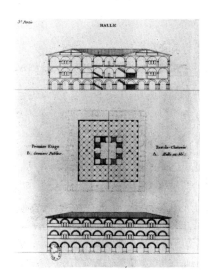

J.N.L. Durand, projet de halle au blé (dans *Précis des leçons d'architecture*, Paris 1817, pl. 13). Par ce projet, Durand critiquait la rotonde de Le Camus, jugeant qu'on y avait mis trop de «prétention».

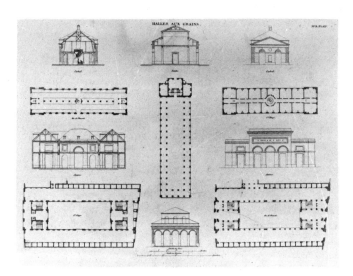

Halles au blé de Corbeil, Nantes et Amiens (dans L. Bruyère, *Etudes relatives à l'art de la construction*, Paris 1823, pl. 12). En dépit de l'exemple instauré par Le Camus, la tradition des halles-nefs persista.

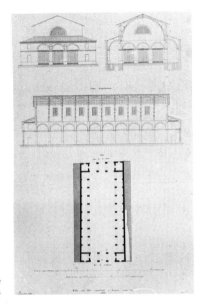

Paul-Petit, Halle au blé de Beaune (Côte d'Or) (1840). On y voit appliqué le schéma basilical qui devint caractéristique des halles du XIXème siècle. (dans, Gourlier, *Choix d'édifices publics, t. II*).

Camus: ici, point de voûtes en brique constituant l'ossature, mais une charpente accompagnée d'un plancher soutenu par un système de poutres et de piliers.

Avocat d'un strict rationalisme en architecture, J.N.L. Durand fut celui qui contesta le plus explicitement l'autorité du modèle établi par Le Camus. Sur une même planche de son célèbre *Recueil et parallèle des édifices de tout genre* (1800), il prit soin de lui opposer, à des fins comparatives, les halles d'Amiens et de Corbeil [149], réservant son verdict pour le *Précis des leçons d'architecture* (1809): «La halle la plus célèbre est la halle au blé de Paris, elle mérite cette célébrité à certains égards; elle le mériterait encore plus» – ajoutait-il – «si l'on y avait mis moins de prétention» [150]. Et Durand de soumettre un contre-projet dénué, selon lui, de toute «prétention» [151] : un bâtiment de plan carré développé sur deux étages et ouvert en son centre par un puits de lumière. Par là, se refusait-il à détourner un paradigme de l'architecture antique – tel le Colisée – dont la forme était étrangère à l'usage de l'édifice moderne. En revanche, il fondait le «caractère» sur une disposition empreinte d'une ostensible simplicité – une rusticité à l'italienne – découlant de la «convenance» et de l'économie, critères essentiels à ses yeux. C'est d'ailleurs au nom de ces principes que Durand avait dénoncé, puis redessiné, l'une des oeuvres maîtresses de l'architecture des Lumières: l'église Sainte-Geneviève devenue «Panthéon français» [152].

Autant que la tradition, le souci d'économie joua en la défaveur des halles circulaires. Sans doute cela explique-t-il qu'en 1798, les édiles de Toulouse aient cherché à convaincre le Conseil des Cinq Cents que leur demande d'une nouvelle halle au blé n'était en aucune façon «inspirée par cette manie d'embellissement» incompatible avec des temps difficiles [153]. La halle qu'on y édifia un demi-siècle plus tard – aujourd'hui salle de concert – devait en tout cas obéir à un tracé hexagonal. Il est à rapprocher du projet de plan octogonal, élaboré par Horeau à l'occasion du concours pour une halle au blé à Metz en 1840 : «on a employé des murs droits, préférables aux dispendieux murs courbes» spécifia ce dernier à l'adresse des partisans d'une rotonde [154].

Mais si l'on désavoua le chef-d'oeuvre de Le Camus au début du dix-neuvième siècle – prélude à une confirmation du schéma basilical appliqué à ce type d'édifice [155] – c'est, paradoxalement, au cours de ces mêmes années que s'élevèrent en province plusieurs halles au blé circulaires. Entre la création du modèle à Paris et les preuves concrètes de son influence, il y eut donc un décalage d'une quarantaine d'années. On juge là du délai nécessaire à un parti novateur, issu de la théorie, pour être assimilé dans la pratique effective du bâtiment.

Toujours visible, la Halle d'Alençon se situe en descendance directe de la Halle des Lumières. Elle appelle à ce titre un développement particulier. On y retrouve en effet, comme dictés par un déterminisme tenant au programme et à la forme, les problèmes multiples qui affectèrent l'édifice annulaire de Le Camus : l'histoire du «Temple de Cérès» ne fait ici que se répéter, transposée de la «Nouvelle Rome» dans la préfecture de l'Orne [156]. Se manifestait au départ un même désir de remédier aux contraintes imposées par l'usage ancestral de la vente à ciel ouvert. L'idée d'une halle au blé à Alençon vit ainsi le jour dès 1767, et ce dans le but d'encourager le commerce à l'heure de la libre circulation des grains. Grâce à un tel abri, les négociants «ne seroient plus nécessités de remporter souvent pendant la nuit et par des chemins affreux les bleds qu'ils n'auroient pu vendre» [157]. «Jaloux de seconder les vues paternelles» du roi, le maire eut beau solliciter le privilège

d'un emplacement, ses démarches n'aboutirent pas. Ce n'est qu'en 1803, avec l'achat du couvent désaffecté des Filles Notre-Dame, que la municipalité parvint à ses fins. Le 23 mai, elle approuva les dessins d'un bâtiment circulaire présentés par l'ingénieur en chef du département Barthélémy. Celui-ci suggérait en outre, dans «l'espoir d'obtenir un dédommagement des frais de cette construction» [158], d'y installer des boutiques locatives, comme de vendre à des particuliers les parcelles attenantes à la halle, sous la condition d'y construire sur «un plan ordonné». On le voit, la similitude avec la Halle de Paris ne s'arrêtait pas à l'adoption d'un parti architectural. Elle s'affirma par ailleurs dans d'égales difficultés à concilier la rentabilité de l'affaire avec le rôle spécifique de l'édifice. De fait, l'inclusion de boutiques se révéla une source d'ennuis perpétuels. Barthélémy les voulait à l'étage ; mais le Conseil de ville, de l'avis qu'elles y seraient peu fréquentées du public, insista pour qu'elles fussent au rez-de-chaussée. Les plans furent donc révisés, puis à nouveau modifiés lorsqu'au cours des travaux, les édiles revinrent sur leur choix, estimant que l'éclairage serait meilleur sous les combles [159].

Le chantier traîna en longueur, suivi par une population peu habituée à voir s'élever de telles constructions : «Lorsque la première assise de l'enceinte sur la cour fut posée (...) l'ingénieur remarqua que les habitants de la ville auxquelles (sic) le développement de la première enceinte avait paru d'une grandeur disproportionnée aux besoins de cet établissement commençaient à reconnaître l'insuffisance d'étendue qui restait à la cour [160].» La halle ne fut mise en service que le 1er juillet 1812, six ans après la pose de la première pierre. Elle consistait alors en une couronne enfermant un carreau central [161]. Accessible par huit passages d'entrée, le rez-de-chaussée était divisé par une rangée de piliers et éclairé par des tabatières en demi-lune. Comme à Paris, on le destinait à l'exposition et à la vente des grains. A l'étage, se trouvaient d'un côté des bouti-

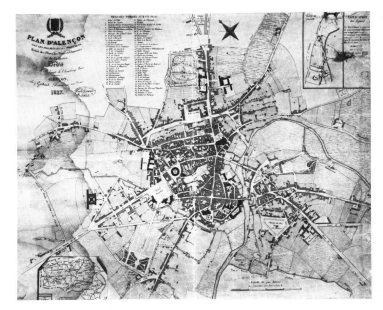

Plan de la ville d'Alençon (1827) (*Archives départementales de l'Orne*).

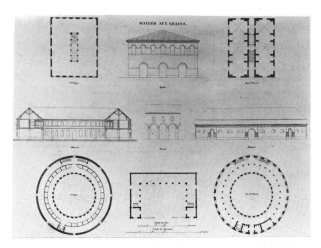

**Halles au blé de Lyon, Alençon et Vesoul, (dans L. Bruyère, *op. cit.*, pl. 10).
La halle d'Alençon est ici représenté dans son état premier : un édifice annulaire enfermant une cour à ciel ouvert.**

207

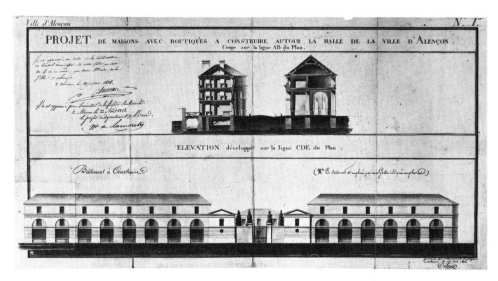

Projet de maisons à établir autour de la Halle au blé d'Alençon, 1816, (*Archives départementales de l'Orne*).

ques pour forains et, de l'autre, aveugle, le grenier réservé aux blés non vendus. Sur un point essentiel, Barthélémy différa de Le Camus : il ne se soucia guère de la transparence de la halle.

L'inscription d'une rotonde isolée au sein d'un tissu urbain plus ancien bouleversa la physionomie du lieu. Seule une partie des parcelles adjacentes fut traitée en fonction de l'édifice avec, comme résultat, l'amorce d'une rue tournante bordée de maisons uniformes. Celles-ci reflétaient l'architecture de la halle et s'ouvraient au rez-de-chaussée par une série d'arcades logeant des boutiques [162]. A moitié réalisé en 1818, ce lotissement fut peu après complété par la construction d'une salle de spectacle pourvue d'un portique en façade. C'est également en 1818 que le successeur de Barthélémy, l'ingénieur Detaille, projeta une véritable mise en scène de la Halle [163]. Intégrée au dessin d'une nouvelle «place d'armes» devant l'hôtel de ville voisin, elle supposait que l'on

permît à l'axe de la rue de Bretagne – principale voie d'accès à la ville – d'aboutir à la rotonde. Halle au blé, comédie, palais de justice et mairie auraient été ainsi réunis en un vaste ensemble monumental, expression de la vie urbaine moderne.

Mais il faut revenir au bâtiment lui-même car son histoire se révéla tout aussi perturbée et instructive que celle de son modèle. Dès 1822, il fallut entièrement restaurer les planchers des boutiques dont les poutres menaçaient de rompre. On s'en prit alors à Barthélémy : «Si l'ingénieur (...) qui a été chargé de cette construction, il y a *peu d'années,* a cru imiter la halle de Paris, il s'est trompé sous tous les rapports. Il n'a pas su combiner l'emploi des matériaux puisqu'il mit beaucoup trop de force où il en fallait quatre fois moins et pas assez où il en fallait le double [164].» Reproche lui était donc fait – comme à Le Camus – d'avoir privilégié une référence formelle, une «idée», aux dépens de la cohérence structurelle.

Alençon, vue actuelle du lotissement de la halle.

L'année suivante, on procéda à de nouveaux remaniements en vue de donner plus de jour à l'intérieur : ouverture de vingt-cinq croisées dans l'attique sur rue et transformation des tabatières en arcades. Ne rejoignait-on pas là, en définitive, le parti de Le Camus ?

Le destin réservait à cette structure une métamorphose bien plus radicale. A l'instar du « Temple de Cérès », converti le temps d'une fête en « arènes du peuple », la halle d'Alençon accueillait des spectacles publics. Nulle autre enceinte ne pouvait s'y prêter avec plus de bonheur. Or, c'est à l'issue d'une représentation de cirque, le 18 mars 1836, qu'un incendie ravagea l'édifice. Au matin, ne subsistaient plus que les gros murs et un « bon bourgeois » de la ville de noter que ces ruines « rappelaient le Colisée » [165]. Si la rotonde fut reconstruite à l'identique, hormis quelques amendements – étage surélevé et doté de deux rangs de boutiques en vis-à-vis – il y eut des contemporains pour réclamer que l'on couvrît la cour centrale [166]. La formule typologique de Le Camus devait ainsi subir un nouvel échec là où elle avait été le plus fidèlement appliquée. Cette mutation, en tout point semblable à celle que connut par deux fois la Halle de Paris, n'intervint que plus tard. Elle fut l'oeuvre d'Arnoul, architecte départemental chargé du projet en janvier 1864. Un demi-siècle après Bélanger, une telle entreprise ne soulevait plus d'obstacle : les plans d'une coupole métallique furent établis dès novembre et l'ouvrage achevé le 20 mai 1865, pour l'exposition industrielle d'Alençon [167]. C'est la même coupole vitrée, coiffée d'un lanterneau pyramidal, qui couronne aujourd'hui l'édifice annulaire. Justifiant son surnom de l'époque – « la crinoline de la halle aux blés » – elle se compose, fortifié par un système de bielles et sous-tendeurs, d'un châssis léger de seize fermes qui s'appuie sur autant de colonnettes creuses en fonte disposées au pourtour de la cour. Comme Legrand et Molinos en 1783 – persistance sous le

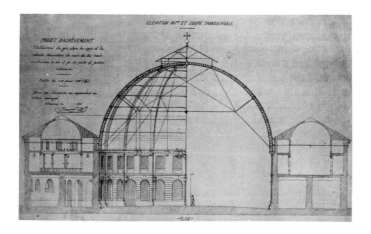

ELEVATION INT^{re} ET COUPE TRANSVERSALE

PROJET D'ACHÉVEMENT

-PLAN-

Coupe de la Halle au blé d'Alençon avec la coupole métallique élevée en 1865 (*Archives départementales de l'Orne*). **L'adjonction d'une couverture - étrangère au programme initial - ne fit qu'accentuer la parenté de la halle d'Alençon avec son modèle parisien.**

Second Empire de thèmes particuliers au siècle précédent – Arnoul tint compte de la destination polyvalente de la halle : les lanternes d'applique devaient en effet être mobiles «afin de donner d'une part plus d'intensité à la lumière en la rapprochant du sol dans le cas où la cour servirait à une réunion et de la relever dans celui de l'établissement d'un cirque» [168]. Victime des progrès du ravitaillement urbain liés au chemin de fer, l'édifice perdit de son importance, au point où l'on envisagea, en 1888, de le convertir en salle des fêtes, usage qui eut été en parfait accord avec son architecture dérivée du «cirque de l'abondance»: panem et circenses...

Au Mans, la décision de construire une nouvelle halle aux grains, en 1818, ranima la polémique sur la forme ronde et suscita un intense débat: y participèrent, à des degrés divers, tous les intéressés: les habitants, le maire, l'architecte parisien L. Ad. Lusson [169] – dépêché sur les lieux par Bruyère – et surtout ce dernier, alors directeur des travaux de la capitale. Le cas du Mans est exemplaire. Il s'agissait de remplacer

l'ancienne halle, une bâtisse oblongue dont l'aspect vétuste produisait «un effet désagréable» [170]. D'après les données générales du programme, le nouvel édifice devait être quant à lui, «d'une architecture simple, fermée, claire et aérée dans toutes ses parties, d'une exploitation facile et percée d'issues suffisantes» [171].

Or, le terrain s'y prêtait difficilement. L'ancienne halle occupait un côté d'une vaste place trapézoïdale, en forte déclivité, desservie par une inégale distribution des débouchés de rues. Convenait-il de transplanter la halle au centre et, par là, racheter l'asymétrie du cadre comme favoriser le service de l'édifice isolé? Le maire informa Bruyère de la «difficulté de déterminer la forme à donner au nouveau bâtiment et sa position sur la place, afin de réunir l'agrément et la commodité»; «cependant» – ajoutait-il – «je crois devoir vous faire observer que l'opinion publique se prononce pour une construction au milieu de la place» [172].

Restait l'épineux problème du plan sur lequel «on a divagué jusqu'à satiété» [173]. Comme à Paris en 1762,

Vue actuelle de la Halle au blé d'Alençon.

on s'affronta autour des mérites respectifs du schéma longitudinal et du plan centré. En faveur de cette dernière solution, la municipalité se fixa sur un parti octogonal «parce que cette forme nuit moins que toute autre à la circulation et se prête davantage à l'irrégularité de la place: elle présente les avantages de la forme circulaire sans offrir les mêmes difficultés de construction qui tendent toujours à augmenter la dépense [174]». Ce sont là, on l'a vu, certains des motifs fonctionnels qui avaient guidé Le Camus dans son parti d'aménagement du terrain de l'hôtel de Soissons – à ceci près qu'il opta pour une halle circulaire. Au Mans, l'autorité du modèle parisien finit par jouer aux dépens du choix de la ville puisque Lusson devait retenir la forme ronde et non polygonale. «Je crois» – concéda Bruyère – «que l'on a pris le meilleur parti; mais, je le répète, ce n'est point cette forme qu'il faut adopter dans toute circonstance [175].»

Réalisée à partir de 1819, la nouvelle halle du Mans se présentait comme une rotonde percée de vingt-quatre arcades et éclairée à l'étage du magasin par autant de croisées. Le portique du rez-de-chaussée environnait une cour centrale dont l'élévation se déployait sur deux niveaux terminés par des fenêtres hautes. Pour couvrir cet espace circulaire, on songea d'abord à une coupole à la Philibert De l'Orme: aucun tirant ne devait gêner le passage de la lumière. Finalement, sur les conseils de Bruyère, une voûte conique constituée d'albalétriers en ligne droite parut préférable [176]. Une dernière question agita les esprits: fallait-il voûter le portique – à l'instar de Le Camus – ou se contenter d'un plancher, peu fiable sous le poids des grains? «Le Conseil justement effrayé de ce qui arrive à la halle d'Alençon, nouvellement construite, tient fort à la voûte», déclara le maire, «mais la dépense est un obstacle [177].» On se résigna donc à un système ordinaire de poutres.

C'est encore à une topographie contraignante que l'on doit une autre halle au blé de forme ronde: celle de Givry, en Saône et Loire, construite par Narjoux-père sous la Monarchie de Juillet [178]. Elle s'élevait

211

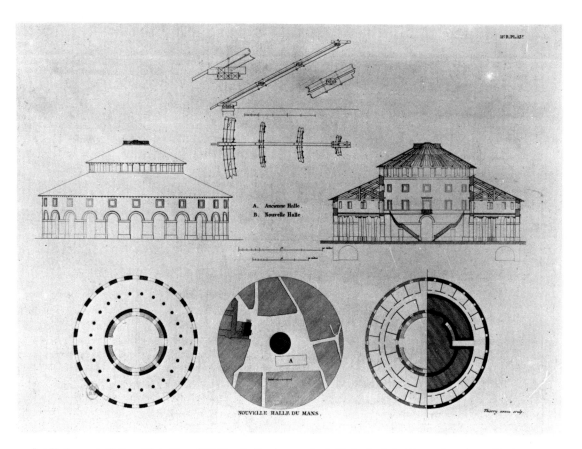

A. Ancienne Halle.
B. Nouvelle Halle

NOUVELLE HALLE DU MANS.

Thierry neveu sculp.

L.A.D. Lusson, la Halle au blé du Mans, 1819 (dans L. Bruyère, *op. cit. pl. 13*). La façade intérieure présentait une élévation particulièrement développée.

212

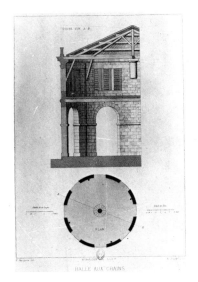

Elévation et coupe de la halle au blé de Givry (Saône et Loire), milieu du XIXème siècle, (dans F. Narjoux, *l'architecture communale*, Paris 1870, t. II, pls. 107 et 108).

sur une place exiguë, lieu d'une active circulation. «La forme circulaire n'a donc pas été adoptée par pure fantaisie, mais comme conséquence d'une exigence à satisfaire» nota Narjoux-fils dans son *Architecture communale* (1870). Cependant, si ce dernier voulut y voir la marque d'un rationalisme accompli, cet édifice – non moins singulier que les rotondes d'Alençon et du Mans – se signalait surtout comme une réplique de la Halle de Paris réduite à son expression la plus sommaire. Ainsi se composait-il d'un rez-de-chaussée ouvert sur huit arcades – seulement – et d'une «halle haute», dépôt pour les grains non écoulés, accessible par un escalier en vis suspendu à une forte colonne centrale qui montait jusqu'au comble. On ne put à l'évidence inclure ici de carreau en raison même des modestes dimensions du bâtiment: dix-sept mètres de diamètre, soit la moitié moins que l'espace circonscrit par la structure annulaire de Le Camus.

A l'extrême opposé de cette version «miniaturisée» de la rotonde parisienne, se situe le projet d'une «halle centrale» conçue par Charles Duval en 1851 [179]. Il s'agissait alors de réorganiser l'ancien secteur des Halles de Paris, programme qui lui inspira une ample composition radio-concentrique dérivée de la Halle au blé, une version dilatée du parti général de Le Camus. Qu'on en juge: huit pavillons réguliers forment une «rose» inscrite à l'intérieur d'un cercle de deux cent quatre-vingts mètres de diamètre que découpent – de préférence dans l'axe des voies du quartier – huit rues convergeant vers une «belle cour ou place publique» circulaire établie au coeur du dispositif. A l'extérieur, cet ensemble devait offrir l'aspect d'une seule couronne percée d'arcades sur toute sa circonférence et couverte au centre par une coupole hémisphérique en vitrage. «On embellit la capitale» – écrivit Duval – «en la dotant d'un vaste monument de forme gracieuse, véritable BOURSE

213

Ch. Duval, projet d'une halle centrale pour Paris, 1851 (*BN, Cab. Est.*).

DU PEUPLE qui se relie parfaitement avec les constructions et les édifices qui l'avoisinent». En l'occurrence, implanté sur l'axe Halle au blé – cour Batave, ce cirque nouveau devait répondre à l'édifice de Le Camus. Une rue ouverte dans sa ceinture d'immeubles et une fontaine dressée dans le même alignement auraient, de surcroît, établi un heureux trait d'union entre le modèle et son double.

L'idée de doter la Halle au blé d'un pendant circulaire n'était pas neuve, puisqu'en 1846 l'architecte Dédéban avait suggéré que l'on édifiât en regard du «Temple de Cérès» une seconde halle rigoureusement identique:

(...) le vrai c'est de bâtir
A l'Est comme à l'Ouest une halle nouvelle
L'une étant à Cérès, l'autre neuve à Cybèle
Cet ensemble au Midi s'en va tout resplendir,
Quatre noms s'y liront, unis par renommée:
Médicis, deux Louis, la République aimée [180].

De part et d'autre de Saint-Eustache, ces deux rotondes devaient fermer la perspective d'une immense place elliptique s'étendant jusqu'à la statue d'Henri IV au Pont-neuf: une étonnante réminiscence de l'urbanisme des Lumières à laquelle les contemporains restèrent insensibles.

Cet intérêt porté à la Halle au blé ne manqua pas de se traduire aussi à l'étranger, notamment en Grande-Bretagne. Dès 1805, sa première coupole avait fourni un modèle à W. Porden pour la couverture des écuries du pavillon royal de Brighton. Puis, en 1846, ce fut au tour de la charpente métallique de Bélanger d'être imitée par J.B. Bunning à la bourse du charbon à Londres. Mais c'est à Leeds, dans le Yorkshire, que l'on construisit, de 1860 à 1863, l'édifice le plus fidèle à l'archétype parisien: le «Corn Exchange» – bourse et halle au blé à la fois – dû à Cuthbert Brodrick, auteur du célèbre Hôtel de ville de Leeds (1855 - 1859) [181]. De cet architecte victorien, formé par des

214

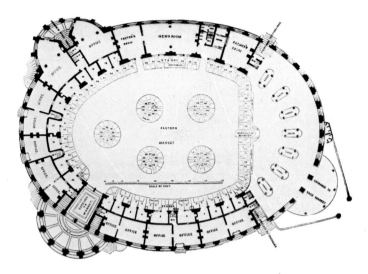

Plan et élévation du «Corn Exchange» de Leeds construit par C. Brodrick, 1860-1863 (dans *The Builder*, XIX, 1861, pp. 648-649). Inspirée de la Halle au blé de Paris, la bourse aux grains de Leeds préfigurait la transformation de son modèle en Bourse de commerce.

voyages en France et en Italie, on put dire à sa mort que ses oeuvres «compteraient toujours parmi les meilleurs exemples du 'classical revival' en Angleterre»[182]. Dans le cas présent, Brodrick emprunta certains détails décoratifs à la Renaissance italienne et recourut à une disposition générale reflétant celle de la Halle de Paris. De fait, annulaire, l'édifice suit un tracé elliptique et renferme une cour abritée par une coupole métallique à structure apparente. Un siècle après Le Camus, le pouvoir évocateur d'un tel plan demeurait le même: les contemporains notèrent qu'une «forme inhabituelle dans ce pays a été employée – celle du théâtre romain»[183], forme qui, par ailleurs, convenait le mieux aux données du site. Cette morphologie satisfaisait à des besoins diversifiés. Au rez-de-chaussée se trouvent des bureaux ainsi qu'à l'étage où, sur tout le pourtour de l'élévation intérieure, un balcon rappelle celui de Legrand et Molinos à la Halle au blé. La cour ovale accueillait l'activité des facteurs et l'une de ses extrémités – le «sack market», véritable carreau – servait à l'exposition des grains.

Il est donc remarquable de voir l'architecture de la halle parisienne – résultat de plusieurs remaniements – se prêter ici, dans ses lignes maîtresses, à un programme de type différent.

UNE BOURSE «NEO-LOUIS XVI»

Sur le thème monumental défini par Le Camus, il est une ultime variation: la métamorphose de la Halle au blé en Bourse de commerce sous la Troisième République. Ainsi, deux fois modifié avec l'établissement d'une coupole et imité à diverses reprises, le modèle acheva-t-il sa carrière par sa propre transformation.

Lorsqu'en 1881, le Comité Central des Chambres syndicales de Paris sollicita l'appropriation de la halle afin d'y loger une «bourse des marchandises», l'édifice ne jouait plus qu'un rôle secondaire; il était en réalité presque désaffecté. Les réformes successives du système de l'approvisionnement céréalier – création de greniers d'abondance et développement des Magasins généraux – avaient peu à peu relégué la halle au rang de simple magasin de dépôt. Enfin, «l'abolition du factorat est venue lui porter un dernier coup[184]». On envisagea même de la démolir, dès 1843, ce qui incita le fouriériste Perreymont, attaché à ce «bel édifice», à proposer qu'on le convertît plutôt en un «marché de deuxième ordre».

Une fontaine centrale, quelques aménagements et un badigeonnage au vernis suffisaient, selon lui[185]. Au printemps 1870, on restaura la coupole mais «peu de personnes se sont aperçues de ces travaux, car encaissée et comme enfermée dans sa rue circulaire, la halle au blé est un de ces monuments que le parisien a peu l'occasion de rencontrer sur sa route»[186]. Le temps n'était plus où amateurs et curieux venaient errer sous ses voûtes et il en allait de même pour ses abords: «des bouts de rue» d'après Zola, «devenus déserts, noirs et tristes comme un coin de ville abandonné[187].» A côté des Halles centrales voisines, palais de fer et de verre élevé par Baltard, l'ensemble de Le Camus passait désormais pour un anachronisme. Fin 1871, la presse fit état de nouvelles rumeurs d'une démolition prochaine. Pourtant, en 1874, on cloisonna une partie de la «halle haute» afin d'y installer un commissariat de police[188].

Tirer un réel profit de l'édifice déchu supposait en fait qu'on l'affectât tout entier à un nouvel usage. C'était assurer la sauvegarde d'un monument unique

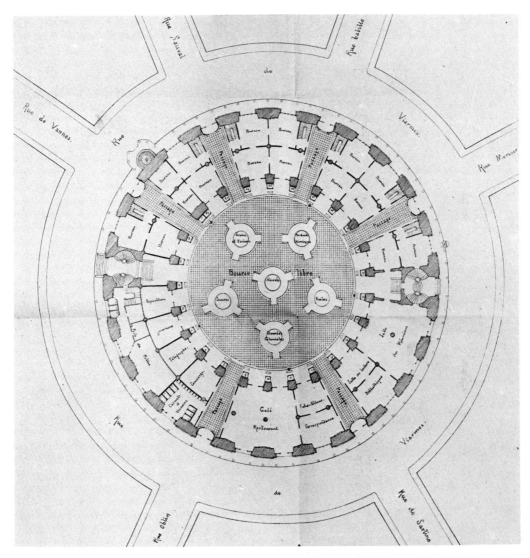

Projet de transformation de la Halle au blé en bourse; plan du rez-de-chaussée (dans *Projet d'appropriation de la halle au blé en Bourse de Commerce*. Paris. 1880). Plutôt qu'une démolition intégrale de l'édifice, on préféra le réhabiliter en y logeant la bourse des marchandises. Au départ, il n'était question que de remaniements intérieurs.

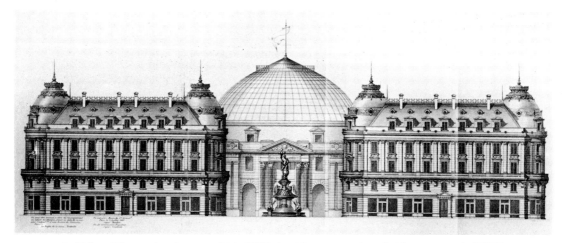

La Halle au blé convertie en bourse, projet de 1885 incluant deux annexes et une fontaine monumentale (*BHVP*).

et, de même – avantage plus décisif encore – économiser sur les frais d'une construction ex-nihilo. Ainsi le premier projet de transformation de la halle en bourse, soumis par la Chambre de commerce, prévoyait-il un franc réemploi de la structure existante [189]. Au seul prix d'une distribution intérieure remaniée, on se contentait d'y insérer les divers services liés au programme: des bureaux, mais également un télégraphe, une bibliothèque, des salles de réunion, un billard et un café-restaurant. L'aspect extérieur de la rotonde ne changeait guère, hormis la coupole qui voyait ses jours agrandis. Cette reconversion devait en outre s'accompagner d'une réforme générale des abords avec l'établissement de dépendances et l'ouverture de rues nouvelles.

Pareille entreprise appelait d'importants capitaux. C'est pourquoi, désireuse de faciliter la mise en oeuvre du projet, la Chambre de commerce offrit son concours à la Ville. Le 2 mars 1886, au terme de longues tractations sur le mode de financement, la commande revint à Henri Blondel, architecte qui avait alors à son actif plusieurs réalisations de marque dans la capitale: les maisons autour de la place du Théâtre français, le Cercle agricole – boulevard Saint-Germain – les deux immeubles à l'entrée de l'avenue de l'Opéra, la Belle Jardinière, ainsi que l'hôtel Continental.

L'histoire de la Bourse de commerce, c'est d'abord l'échec des «amis des monuments parisiens». En effet, à une simple réhabilitation de l'édifice originel, Blondel préféra le parti d'une refonte globale. Cela l'éloignait de ce qui avait été initialement prévu dans un projet de 1885 ratifié par le Préfet Poubelle [190]. On y conservait l'ancienne rotonde, les apports se limitant à un portique à fronton et des pilastres jumelés substitués aux larges trumeaux de Le Camus. L'option de Blondel, en revanche, condamnait la halle et indigna à ce titre plus d'un contemporain: «tout a été entrepris un peu de bric et de broc, dans cette opération» – lit-on dans la *Construction moderne* du 20 août 1887 – «Par exemple, le marteau des démolisseurs n'a guère épargné le monu-

218

Les vestiges de la Halle au blé à l'amorce des travaux de la Bourse, en
1887, (*l'Illustration*, 29 octobre 1887, n° 2331, 297).

ment de Le Camus de Mézières; après avoir détruit l'étage supérieur, on a abattu systématiquement toutes les arcades de la façade extérieure qui devaient être respectées dans les plans primitifs d'appropriation; de plus on a fini par détruire un remarquable escalier à double révolution; (...) Cette destruction est d'autant plus déplorable qu'elle a été faite, croyons-nous, à l'insu de l'administration municipale. (...) Il semble vraiment que le mot d'ordre du jour soit: Démolissez, démolissez, il en restera toujours assez [191] !»

De la halle, il ne subsista bientôt plus que l'enceinte intérieure sur laquelle, allégée, reposait la charpente de Bélanger et l'escalier des portefaix, épargné de justesse; enfin, la colonne de Médicis se dressait une fois de plus solitaire et gênante. C'est à partir de ces vestiges, de ce noyau évidé – dernier témoignage du génie de Le Camus – que Blondel éleva une nouvelle structure annulaire [192]. On commença par creuser un sous-sol qui fut ensuite recouvert d'un plancher métallique. Le bâtiment lui-même nécessita la cons-

truction d'une enveloppe extérieure – moins épaisse que la précédente – l'établissement d'un entresol, puis l'adjonction d'un étage supplémentaire au pied de la coupole. Quant à cette dernière, elle ne fut couverte qu'à mi-hauteur de manière à laisser une calotte vitrée propre à l'éclairage des bureaux donnant sur le «hall».

A l'extérieur, Blondel se plut à évoquer l'élévation primitive, ne serait-ce que pour répondre à la façade intérieure d'origine. Il en reprit les divisions et lignes principales, excepté dans le cas des arcades dotées d'arcs segmentaires et des trumeaux remplacés par des doubles pilastres [193]. D'ailleurs, afin de qualifier ce rhabillage, n'usa-t-on pas de termes qui auraient pu s'appliquer à la Halle au blé? On parla ainsi de «la simplicité mâle, pleine de fermeté, de l'ordonnance dorique adoptée pour le décor de la façade circulaire» [194] ou encore, de façon plus significative, du «style de cette façade rappelant le Louis XVI de la Monnaie» [195]. On observa de surcroît que «l'aspect du monument ne manquait pas d'une «certaine ori-

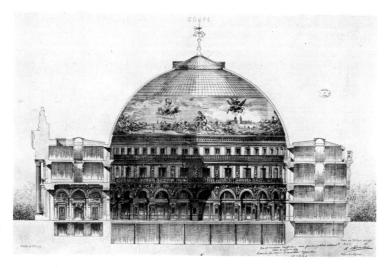

Coupe longitudinale de la Bourse de commerce (*Archives de Paris, 3032*).

Elévation extérieure de la Bourse de commerce, (*la construction moderne*, 1887, pl. 24): *Ce que nous lui reprocherons surtout c'est qu'elle ne marque point, sous le rapport du style, un pas de plus dans la voie que la découverte et l'emploi des matériaux nouveaux de construction et de décoration semblent indiquer aux architectes contemporains.* (F. Monmory dans *la Semaine des constructeurs*, IIème série, 4ème année, N° 31, 25 janvier 1890, 316).

Construction de la Bourse de commerce; vue du chantier vers 1888, (*BHVP, Coll. Godefroy*). Blondel procéda à un rhabillage complet de l'anneau intérieur de la halle.

ginalité, l'oeil du Parisien étant peu habitué à rencontrer des édifices de forme ronde» [196]. Ces remarques soulèvent en fait le problème capital du regain d'intérêt dont bénéficia, à la fin du dix-neuvième siècle, le néo-classicisme français. Car telle est la particularité de l'oeuvre de Blondel. Aux yeux des contemporains, la nouvelle Bourse pouvait apparaître comme une architecture «néo-Louis XVI», dès lors qu'elle transfigurait la Halle sans en oblitérer les traits distinctifs. Cette ambiguïté, le Préfet Poubelle la releva lors de l'inauguration: «Voilà ces murs, ces pilastres, ces arceaux dessinés et élevés par Le Camus de Mézières» [197] déclara-t-il, confirmant que c'était bien l'ancien édifice qui revivait sous sa «nouvelle parure». (cf. Annexe 7) Par rapport au parti premier, l'innovation majeure de Blondel fut de greffer un robuste avant-corps sur la couronne uniforme de la rotonde. Visible de la rue du Louvre et orné d'un fronton que surmonte un groupe allégorique «d'un superbe mouvement» [198] dû au sculpteur Croisy, il

désigne l'accès principal du «hall», définissant du même coup l'axe de la composition générale [199].

A l'intérieur, Blondel altéra l'enceinte originelle, moins par des retouches apportées au parement, que par un surhaussement exagéré de l'élévation. L'harmonieux équilibre de Le Camus – demeuré intact lors des interventions précédentes – s'en trouva ruiné. Bordé d'un balcon, le deuxième étage y contribua pour beaucoup, mais aussi toute la partie inférieure de la coupole qui fut hourdie en briques, afin d'accueillir un plafond décoratif. Ce dernier se signale néanmoins par le grandiose déroulement de ses scènes allégoriques évoquant les cinq continents: un remarquable ensemble, trop méconnu à Paris, qui profiterait d'une complète restauration [200]. Malgré ces changements, l'attrait qu'exerça ce vaste espace voûté sur les contemporains rappela l'engouement pour la première coupole: «Le succès de contemplation populaire obtenu par la coupole nouvellement

221

Vestibule de la Bourse donnant sur le «hall» intérieur, (*BN, Cab. Est.*)**. Blondel y disposa un ordre composite plaqué contre l'ancienne structure. Le parti décoratif de l'espace central suscita des réserves: «De même que, dans la décoration extérieure de la porte d'entrée, l'architecture nous a paru subordonnée à la sculpture, ici encore c'est la peinture qui domine, l'accessoire et non le principal.» (F. Monmory, id.).**

décorée de la Bourse de commerce peut montrer jusqu'à quel point cette forme bien enveloppante, simple et parfaite – concave ou convexe – satisfait chez le plus grand nombre, le besoin instinctif, physiologique d'un abri idéal. Les majestueuses proportions de la coupole restaurée par M. Blondel donnent, peut-être, une idée de ce qu'on peut éprouver à la vue de la Rotonde romaine, du Panthéon d'Agrippa [201]. » Comme en 1783 et sous la Révolution, on jugea l'endroit digne de recevoir des cérémonies officielles, en particulier des banquets. Il y eut, le 25 septembre 1889, celui marquant l'ouverture de la Bourse [202] et surtout, plus fastueux encore, celui offert au Président Félix Faure par le Commerce et l'Industrie, le 14 octobre 1897, pour célébrer les heureux résultats de son voyage en Russie. Le palais républicain du commerce, ancien cirque de l'abondance, constitua le cadre le plus adéquat d'une telle assemblée, écho lointain et affaibli des «banquets fraternels» organisés sur le carreau de la halle en 1790 [203].

L'opération menée par Blondel ne se limita pas à la Bourse elle-même; elle concerna également ses abords immédiats. La Chambre de commerce, dans son projet de 1880, avait songé y établir des annexes. Pour l'architecte – à l'instar de Le Camus et des frères Oblin – ce fut le prétexte d'une manoeuvre spéculative: «il n'y avait 'd'abords' à dégager que dans un périmètre restreint. Mais Blondel (...) réussit à faire admettre un plan extensif, car il espérait (et l'événement lui donna raison) saisir, d'une façon éphémère, la concession de l'établissement puis, en la transmettant le plus vite possible, faire luire aux yeux de ces concessionnaires futurs, la plus-value dont seraient susceptibles les maisons à bâtir, dans les dépendances de la Bourse [204]. » Quatre des îlots élevés par Le Camus firent ainsi place à deux blocs symétriques implantés de part et d'autre du portique de la Bourse, en bordure de la rue du Louvre. L'un devait servir de «grand hôtel», l'autre d'ensemble locatif pourvu d'appartements et de boutiques. Avec leur rotonde d'angle, leur ordre colossal appliqué aux principaux

Intérieur de la Bourse; la salle des syndics au rez-de-chaussée (*L'Illustration*, 18 septembre 1889, N° 2431, 252).

Le banquet à la Bourse de commerce en l'honneur du président Félix Faure, le 14 octobre 1897 (*L'Illustration*, 16 octobre 1897, n° 2897, 305). *Les gros bonnets de l'industrie / Du commerce et grand flafla / Viennent de s'payer une veuv'rie / Et de s'en fanquer jusque-là / Et pour tout l'mond' rien n'est mieux qu'ça. / Mais quand c'est la classe ouvrière / Qui s'en va, sans fair' les flambants, / Faire un' ballade à la barrière / Avec la femme et les enfants: / C'est bon à mettre à la fourrière / Tas d'feignants!* **J.B. Clément, dans *La Petite République*, 20 octobre 1897.**

BOURSE DE COMMERCE

FAÇADES DES PAVILLONS ANNEXES DONNANT SUR LE HALL

Annexe de la Bourse de commerce; élévation sur la rue du Louvre, (Archives de Paris). «Ce n'est pas de l'art, mais c'est de l'air, de la lumière, de la vie.» (*Le Soleil*, 24 septembre 1889).

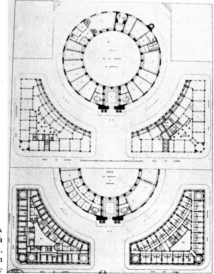

La Bourse de commerce avec ses deux annexes; plan au rez-de-chaussée et à l'entresol, (dans *la Construction moderne*, 1887, pl. 23). La conversion de la Halle en Bourse fut le prétexte à un remodelage de ses abords. Exclu de l'intérieur de la rotonde, le thème du portique - ou «galerie couverte» - se retrouva inclus dans la façade des nouveaux immeubles.

niveaux, leurs balcons continus et leur étage mansardé, ils présentent «l'aspect 'cossu' de cette ordonnance devenue classique pour les façades d'immeubles riches» [205] de la période post-haussmannienne. Ouvertes sur la rue de Viarmes par une galerie marchande, les façades concaves de ces deux annexes enchâssent une fraction de la Bourse et dessinent une perspective qu'on trouva à l'époque «à la fois pittoresque et vraiment grandiose», d'un caractère «à la fois monumental et utilitaire, décoratif et rationnel» [206]. Elles produisent, cela dit, un regrettable effet d'écrasement dû à leur hauteur excessive: c'est tout l'inverse de ce qu'avait recherché Le Camus, soucieux – on l'a vu – d'établir des liens visuels concertés entre la rotonde et son enveloppe.

La construction de ces immeubles eut toutefois pour résultat de rénover un quartier devenu insalubre, ou jugé comme tel; même leurs détracteurs le reconnurent: «toutes ces bâtisses, sans offrir un caractère original, valent mieux que les affreuses maisons en moellons qu'elles remplacent (...) Ce n'est pas de l'art, mais c'est de l'air, de la lumière, de la vie [207]. »

Piganiol, qui avait dénoncé les rues encaissées de la Halle neuve dès 1765, trouvait ainsi une revanche tardive. Ne restaient plus en sursis, à l'est, qu'une portion mutilée de l'ancien lotissement et deux des rues ouvertes par Le Camus. Là, on comptait élever les deux derniers pavillons prévus par Baltard et achever de la sorte, au profit des Halles Centrales, la régularisation des abords de la Bourse. Ce regroupement parcellaire – phénomène qu'illustre de la même façon l'histoire des grands magasins parisiens [208] – n'intervint qu'en 1935 avec le montage des pavillons 1 et 2, achevés en 1948 dans un style mariant Baltard à l'esthétique anguleuse de l'Art Déco. Alors s'effaça toute trace du schéma rayonnant qu'avait conçu Le Camus, mais demeurait, imprimée sur le site, l'idée d'un écrin cernant une rotonde isolée. Il fallut la démolition des Halles Centrales pour altérer ce rapport plus irrémédiablement: dégagée à l'est, la Bourse se détache désormais sur l'exèdre monumentale que forment les immeubles de Blondel, fantôme de ce qui fut l'une des créations les plus fortes de l'architecture des Lumières.

NOTES

1. A.P. Duval, *Les fontaines de Paris anciennes et nouvelles,* Paris 1812, p. 85.

2. De la Roque, *Voyage d'un amateur des arts en Flandre, dans les Pays-Bas, en Hollande, en France, en Savoye, en Italie, en Suisse, fait dans les années 1775, 76, 77, 78,* Amsterdam, 1783, t. I, p. 128.

3. J.L. Viel de Saint-Maux, *Lettres sur l'architecture des anciens et celle des modernes,* Paris, 1787, septième lettre, pp. 23 - 24.

4. L.S. Mercier, *Tableau de Paris,* Amsterdam, 1783, t. I, p. 129.

5. L.P. de Bachaumont, *Mémoires secrets,* Londres 1777 - 1789, t. XVIII, p. 339.

6. J.F. Blondel, *Cours d'architecture,* Paris 1771 - 1777, t. II, pp. 428 - 429.

7. AN, H²* 1873, Délibérations du Bureau de la Ville, Assemblée générale de Police au Parlement, à cause de la cherté du pain, à laquelle assemblée le corps de ville a été invité, 28 novembre 1768, discours de Sartine, fᵒ 94 vᵒ.

8. L.S. Mercier, *op. cit.* t. I, p. 129.

9. J.G. Legrand, *Essai sur l'histoire générale de l'architecture,* Paris, 1809, p. 94.

10. AN, F¹³ 1163, Lettre de Bélanger au ministre de l'Intérieur du 7 août 1806. L'architecte y rapporte, entre guillemets, les propos de Le Camus. S'agit-il d'un extrait de la «lettre» évoquée infra, note 14?

11. Ch. F. Viel, *Dissertations sur les projets de coupoles de la halle au blé de Paris,* Paris, 1809, p. 107, voir aussi, p. 106.

12. Sur ces travaux, voir le témoignage de Bélanger dans BHVP, Ms, Na 182, fol. 23, ainsi que la section du mémoire de maçonnerie consacrée aux fonda-

tions, AN H² 2157. Quant aux restes de l'enceinte de Philippe-Auguste, ils avaient été en partie dégagés par des fouilles en 1753, voir Musée Carnavalet, Cab. des Est., IX, GC, B.

13. Le terme est celui de J.E. Thierry, voir chapitre II, note 23.

14. Deux planches gravées par Taraval et incluses dans le *Recueil des differens plans et dessins concernant la nouvelle halle aux grains* illustrent ce projet. Le Musée Carnavalet en possède un dessin au trait et aquarellé (Cab. des Est. Rés. D 7578); d'autre part, un plan est conservé à la bibliothèque de l'Ecole nationale supérieure des Beaux-Arts (Nᵒ 1820).
Le projet fut commenté par Bélanger (BHVP, Ms Na 182, fᵒ 23), Ch. F. Viel (*Dissertations sur les projets de coupoles de la halle au blé de Paris,* Paris 1809, p. 99) et dans les *Annales de l'architecture,* 24 juin 1808, 225.
Enfin, il semblerait, d'après Bélanger, que Le Camus ait publié à ce sujet «une lettre», document sans doute anonyme qui reste encore à découvrir.

15. Ch. F. Viel, *op. cit.,* p. 107.

16. *Ibid.,* p. 99.

17. Dans l'«Etat des plans, projets, dessins et autres productions de feu mon frère aîné architecte et membre de l'institut déposé chez Mr. Le Cerf notaire, le 13 avril 1809», il est fait allusion à un «projet pour couvrir la halle au bled» comprenant sept pièces et un mémoire. Seuls trois dessins – une élévation et deux coupes – sont conservés au Cabinet des Estampes de la Bibliothèque Nationale. Voir une lettre de J.J. Huvé dans le *Journal des bâtiments civils,* nᵒ 231, 26 brumaire, an XI, 241 - 243; aussi J. Rondelet, *Mémoire sur la construction de la coupole de la halle au bled de Paris,* Paris, 1803, p. 30; et P. Giraud, *Projet d'une coupole pour la halle au blé de Paris,* Paris (1805), pp. 3 - 4.

18. Voir *Journal des bâtiments civils,* nᵒ 231, 26 brumaire an XI, 242.

19. J. Rondelet, *op. cit.,* p. 30.

20. J. Rondelet publia son projet plus tard, dans *Mémoire sur la reconstruction de la coupole de la halle au bled de Paris,* Paris, 1803.
Sur Rondelet, voir la notice de M.N. Mathusek – Baudoin dans le catalogue de l'exposition *Soufflot et son temps,* CNMHS, Paris 1980, pp. 155 - 157.

21. Sur ce problème capital, voir l'excellente mise au point de J. Guillerme «Soufflot, Sainte-Geneviève et les limites de l'invention technique» dans *Ibid.,* pp. 158 - 171.

22. J. Rondelet, *op. cit.,* p. 32.

23. Voir Ch. F. Viel, *op. cit.,* pp. 127 - 143.

24. F. Cointeraux, *Application de la charpente incombustible de Cointeraux, à la couverture de la halle au blé de Paris,* Paris, 1806, p. 18.
Dans son mémoire, Cointeraux s'attache à contredire point par point les arguments avancés par Rondelet, cela – bien sûr – pour faire valoir son propre projet de couverture.

25. BHVP, Ms Cp 4823, «Mémoire sur un Projet de couverture pour la cour de la halle au bled, proposé à Mr. le Lieutenant Général de Police par M. Legrand et Molinos architectes».

26. J. Ch. P Lenoir fut lieutenant de police de 1774 à 1775, puis, de 1776 à 1785, avant de devenir bibliothécaire du roi. En 1780, il publia un opuscule relatif à son oeuvre édilitaire: *Détail sur quelques établissements de la Ville de Paris, demandés par la reine de Hongrie à M. Le Noir.*
Sur l'homme et sa carrière, voir le comte de Sars, *Le Noir, Lieutenant de police, 1732 - 1807,* Paris 1948. Lenoir avait entrepris d'écrire ses mémoires;

R. Darnton en a publié un important extrait concernant les subsistances de Paris: «Le lieutenant de police J.P. Lenoir, la guerre des farines et l'approvisionnement de Paris à la veille de la Révolution», *Revue d'histoire moderne et contemporaine,* XVI, 1969, 611 - 624.

27. AN, H²* 1880, Registres des délibérations du Bureau de la Ville, 16 octobre 1782, «Contribution de 25.000 livres aux frais de couverture de la halle aux grains», f° 38 v°.

28. Seuls quelques documents de la main de Bélanger en font mention. Voir BHVP, Ms, Na 182, fol. 23; Institut d'art et d'archéologie de Paris, carton 31, lettre du 10 juin 1806; AN, F¹³ 1163, lettre de Bélanger et Deumier du 20 brumaire, an XIV et aussi AN, N III S 1065, f° 3 r°.

29. *Journal de Paris,* n° 162, 11 juin 1783, 679.

30. Extrait des mémoires de Lenoir cité par R. Darnton, *op. cit.,* 622.

31. AN, F¹³ 1163, lettre de Bélanger et Deumier du 20 brumaire, an XIV.

32. Le Barbier, l'aîné, «Notice nécrologique sur M. Legrand, architecte, membre de l'Académie celtique, etc.» Publiée dans *Histoire de l'Académie celtique,* pp. 294 - 306, incluse dans un volume factice conservé à la bibliothèque de l'Institut d'art et d'archéologie de Paris.
J.G. Legrand (1743 - 1807) exerça une carrière double: architecte – sous l'Ancien Régime, pour l'essentiel – puis écrivain, sous l'Empire. Dans la plupart des cas, il oeuvra de pair avec Molinos: à la coupole de la Halle au blé (1782 - 1783), à la réfection de la Halle aux draps (1785 - 1789), à la fontaine et au marché des Innocents (1786), à la couverture d'une cale au port de Brest (1788), à leur domicile parisien, 6 rue Florentin (1789 - immeuble toujours existant et portant encore en façade les monogrammes des deux architectes), à la décoration de l'hôtel Marbeuf, au théâtre Feydeau (1789 - 1790) – édifice remarquable à plus d'un titre – à l'organisation de la cérémonie funèbre pour Simonneau (30 mai 1790), enfin, à la construction de la «maison commune» d'Auteuil (1792). Avec le député Kersaint, ils élaborèrent un programme de monuments publics publié en 1791. Par la suite, Legrand éleva la «Lanterne de Diogène» au parc Saint-Cloud, puis travailla à la restauration de la porte Saint-Denis et, surtout, de la basilique de Saint-Denis qui devait être transformée en «mausolée impérial» (1806 - 1807).
Legrand entretint d'étroits rapports avec Quatremère de Quincy et enseigna à «L'Athénée de Paris». Il collabora avec Landon aux *Annales du musée,* tenant une rubrique de critique architecturale, participa à une *Description de Paris* (1806 - 1809) et rédigea le texte des *Antiquités de la France* de Clérisseau (1804) et des *Monumens de la Grèce* (1808). Entre autres ouvrages, il faut encore signaler une traduction libre du *Songe de Poliphile* (1804) ainsi qu'une «Vie de Piranèse», restée à l'état de manuscrit (BN). Le plus important de ses écrits fut un *Essai sur l'histoire générale de l'architecture* (1809) conçu comme texte accompagnateur du *Recueil et parallèle des édifices de tout genre* de Durand.
Sur cet architecte, pénétré d'histoire, «antiquaire» au sens de l'époque, voir: A. Chr. Quatremère de Quincy, *Suite du Recueil de notices historiques,* Paris 1837, pp. 75 - 91 et - toujours de ce dernier, l'article nécrologique du *Moniteur universel,* n° 321, 17 novembre 1807, p. 1238. Aussi M. K. Deming et Cl. de Vaulchier «la loi et ses monuments en 1791», *Dix-huitième siècle,* XIV, 1982, 117 - 130; G. Erouart et M. Mosser «A propos de la notice historique sur la vie et les ouvrages de J.B. Piranesi: «Origine et fortune d'une biographie», dans *Piranèse et les Français,* Actes du colloque (1976) Rome 1978, pp. 213 - 256; D. Rabreau, «Le théâtre Feydeau et la rue des Colonnes (1791 - 1829)», *Centième Congrès national des sociétés savantes,* 1975, «Archéologie», 255 - 273.

33. Jacques Molinos (1743 - 1831) travailla, avant son association avec Legrand, à la maison et au jardin de A. Jacquin aux Prés Saint-Gervais (1775) et, de 1779 à 1785, au château de Puisieux (voir AN, Z¹ J 1055). Architecte du Muséum d'histoire naturelle, il y éleva en 1795 l'Orangerie. Certaines sources lui attribuent aussi l'amphithéâtre du Muséum, un petit édifice dérivé de la Rotonda de Palladio. On lui doit, daté de 1799, un projet de cimetière pour Montmartre publié par J. Cambry dans son *Rapport sur les sépultures.* Architecte de la Ville de Paris sous l'Empire, il construisit la morgue (1804) et plusieurs marchés: celui de Saint-Honoré (1809) et de l'Enclos du Temple (1809 - 1811). Il s'occupa aussi des décors de fêtes. En 1826, il termina la Barrière de Rochechouart et de 1829 à 1831 réalisa le marché Popincourt. Il devint membre de l'Institut en 1829. Voir Quatremère de Quincy, *Suite du Recueil de notices historiques,* 1837, pp. 75 - 91.

34. Ph. De l'Orme, *Architecture de Philibert de l'Orme,* Rouen, 1648, f° 307.

35. De l'Orme fut-il – à proprement parler – «l'inventeur» du système qui porte son nom? Il semble en fait que des charpentes constituées de bois courts aient été déjà utilisées à Venise, aux coupoles de Saint-Marc et au pont du Rialto. Serlio (Liv. VIII) signale en avoir découvert de fort anciennes à l'hôtel des Tournelles à Paris. Si l'idée n'était donc pas nouvelle, le mode d'assemblage, sa systématisation – au sens moderne – et son application possible à différents types de plans sont cependant à mettre au crédit de De l'Orme.

36. L.P. de Bachaumont, *Mémoires secrets,* Londres 1783, p. XXII, p. 76.

37. Il revient à J. Adhémar d'avoir le premier posé le problème d'une actualité de Philibert De l'Orme au Siècle des Lumières, voir «La coupole en charpente de la Halle au blé et l'influence de Philibert De l'Orme au XVIIIème siècle», *L'Architecture,* XLVI, 1933, 249 - 252.

38. BHVP, Ms Cp 4823, «Réponse des architectes aux auteurs du journal».

39. Voir, *Procès verbaux de l'Académie royale d'architecture,* 1671 - 1793, H. Lemonnier, éd., Paris, t. III, pp. 184 et suiv.

40. J.F. Blondel, *Discours sur la nécessité de l'étude de l'architecture,* Paris, 1753, p. 84.

41. Parmi les papiers de l'Académie royale d'architecture, figure un dossier de plusieurs pièces, datées de février 1781, se rapportant au système de charpente à la Philibert De l'Orme (Archives de l'Institut de France, Académie des Beaux-Arts, carton B 5).
Consultés sur son utilité, l'architecte Franque et l'ingénieur Guillomot se prononcèrent en sa faveur: «nous sommes d'avis que ce genre de charpente qu'on peut appeler artificielle, mérite d'être encouragé on ne peut douter de sa solidité, puisque les exemples indiqués subsistent depuis plusieurs siècles (...) Nous pensons donc que l'académie peut admettre ce procédé au nombre de ceux qui méritent son aprobation et qu'il seroit utile de faire déposer dans ses archives une copie des plans et mémoires qui luy sont présentés».
Conçu selon un système proche de celui «inventé» par De l'Orme, le dôme de S. Maria della Salute à Venise retint également l'intérêt des architectes français. Raymond en fit une étude communiquée à l'Académie par Soufflot, le 20 février 1775.

42. BHVP, Ms. Cp 4823, «Minute du mémoire remis au Roy», brouillon incomplet. Dans une lettre, «réponse des architectes aux auteurs du Journal», Legrand et Molinos reconnaissent avoir eu connaissance du cas d'un sous-ingénieur des Ponts et Chaussées qui avait couvert plusieurs constructions en Touraine avec le système de De l'Orme. Un particulier de la même région – le sieur Simon – accusa par ailleurs Legrand et Molinos d'avoir copié la charpente réalisée à son domicile.

43. BHVP, Ms. Cp 4823, «Mémoire sur l'employ des Planches à la Construction des voutes, Planchers à plafonds et poutres artificielles» par Vallée, sous-ingénieur des Ponts et Chaussées.

44. Voir BHVP, Ms. Cp 4823, «Relevé général de la Maçonnerie faite pour la coupole de la halle au bled. Employ des quinzaines de la halle Par le maçon».

45. L.P. de Bachaumont, *Mémoires secrets,* Londres 1783, XXII, p. 76.

46. BHVP, Ms. Cp 4823, «Note des opérations successivement faites pour la Construction de la calotte de la halle aux grains suivant la méthode de Philibert De l'Orme».

47. BHVP, Ms. Cp 4823, «note pour le journal, 22 septembre 1783».

48. «Notice sur Roubo» par Boileau, menuisier, citée par C. Piton dans *Comment Paris s'est transformé (...),* Paris 1891, pp. 130 - 131.

49. Archives de l'Institut de France, Académie des Beaux-Arts, Carton B 5, Rapport sur la coupole de la halle au blé lu à l'Académie et déposé le 17 novembre 1783.

50. Philibert De l'Orme, *Nouvelles inventions pour bien bâtir,* (éd. de 1648), chapitres XXIV et XXV.

51. *Procès Verbaux de l'Académie royale d'architecture,* H. Lemonnier, éd., t. III, p. 194, 21 avril 1704.

52. L.V. Thiéry, *Guide des amateurs et des étrangers voyageurs à Paris,* Paris 1787, t. I, p. 416.

53. BHVP, Ms. Cp 4823 «Abrégé des moyens employés successivement à la Construction de la coupole de la halle bâtie suivant la méthode de Philibert de l'Orme sur les dessins et sous la conduite de J.G. Legrand et J. Molinos, architectes en 1782».
Ce mémoire fut présenté aux commissaires de l'Académie venus inspecter la halle, le 30 septembre 1783.

54. BHVP, Ms. Cp 4823, «Aux auteurs du Journal de Paris qui nous ont fait demander une note sur la charpente de la Coupole de la halle».

55. Lyon, Académie des Sciences, Belles Lettres et Arts, Ms 194, «Mémoire abrégé sur la charpente en planche nouvellement employée à la construction de la coupole de la halle aux bleds à Paris par J.G. Legrand et J. Molinos, architectes». f° 35 r°.

56. *Journal de Paris,* n° 308, 4 novembre 1783, 1268. Sur la lanterne, voir: BHVP, Ms Cp 4822, «Mémoire d'ouvrages de serureries faits et fourny pour la construction du dôme de la halle aux grains (...) les dits ouvrages faits sous les ordres de Messieurs Molinos et Legrand, architectes, exécutés par Contou, maître serrurier à Paris (...)».

57. Composé par le fondeur et doreur Tournu, cet alliage avait fait l'objet d'un examen à l'Académie des sciences, le 25 décembre 1782. La Commission – dans laquelle figurait Lavoisier – estima qu'il méritait «qu'on en fasse des expériences pour des couvertures de quelques édifices». Voir BHVP, Ms Cp 4823, Extrait des registres de l'Académie Royale des sciences.

Tout aussi expérimental fut le matériau utilisé pour le chéneau établi au pourtour de la coupole. Il s'agissait d'un «ciment imperméable» de la composition d'un certain Jean d'Etienne. Or, il est intéressant de noter que ce dernier avait déjà collaboré avec Legrand, à un projet de terrasse, et qu'il attribuait – lui aussi – l'invention de son procédé à Philibert De l'Orme. Voir J. d'Etienne, *Mémoire sur la découverte d'un ciment imperméable à l'eau, et sur l'application de ce même ciment à une terrasse de la maison de l'auteur,* Paris, 1782 et *Journal de Paris,* nº 254, 11 septembre 1782, 1035 - 36.

58. BHVP, Ms Cp 4823 «Abrégé des moyens employés (...)»

59. AN, O¹ 1932, lettre de Lenoir, du 13 septembre 1783, au Comte d'Angiviller, directeur général des Bâtiments.

60. L.P. de Bachaumont, *Mémoires secrets,* Londres, 1784, t. XXIII, pp. 328 - 329.

61. Voir dans J.P. Boyd, (éd.) *The Papers of Thomas Jefferson,* Princeton, t. X, pp. 444 - 445, la lettre de Jefferson à Maria Cosway, du 12 octobre 1786, dans laquelle il évoque leur rencontre à la Halle au blé.
Après sa visite, Jefferson se rendit au domicile de Legrand pour y examiner des modèles, en particulier celui d'un pont de bois assemblé selon le procédé de Philibert De l'Orme.

62. L.P. de Bachaumont, *op. cit.,* p. 329.

63. J.M.B.B. de Saint-Victor, *Tableau historique et pittoresque de Paris,* Paris 1822 (2ème éd.), t. II, p. 325.

64. A. Young, *Travels during the Years 1787, 1788 and 1789,* Bury St Edmund's, 1792, p. 63.

65. L.V. Thiéry, *Guide des amateurs* (...), Paris 1787, t. I, p. 416.

66. L.V. Thiéry, *Ibid.* p. 415.

67. J.G. Legrand, *Essai sur l'histoire générale de l'architecture,* Paris 1809, p. 81.

68. Les médaillons de Louis XVI et de Lenoir comme celui de Louis XV furent détruits à la Révolution. Sous la Restauration, le Préfet Chabrol chargea Roland de rétablir ceux consacrés aux deux souverains. D. Genoux signale qu'un plâtre du médaillon de Louis XV existe toujours au 89, rue du Cherche-Midi. Quant à celui représentant Philibert De l'Orme, il disparut lorsqu'on transforma la Halle en Bourse de commerce. D'après J. Adhémar (op. cit., 251), il en subsisterait des modèles à l'Ecole des Beaux-Arts et à l'Institut; de récentes recherches sur ce point ont été infructueuses.
Il convient de noter que le sculpteur Roland eut souvent l'occasion de travailler pour Legrand et Molinos. Outre les médaillons de la Halle au blé, il y eut ainsi le projet de statue de Louis XVI au centre de la Halle (1785), la décoration de l'hôtel Marbeuf (1789 - 1790) et la fête en l'honneur de Simonneau (1790).
On lui doit par ailleurs un buste de Legrand exposé au Salon de 1787.
Voir D. Genoux, «Travaux de sculpture exécutés par Roland», *BSHAF,* 1966, 189 - 198.

69. Latin ou français? La question de la langue à adopter pour les inscriptions placées sur les monuments publics fit l'objet d'une vive polémique en 1782. On s'y était déjà intéressé à la fin du XVIIème siècle, lors de la «querelle des Anciens et des Modernes», mais, à la veille de la Révolution, ce débat prit une coloration affirmée. Pour les uns, partisans du français, les inscriptions devaient parler à tout citoyen appartenant «à cette classe si nombreuse et si utile à la Nation» (*Journal de Paris,* 1782, nº 38, 157); pour les autres, en revanche, elles devaient être «conçues en une langue qui puisse durer autant que le bronze et le marbre» – le latin – sans que l'on tint

compte du «bas peuple». (*Ibid,* nº 25, 100). La présence d'inscriptions françaises à la Halle au blé «monument véritablement patriotique» était donc le signe d'une édilité «éclairée».

70. *Le promeneur solitaire, ou Remarque d'un citoyen ami de la raison,* s.l.n.d., (1790), p. 5, cf. Annexe 5.

71. S. Lacroix, *Actes de la Commune de Paris pendant la Révolution,* Paris 1897, t. VI, p. 517, Conseil de ville du 17 juillet 1790. Il est à noter que ce changement d'inscription intervint alors que la Halle abritait des «banquets fraternels» au lendemain de la fête de la Fédération.
Pour la réponse de Legrand et Molinos, voir BHVP, Cp 4823, lettre datée du 18 juillet: «L'inscription que vous venez de faire tracer sur un des piliers de la halle aux bleds vient de nous causer une surprise bien flatteuse. Cette marque d'estime que vous voulés bien accorder à notre premier ouvrage public nous honore infiniment (...) C'est pour encourager sans doute les artistes à produire des monuments dignes de vous et de la capitale que vous leur donnés cet exemple de considération (...)». Et Legrand et Molinos de suggérer que des plaques semblables soient en outre posées à l'école de Chirurgie, l'hôtel des Monnaies et Sainte-Geneviève.

72. Callet, *L'égalité n'est-elle qu'un mot?,* Paris, s.d., pp. 3 - 4. Dénonçant la nomination de Molinos, ce pamphlet appelait à l'institution de concours publics destinés à «fermer pour toujours les antichambres».

73. BHVP, Ms Cp 4823.

74. Lyon, Académie des Sciences, Belles Lettres et Arts, Ms 194, fº 32 vº. Legrand et Molinos lurent deux mémoires à l'Académie lyonnaise, l'un – cité en note 55 – portant sur la vie et l'oeuvre de Philibert De l'Orme (fº 32 rº – 35 vº), l'autre – cité p. 186 – proposant

des instructions pour construire des combles en planches (f° 36 r° – 40 v°). Leur séjour à Lyon fut l'occasion d'une visite des monuments attribués à De l'Orme ; ils ne purent cependant trouver les célèbres trompes de la rue de la Juiverie, «peut-être ont elles été démolies» estimèrent-ils.
Voir aussi les Registres de l'Académie, 16 novembre 1784, f° 73. Sur l'Académie de Lyon, se reporter à M. F. Perez «L'art vu par les académiciens lyonnais du XVIIIème siècle (...)», *Mémoires de l'Académie des Sciences, Belles Lettres et Arts de Lyon*, 1977, t. XXXI, p. 71 - 128.

75. Assistés de Roubo, Legrand et Molinos rénovèrent complètement l'ancien édifice de la Halle aux draps. Les travaux se prolongèrent jusqu'en 1789 et le bâtiment lui-même disparut dans les années 1860 avec la construction des halles de Baltard. Pour des détails sur la charpente, voir AN, Q¹ 1187 : «Opérations arrêtées par Monsieur le Contrôleur Général des Finances dans sa visite faite aux halles (...) le 20 juillet 1785».

76. Voir, A.R. Emy, *Traité de l'art de la charpenterie*, Paris, t. II, p. 177.

77. Voir *Journal de Paris*, n° 127, 6 mai 1786, 552 et A.R. Emy, *Ibid.*, p. 178.

78. *Procès verbaux de l'Académie royale d'architecture*, H. Lemonnier, éd., t. IX, p. 134, 5 juillet 1784. Legrand et Molinos se chargèrent de cette charpente. Quant au manège, il était l'oeuvre de Lecreux, inspecteur en chef des Ponts et Chaussées de Lorraine.

79. A. Ch. André, *Mémoire sur la reconstruction de la coupole des petites écuries à Versailles, exécutée en l'an XII, suivant le système de Philibert De l'Orme*, Paris 1804.

80. *Journal de Paris*, n° 207, 26 juillet 1783, 859 «Aux Auteurs du journal», rubrique «Economie».

81. Sur cet exemple de l'influence de Philibert De l'Orme outre-Atlantique, voir P.F. Norton, «Latrobe's Ceiling for the Hall of Representatives», *Journal of the Society of Architectural Historians*, X, 1951, 5 - 10.

82. Sur le séjour en France de Jefferson comme ambassadeur des Etats-Unis (1784 - 1789), voir H.C. Rice Jr., *Thomas Jefferson's Paris*, Princeton 1976.

83. L'intervention de Jefferson sur le chantier du Capitole de Washington a été étudiée par P.F. Norton dans «Thomas Jefferson and the Planning of the National Capitol», dans *Jefferson and the Arts : an Extended View*, W.H. Adams, (éd.) Washington, 1976, pp. 186 - 232. Sur le Capitole lui-même, voir G. Brown, *History of the United States Capitol*, Washington, 1900.

84. Jefferson songeait déjà, en 1786, à imiter cette «noble» coupole au marché de Richmond (Virginie) ; voir la lettre à Maria Cosway du 12 octobre 1786, dans J.P. Boyd (éd.), *The Papers of Thomas Jefferson*, Princeton, t. X, p. 445.
Outre le marché, qu'il aurait voulu pareil à la rotonde de Le Camus, Jefferson élabora pour Richmond un programme édilitaire dénotant d'étroites relations avec la pensée architecturale des Lumières : le «State Capitol» réalisé sur le modèle de la Maison carrée de Nîmes (1785 - 1796) et le pénitentiaire qui devait s'inspirer d'un projet de prison radioconcentrique conçu par l'architecte lyonnais P.C. Bugniet. Voir H.C. Rice, «A French Source of Jefferson's Plan for the Prison at Richmond», *J.S.A.H.*, XII, 1953, 28 - 30.

85. La collection de livres sur l'architecture rassemblée par Jefferson comprenait de nombreux ouvrages français acquis durant son séjour ; voir, E.M. Sowerby, *Catalogue of the Library of Thomas Jefferson*, Washington, 1952 - 1959, t. IV.

86. Lyon, Académie des Sciences, Belles Lettres et Arts, Ms 194, f° 35 v°.

87. *Ibid.*, f° 36 r° – 40 v°.

88. *Journal des bâtiments civils*, n° 109, 3 vendémiaire, an X, 14. «Charpente de Philibert De l'Orme, architecte vivant au milieu du seizième siècle ; ouvrage remis à jour deux cent cinquante ans après son invention, par le citoyen Détournelle, architecte». Voir aussi, *Journal des arts, des Sciences et de la littérature*, 5 ventôse, an X, 289 - 292, chronique dans laquelle Détournelle fait «revivre» un poème de Monlucien consacré au mode de charpente de Philibert De l'Orme : «In novam architectandi artem».

89. A. Ch. André, *op. cit.* p. 3 : «Ce système prend tous les jours une nouvelle faveur ; mais les applications qu'on en fait, sont encore peu nombreuses, et, jusqu'à ce que cette méthode soit plus répandue, il ne sera pas inutile de faire connaître avec quelque détail les constructions neuves de cette espèce, surtout lorsqu'elles auront offert quelques difficultés à vaincre par la grandeur et la forme des édifices».

90. *Journal des bâtiments civils*, n° 223, 28 vendémiaire, an XI, 120.

91. *Détail de l'horrible Incendie qui vient de consumer une partie de la Halle aux Blés*, Paris, s.d. (1802), p. 2.

92. Voir, datées de l'an X, les nombreuses pièces-lettres, mémoires et devis – conservées dans BHVP, Ms Cp 4823.

93. Dès le 4 novembre 1784, le *Journal de Paris* (n° 308, 1269) attira l'attention de ses lecteurs sur les phénomènes de «dilatation» et de «condensation» remarqués à la coupole de la halle. Ce déplacement «a désorienté, pendant un tems, le Sr Roubo ; il prenoit le matin ses aplombs ; venoit-il à les vérifier dans la journée, il y avoit quelquefois jusqu'à

quatre pouces d'erreur, c'est à dire, que tel point donné de la machine s'étoit écarté d'orient au nord, de quatre pouces ; l'effet en étoit plus sensible dans les fortes chaleurs ; en sorte qu'on peut considérer cette machine comme s'ébranlant au lever du soleil, et tendant à se porter par l'effet de la dilatation, d'orient au nord. La disparition de cet astre rappelle la masse aux loix de la condensation ; alors chaque point tend à se replacer, et la nuit rétablit les choses dans leur ordre».

94. *Journal des arts, des sciences et de la littérature*, 5 ventôse, an X, 290. A. Poullain de Saint-Foix nota qu'elle «avait fléchi de quelques pieds au Midi», *Essais historiques sur Paris*, Paris 1805, t. II, p. 238.

95. *Journal des bâtiments civils*, nº 237, 24 frimaire an XI, 394.

96. AN, F ^{13} 1163, lettre du contrôleur de la Halle au préfet de police, datée du 10 pluviôse, an 12.

97. Sur les différentes propositions de hangar, notamment celle de Rondelet, voir AN F ^{13} 1163.

98. Le rétablissement d'une couverture à la Halle au blé a fait l'objet d'un premier historique de la part d'un contemporain, l'architecte Ch. F. Viel : *Dissertations sur les projets de coupoles de la halle au blé de Paris* (...), Paris, 1809. L'étude d'ensemble la plus récente est due à D. Wiebenson : «The Two Domes of the Halle au blé in Paris», *Art Bulletin*, LV, 1973, 262 - 279. Quant aux sources, on se rapportera, pour l'essentiel, à la liasse AN F ^{13} 1163 ainsi qu'au dossier BHVP, Ms Cp 4823.

99. L.E. Prudhomme, *Voyage descriptif et philosophique de l'ancien et du nouveau Paris*, Paris, 1814, t. 2, p. 253. Parmi les autres mesures prises sous le Premier Empire en faveur de l'approvi-

sionnement céréalier de Paris, il faut mentionner le projet de vastes greniers de réserve près de l'Arsenal. Commencée en 1807, leur construction ne devait jamais être menée à terme ; voir M.L. Biver, *Le Paris de Napoléon*, Paris 1963, pp. 123 - 126.

100. Voir J. Rondelet, *Mémoire sur la reconstruction de la coupole de la halle au bled de Paris*, Paris 1803 ; J.J. Huvé, lettre dans le *Journal des bâtiments civils*, nº 231, 26 brumaire, an XI, 241 - 243 ; F.J. Bélanger, lettre datée du 10 juin 1806, Bibliothèque de l'Institut d'histoire de l'art de Paris, carton 31 ; J.G. Legrand : «Mémoire sur la reconstruction de la coupole de la halle aux bleds», AN, F ^{13} 1163 ; J. Molinos, lettre du 12 janvier 1806 au Préfet de la Seine, BHVP, Ms Cp 4823. Doit-on attribuer à Molinos le projet de coupole conservé au Cabinet des Estampes du Musée Carnavalet ? Contrairement à cette coupe, le projet de Molinos décrit par Viel comportait un système de contreforts intérieurs, (*op. cit.*, p. 156). S'agit-il d'une variante ? On ne saurait en tout cas y voir la première coupole de Legrand et Molinos comme l'affirme F. Boudon («Urbanisme et spéculation (...)», 279).

101. Voir F. Cointeraux, *Application de la charpente incombustible, de Cointeraux, à la couverture de la halle au blé de Paris* Paris 1806, et D. Wiebenson, *op. cit.*, 268 - 271. Sur les projets de Bélanger et de Brunet, voir AN, F ^{13} 1163 - et D. Wiebenson, *op. cit.*, 271 - 272. Brunet conçut sa méthode de charpente en s'inspirant moins de Philibert De l'Orme que de Serlio. Elle fut appliquée par Chalgrin au grand escalier du Sénat.

102. J.E. Thierry publia à ce sujet une série d'articles dans le *Journal des bâtiments civils*, voir D. Wiebenson, *op. cit.*, 367 ; P. Giraud, *Projet d'une coupole pour la halle au blé de Paris*, Paris (1805) ; Bourdon, «aux auteurs et rédacteurs du

journal. Suggestion portant sur le type de coupole à rétablir», 27 vendémiaire, an XI, BHVP, Ms Cp 4823.

103. Voir, AN, F ^{13} 1163, Rapport de la Commission du 26 février 1807.

104. Ce projet prévoyait une coupole terminée par un «piédestal sur lequel serait la statue colossale de Cérès avec tous ses attributs». (*Journal des bâtiments civils*, nº 244, 11 nivôse, an XI, 53). Mangin proposa trois autres projets dont un en collaboration avec J. Ph. Voïart ; voir AN, F ^{13} 1163. Deux utilisaient la pierre et un dernier, le fer. Voir D. Wiebenson, *op. cit.*, 272 et 276.

105. Peyre, «Observations sur la halle au blé» dans Ch. F. Viel, *op. cit.*, 171 - 172. Voir supra p.109, note 30 et ill. p.87.

106. Voir, AN, F ^{13} 1163, «Projet pour couvrir le milieu de la nouvelle halle au bled de Paris», 8 frimaire, an XI.

107. Ces projets ne sont pas cités par D. Wiebenson. Voir BHVP, Ms cp 4823 : «Idées du citoyen Decaën sur la reconstruction de la coupole de halle aux Grains et Farines», projet de coupole «en fer et en vitrage» ; lettre de Touroude, «Ingénieur pour les instruments de mathématique et les machines», au préfet de la Seine, 20 brumaire, an XI ; lettre adressée à Devarme à Legrand et Molinos, le 3 brumaire à an XI, au sujet d'un projet de coupole en fer, cuivre et verre ; AN, F ^{13} 1163, projet de Gilbert, 18 septembre 1807, «projet de coupole en fer fondu assemblé au trait de Jupiter par Duchène-Lagarde». Le Cabinet des Estampes de la Bibliothèque nationale (Va 230) conserve un projet anonyme de charpente métallique pour la Halle au blé. Rondelet conçut également un projet de ce type, mais à des fins comparatives (voir J. Rondelet, *op. cit.*, pl. II).

108. *Journal des bâtiments civils*, nº 371, 9 germinal, an XII, «Lettre sur la couver-

ture en toile de la Halle-au-Blé de Paris. Quelle devrait être en définitif la coupole de cet édifice», 2 - 3.

109. Sur le pont des Arts – dont il faut déplorer la démolition récente – voir F. Loyer, «le pont des Arts», *Les monuments historiques de la France,* 1974, n° 1, 60 - 63, et aussi M.L. Biver, *op. cit.,* pp. 87 - 92.

110. Pour les différentes pièces se rapportant à cette affaire, voir AN, F ^{13} 1163 et Ch. F. Viel, *op. cit.;* son déroulement est résumé avec un choix de documents dans J. Stern, *A l'ombre de Sophie Arnould, François-Joseph Bélanger,* Paris 1930, t. 2, p. 201 et suiv. Voir également D. Wiebenson, *op. cit.*

111. Ch. F. Viel, *op. cit.,* p. 165

112. Intervention de Ch. F. Viel à la séance de la Commission spéciale du 26 février 1807, *op. cit.,* p. 151.
Se fondant sur une interprétation restrictive de l'architecture antique, Ch. F. Viel s'est distingué comme l'un des plus fervents adversaires de l'emploi du fer dans la construction. Traditionaliste, il ne cessa par ailleurs de dénoncer les «architectes de boudoirs» ainsi que ceux «qui, avec une dose d'imagination, de la mémoire et de la facilité à dessiner» peuvent tracer de vastes projets» (*op. cit.,* p. 21): Boullée ou Ledoux, responsables, selon lui, de la «décadence de l'architecture à la fin du XVIIIème siècle».
Viel proposa un projet de coupole pour la halle, entièrement en pierre de taille; il prévoyait des supports intérieurs – comme chez Le Camus – et des contreforts extérieurs. Voir Ch. F. Viel, *op. cit.,* pp. 143 - 150 et D. Wiebenson, *op. cit.,* 276 - 278.

113. Ce terme, rapporté par Viel (*op. cit.,* p. 163), s'appliquait au Panthéon français «à cause de l'immense quantité de fer, et sans exemple, employée dans toutes les parties supérieures de l'édi-

fice». Il est à noter que Viel craignait qu'une coupole métallique devînt «en des tems de convulsion publique,» la proie du vandalisme.

114. La lettre la plus significative est celle adressée au ministre de l'Intérieur, le 2 décembre 1805 et lue devant la commission le 11 novembre 1806. Voir AN, F ^{13} 1163 et J. Stern, *op. cit.,* t. II, pp. 204 - 205.

115. BHVP, N.a. ms 182, f° 23 - 24.

116. AN, F ^{13} 1163, «Rapport sur une coupole en fer projetée par Monsieur Bélanger pour couvrir la halle au Bled».

117. Ch. F. Viel, *op. cit.,* p. 163.

118. En 1808, Bélanger présenta au ministre de l'Intérieur Crétet l'ensemble des plans de la coupole réunis sous le titre «Recueil des différens Plans et Dessins concernant la nouvelle coupole de la Halle aux Grains, Pour être Exécutée en Fer coulé et d'après les projets de Bélanger».
Ce recueil factice est aujourd'hui conservé aux Archives nationales avec une collection au lavis des détails de la charpente. Voir N III, Seine 1067.
Sur J.F. Bélanger (1744 - 1818), l'un des principaux architectes de la fin du XVIIIème siècle dont les talents s'exercèrent à l'art des jardins, à la construction d'hôtels et de «folies», à l'architecture publique comme à l'ordonnance de cérémonies, voir la monographie de J. Stern, *op. cit.,* et A. Braham, *The Architecture of the French Enlightenment,* Londres 1980, pp. 219 - 228.

119. Voir AN, F ^{13} 1163 et B. Gille, «Devis pour la coupole de la Halle aux blés de Paris», *Revue d'histoire de la Sidérurgie,* VIII, 1967, 105 - 112.

120. L'essentiel des sources sur les travaux de la coupole - devis, correspondances, dessins d'études - est conservé aux

Archives nationales sous les cotes F ^{13} 1163, 1164 et 1165.

121. AN F ^{13} 1163 – «Devis et conditions des ouvrages de charpente à exécuter pour servir à édifier la coupole de la Halle aux grains». 20 juin 1810.

122. Voir AN, F ^{13} 1163, lettre de Bélanger du 19 février 1810.

123. AN, F ^{13} 1163, lettre de Bélanger au ministre de l'Intérieur, datée du 14 décembre 1809. (Stern, *op. cit.,* t. II, 236 - 237).

124. AN, F ^{13} 1164, Arrêt'du 1er septembre 1812, article 2 (Stern, *op. cit.,* pp. 245 - 246).

125. BHVP, Na. ms. 182, fol 183 - 184, lettre de Bélanger à l'architecte Viel, datée du 21 janvier 1813. (Stern, *op. cit.,* t. II, 247 - 248).

126. Voir BHVP, Na. ms. 182, f° 190, lettre de «Bélanger – coupole à Monsieur Fontaine, artiste-architecte», datée du 3 juin 1813.

127. AN, F ^{13} 1165, lettre de Bélanger au directeur des Travaux publics, datée du 4 juillet 1813, voir annexe 6.

128. Lettre de Brunet du 23 mai 1809, citée par J. Stern, *op. cit.,* t. II, p. 236.

129. On songea à conserver ces modèles afin de former une collection spéciale; voir AN, F ^{13} 1164, dossier «galerie des modèles».

130. F. Brunet, *Dimensions des fers qui doivent former la coupole de la halle aux grains, calculées pour l'exécution du projet de M. Bélanger,* Paris, 1809.

131. BHVP, Na. ms. 182, f° 279, lettre de Bélanger à David, (Stern, *op. cit.,* t. II, pp. 250 - 251).

132. J.G. Legrand et Ch. P. Landon, *Description de Paris et de ses édifices,* Paris, 2ème édition, 1818, t. II, p. 42.

Estimant que la voûte offrait le «triste aspect de ses assemblages», Viel regrettait au contraire qu'on pût en distinguer le squelette (Ch. F. Viel, *op. cit.*, p. 161). Tel ne fut pas, en tout cas, l'avis de l'empereur. Lors d'une inspection des Halles à la fin de novembre 1812, il contempla la coupole «en disant que cela *était très beau*. Il a, après cela, dit aux officiers de sa Garde: ma foy, cela est magnifique», (Lettre de Bélanger à Cellerier du 26 novembre 1812 citée par J. Stern, *op. cit.*, t. II, p. 246).

133. La commande des cuivres – au nombre de 3549 plaques – revint à la fonderie de Romilly en juillet 1812; voir AN, F[13] 1164 et 1165.

134. J.G. Legrand et Ch. P. Landon, *op. cit.*, p. 41.

135. Il y eut, en 1812, un débat concernant la meilleure formule d'éclairage pour la halle. Opposé aux côtés à jour ou caissons vitrés, Bélanger défendit son choix d'une ouverture zénithale; voir AN, F[13] 1165, «Exposé des différentes propositions faites pour couvrir la coupole».
Pourtant, d'après la description qu'en donne Viel, son projet soumis en 1806 aurait comporté «dans l'axe des croisées inférieures, un nombre égal de grandes lunettes qui s'élancent dans la voûte» (Ch. F. Viel, *op. cit.*, p. 119): Bélanger changea donc d'avis.

136. Voir AN, F[13] 1164, Lettre de la direction générale de la police du Royaume à Bruyère, datée du 13 juin 1814.

137. A.R. Emy, *Traité de l'art de la charpenterie*, Paris 1837 - 1841, t. II, p. 174.

138. C. Canovetti, «Charpente métallique de l'ancienne halle aux blés. Bourse du Commerce à Paris», *Le génie civil*, XIII, 1888, 242.

139. Id., Canovetti affirma en conclusion: «Nous ne pouvons que rendre hommage à la mémoire de cet architecte qui s'est montré dans ce travail un véritable Ingénieur, devançant les théories modernes et les complétant par un goût artistique, qualités qui se trouvent rarement réunies» (*Ibid.*, 244).

140. L.V. Thiéry, *Guide des amateurs et des étrangers voyageurs à Paris*, Paris, 1787, t. I, p. 415.

141. J.F. de Neufforge, *Recueil élémentaire d'architecture*, Paris, 1780, supplément II, pl. 197.

142. «Plans d'un marché qui a été proposé pour être exécuté sur le terrain des jacobins de la Rüe Saint-Honoré à Paris», Bibliothèque de l'Ecole nationale supérieure des Beaux-Arts, n° 1854.

143. Il existe trois représentations de ce projet: une vue et un plan conservés au Cabinet des Estampes de la Bibliothèque nationale, ainsi qu'une autre vue se trouvant au Musée Carnavalet et publiée par F. Boudon («Urbanisme et spéculation (...)», 285, fig. 23). Des variantes les distinguent. Ainsi la vue de la Bibliothèque nationale comporte-t-elle, dans l'axe d'une des rues rayonnantes, une étrange structure dotée d'un corps de portique concave, élément faisant écho à la rotonde. Il s'agit là sans doute d'un autre marché.

144. Cité dans «L'aménagement du marché central de Paris (...)», *Bulletin monumental*, CXXVII, 1969, 97.

145. Voir supra, chap. IV, note 54.

146. Sur ce projet des années 1770 - 1780 conservé aux Archives municipales de Bordeaux, voir: Gaullieur l'Hardy, *Porte-feuille ichnographique de Victor Louis*, Paris 1828, pp. 79 - 80 et aussi F.G. Pariset, *Victor Louis 1731 - 1800 Dessins et gravures*, (catalogue de l'exposition), Bordeaux 1980, pp. 68 - 70.

147. Les plans et élévations de la halle d'Amiens furent publiés par L. Bruyère dans *Etudes relatives à l'art des constructions*, Paris 1823, pl. 12.
Sa construction faisait partie d'un vaste programme d'embellissement décidé sous l'intendance de Bruno d'Agay (1771 - 1789) et qui comprenait, outre la halle au blé, la réalisation d'une place monumentale, d'un théâtre – construit par J. Rousseau – et d'une intendance. Il est à noter que l'on créa par ailleurs une école de boulangerie établie sur le modèle de celle de Lenoir à Paris.
Voir E.V. Ch Boyer de Sainte-Suzanne, *Les intendants de la généralité d'Amiens*, Paris, 1865, pp. 429 - 432.

148. Viel en fit graver l'élévation et le plan; elle figure aussi dans L. Bruyère, id. Corbeil était alors l'un des principaux maillons du système de l'approvisionnement céréalier de Paris. La construction d'une halle au blé fut décidée en juin 1781, au profit de l'Hôpital général de Paris. Voir, N.T. Le Moyne, dit Des Essart, *Dictionnaire universel de Police*, Paris 1786, t. IV, pp. 468 - 470.

149. Voir J.N.L. Durand, *Recueil et parallèle des édifices de tout genre, anciens et modernes, remarquables par leur beauté, par leur grandeur ou par leur singularité, et dessins à une même échelle*, Paris, 1799 - 1800, pl. 14: «Places modernes, halles, marchez, bazards».

150. Voir J.N.L. Durand, *Précis des leçons d'architecture données à l'école polytechnique*, Paris 1809, II, p. 59.

151. *Ibid.*, pl. 13.

152. Voir *Ibid.*, pp. 21 - 24 et pl. 1.
Sur ce problème de la relecture du monument de Soufflot à l'extrême fin du XVIIIème siècle et début XIXème siècle – problème qu'il faut mettre en parallèle avec les critiques contemporaines de la Halle au blé – voir: R. Etlin, «Grandeur et décadence d'un modèle, l'église Sainte Geneviève et les change-

ments de valeur esthétique au XVIIIème siècle», dans *Soufflot et l'architecture des Lumières*, actes du colloque 1980, Paris 1980, pp. 26 - 27.

153. «Rapport fait par Reinaud-Lascour, (...) invitant le Conseil à prendre en considération la demande que fait la commune de Toulouse d'être autorisée à acquérir un local pour y construire une nouvelle halle au blé», 18 thermidor, an VI.

154. Voir F. Boudon, P. Dufournet, F. Loyer, *Hector Horeau, 1801 - 1872*, s.d., Supplément aux Cahiers de la recherche architecturale, n° 3, p. 29.

155. Voir, à ce propos, les différentes halles au blé reproduites par Gourlier dans *Choix d'édifices publics projetés et construits en France depuis le commencement du XIXème siècle*, Paris 1825 - 1850, t. I et II, et notamment celles de Falaise (1827, par Levasseur); de Troyes (1841); de Beaune (1840 par Paul-Petit); et de Dourdan (1837, par Van-Cleemputte).

156. Sur la Halle au blé d'Alençon, voir l'ancienne étude de A. Leclère, *Histoire des deux halles – La Halle aux Toiles, la Halle au blé*. Alençon, 1914.

157. Alençon, Arch. dép. de l'Orne, C5 «copie du placet envoyé au roy au mois daoust 1767».

158. Alençon, Arch. dép. de l'Orne, 4.0.13, «Mémoire sur la construction des halles aux grains à Alençon: Rue des filles Notre-Dame», 1ᵉʳ juin 1813».

159. Cet épisode – témoignage des rapports peu harmonieux entre administrateurs et architecte ou ingénieur – est longuement évoqué dans le mémoire cité supra. Il y est dit entre autres qu' «Il faut de l'expérience aux personnes qui n'en ont pas pour les mettre à portée de juger des effets dont sont susceptibles les distributions d'un plan qu'on leur présente».

160. Ibid.

161. L. Bruyère en publia plans et élévations dans *op. cit.*, pl. 10.

162. Voir Alençon, Arch. dép. de l'Orne, 4.0.13, «Projet de maisons avec boutiques à construire autour la halle de la ville d'Alençon». Huit maisons seulement furent construites. Barthélémy avait en outre prévu l'établissement de deux écuries, voir: AN, F¹³ 1774A: «Rapport au conseil des Bâtimens civils par M. Cellerier (...) sur un projet d'écuries et d'une enceinte de cour d'Auberge, place de la halle aux grains à Alençon», 11 juin 1812.

163. Voir Bibliothèque de l'Ecole nationale des Ponts et Chaussées, Ms 2498, lettre adressée par Detaille à L. Barthélémy, le 17 février 1818. Il y propose la réalisation d'une place pour l'hôtel de ville inspirée d'un projet antérieur dû à Perronet.

164. Alençon, Arch. dép. de l'Orne, 4 N217, «Devis descriptif, conditionnel et estimatif (...) Réparation du plancher des boutiques».

165. Propos rapporté par A. Leclère, *op. cit.*, p. 81.

166. Il était alors question de «plafonner» la cour et de terminer cet ouvrage par une lanterne en vitraux montés sur un châssis métallique. Douze tabatières y auraient, de surcroît, facilité l'éclairage. Voir, A. Leclère, *op. cit.*, pp. 86 - 87.

167. Voir Alençon, Arch. dép. de l'Orne, IFI Alençon 73 et 74. Les pièces de la charpente furent fondues au Mans par la maison Doré. Arnoul fut assisté par l'ingénieur d'Alençon qui répondait au nom prédestiné de Croquefer. Pour d'autres détails, voir A. Leclère, *op. cit.*, pp. 92 - 94.

168. Alençon, Arch. dép. de l'Orne, 4 N217 «Halle au blé d'Alençon. Projet d'achèvement. Notes descriptives».

169. Louis Adrien Lusson (1790 - 1864) fut l'élève de Percier. Il travailla avec Blondel au marché de Saint-Sulpice (1818) et construisit la douane de la rue Chauchat, plus tard transformée par Gau en temple protestant. Avec son archivolte colossale, ornée de forts claveaux, cet édifice public s'inscrit dans la lignée de l'architecture «révolutionnaire» de la fin du XVIIIème siècle.

170. L. Bruyère, *op. cit.*, p. 13. Pour les travaux d'embellissement au Mans sous l'Empire et la Restauration, voir G. Teyssot, «Planning and Building in Towns: The System of the Bâtiments Civils in France, 1795 - 1848», dans R. Middleton, *The Beaux-Arts and Nineteenth Century French Architecture*, Londres 1982, pp. 34 - 49.

171. Bibliothèque de l'Ecole nationale des Ponts et Chaussées, Ms 2498, «Programme d'une halle à construire sur la place des halles au Mans».

172. Id., Ms 2214, Lettre de M. de Chateaufort, maire du Mans, à Bruyère, datée du 28 août 1818.

173. Id., lettre de Daudin, ingénieur en chef en retraite, à Bruyère, datée du 25 février 1819.

174. Id., lettre de Bruyère à M. de Chateaufort, datée du 16 décembre 1818.

175. L. Bruyère, *op. cit.*, p. 13.

176. Voir L. Bruyère, id. et, pour les détails, pl. 13.

177. Bibliothèque de l'Ecole nationale des Ponts et Chaussées, Ms 2214, lettre de M. de Chateaufort, maire du Mans, à Bruyère, datée du 19 avril 1819.

178. Voir, F. Narjoux, *Architecture communale*, Paris, 1870, t. I, pp. 85 - 86 et t. II, pl. 107 et 108.

179. Voir Arch. de Paris, plan 552 «Halles centrales de Paris – Avant-projet – Par

Charles Duval, Architecte» – Lithographie accompagnée d'une notice descriptive – et, sur ce projet et son contexte, B. Lemoine, *Les Halles de Paris,* Paris 1980, pp. 106 - 108.

180. Sonnet de Jean-Baptiste Dédéban cité par B. Lemoine dans *op. cit.,* p. 103. Un plan d'ensemble du projet qui prévoyait en outre un réaménagement du Louvre et des Tuileries fut publié dans E. Fayet, *Les véritables embellissements du plus beau centre de Paris,* Paris 1850; voir B. Lemoine, *op. cit.,* pp. 103 - 104.

181. Sur Cuthbert Brodrick (1822 - 1905) qui bâtit également le gigantesque «Grand Hôtel» de Scarborough (1863 - 67), dérivé de modèles français contemporains, voir: TB. Wilson, *Two Leeds Architects: Cuthbert Brodrick and George Corson,* Leeds, 1937.

182. Notice nécrologique de C. Brodrick dans *The Builder,* LXXXVIII, 1905, 11 mars, 272.

183. *The Builder,* XIX, 1861, 21 septembre, 651.

184. *De la nécessité d'une bourse de commerce à Paris – Projet d'appropriation de la halle au blé en bourse de commerce,* Paris 1880, 3ème partie.

185. Voir *Revue générale d'architecture et des travaux publics,* IV, 1843, 421 - 422.

186. *Le Peuple français,* 12 mars 1870.

187. E. Zola, *Le ventre de Paris,* Paris, Garnier-Flammarion, 1971, p. 243.

188. Voir Archives de la Préfecture de police, D-B/304, «Installation d'un poste de garde au rez-de-chaussée et du service du commissariat de police des halles du 1er», 9 février 1874, plan joint.

189. Voir *Projet d'appropriation de la halle au blé en bourse de commerce,* notice

accompagnée de trois plans et jointe à *De la nécessité d'une Bourse de commerce à Paris,* Paris 1880.

190. Voir BHVP, Actualités 119, Plan qui devait être annexé au cahier des charges pour l'adjudication d'une Bourse de commerce, daté du 9 juillet 1885.

191. *La Construction moderne,* 20 août 1887, 540.

192. Sur la construction de la Bourse de commerce, qui n'a pas encore fait l'objet d'une étude récente, voir: *De la nécessité (...); Ch. Bivort, Cent ans – La halle au blé en 1789, la Bourse de Commerce en 1889,* Paris 1889; C. Canovetti, «Charpente métallique de l'ancienne halle aux blés», *Le génie civil,* XIII, 242-244; G. Lavergne, «La Bourse du commerce à Paris», *Ibid.,* 202-205, pl. XIII; E. de Rivoalen, «La Bourse de commerce», *La construction moderne,* V, 1889, 123, et *La Semaine du Constructeur,* 2ème série, 4ème année, 19 janvier 1890, p. 356 et suiv. Les Archives de Paris conservent une série de duplicata des plans (no 2116 et 3032) ainsi que divers documents – devis, état des lieux, dossiers sur le chantier, etc. – sous les cotes VN4 273, VI M28 et VM28.

193. Il était prévu d'ériger au droit des pilastres des statues allégoriques des grandes villes de France.

194. *La Construction moderne,* 28 décembre 1889, 137.

195. Id.

196. *Le Temps,* 21 septembre 1889.

197. Discours de M. Poubelle dans *Inauguration de la Bourse de Commerce de Paris, le 24 septembre 1889,* Paris 1889. (Voir Annexe 7).

198. G. Lavergne, *op. cit.,* 205.

199. Rivoalen reprocha à ce portique l'écart entre les deux couples de colonnes qui

supportent le fronton et la trop grande saillie de l'architrave. «Quand on veut du classique, il faudrait à tout prix se garder des licences», conclut-il. Voir *La Construction moderne,* 28 décembre 1889, 138.

200. Il est l'œuvre des peintres Luminais, («L'Amérique»), Lucas («L'Europe»), Clairin («L'Asie et l'Afrique») et Laugée («La Russie»).
Voir les critiques parues dans la *Semaine des constructeurs:* E. Mariette, «La décoration picturale de la Bourse de commerce», IIème série, 4ème année, 1889, no 9, 114-116 et H. Raison, «De la décoration intérieure de la Bourse de commerce à Paris», no 29, 339-340.

201. *La Construction moderne,* 21 décembre 1889, 124.

202. «Des lampes électriques, placées à la hauteur du balcon du premier étage projetaient dans la salle des torrents de lumière, auxquels se mêlaient les flammes de milliers de bougies placées sur les tables», *Le Temps,* 26 septembre 1889.

203. Pour des détails sur cette cérémonie, voir BHVP, Actualités 119. Des tentures ornaient chaque arcade et un velum avait été tendu sous la calotte vitrée.

204. A. des Cilleuls, *L'administration parisienne sous la Troisième République,* Paris 1910, p. 423, cité dans F. Boudon et al., *Système de l'architecture urbaine,* Paris 1977, p. 342.

205. *La Construction moderne,* 28 décembre 1889, 136.

206. Id.

207. *Le Soleil,* 24 septembre 1889.

208. Sur cette question, voir F. Boudon et al., *Système de l'architecture urbaine,* Paris 1977, pp. 310 et 311.

ANNEXES I-VII

I

Lettre adressée par Malisset au Procureur Général.

Bibliothèque nationale, Département des manuscrits.
Joly de Fleury, 1425, « Affaires de Paris. Construction d'une gare sur la Seine 1762 - 1768 », f° 26 r° - 27 r°.

Cette pièce figure dans un dossier regroupant divers document relatifs à la construction, en plaine d'Ivry, de la gare à bateaux prévue par les Lettres patentes du 22 novembre 1762.

Avant que débutent les travaux de la nouvelle halle au blé, Pierre-Simon Malisset, principal responsable des grains du roi à Paris pendant les années 1760, expose ses vues sur ce type d'édifice. Il insiste sur les défauts propres aux halles longues traditionnelles et se prononce résolument en faveur d'un plan circulaire. Sa lettre constitue donc un document capital, le seul, dans l'état actuel des recherches, qui nous éclaire sur les débats qui ont dû accompagner l'élaboration du projet définitif de Le Camus de Mézières. (voir *supra,* chap.II, « Les données typologiques », et chap.IV, pp.113-116).

(f° 26 r°)
Du 7 janvier 1763

Monseigneur

J'ai l'honneur de vous rendre compte que j'ai entendu différentes conversations au sujet du Plan pour la nouvelle Halle, les uns disoient que la forme seroit *quarrée longue,* d'autres qu'elle seroit *ronde;* quoique je n'aie aucune connoissance sur l'architecture, je n'ai pas laissé de faire des réflexions sur cet objet et je ne peux m'empecher de dire que j'ai vu nombres de Halles dans differentes villes de Provinces, toutes ces Halles sont *quarrées longues* et ont de grands défauts manquant d'air et de clarté; les plus grandes qui passent pour les plus belles sont les plus incommodes par l'obscurité qui règne dans le centre et qui est occasionnée par la grandeur et la forme; de la il arrive que les vendeurs se placent les uns auprès des pilliers et les autres en dehors de la Halle, pour avoir du jour necessaire pour la vente de la marchandise, de sorte que le centre de la Halle se trouve vuide et, pour ainsi dire, inutile; un autre inconvenient c'est qu'en comptant de l'argent, comme il est d'usage dans les (f° 26 v°) Halles, il arrive souvent qu'il tombe quelques pieces; dans le centre d'une *Halle quarrée* longue il est presque impossible de les retrouver.

Pour connoitre l'inconvenient d'une *Halle quarrée longue,* il faut prendre exemple sur celle de Provins qui est une des plus grandes de toutes celles de Province; elle a six Portes, trois sur chaque côté, tout le monde convient qu'il n'y a que les gens du Pais qui peuvent y acheter sans craindre d'estre trompés, parce qu'il connoissent les Marchands qui amenent de bonnes marchandises, mais il est de fait qu'un particulier qui ne seroit pas du Pais, coureroit risque d'estre trompé, le defaut de jour l'empechant de connoitre la véritable qualité de la Marchandise; un autre inconvenient, c'est qu'il arrive que pendant qu'il sort de la Halle avec une poignée de grain pour l'examiner au grand jour, ce grain se trouve vendu à un autre. Cette Halle a aussi l'inconvenient de ne pouvoir y retrouver, comme nous l'avons déjà dit, de l'argent qui seroit tombé dans le centre.

Il est bon d'observer que c'est ce défaut de clarté qui peut avoir occasionné l'abandon que l'on a fait de ces *Halles quarrées longues* pour acheter, il en a resulté un autre inconvénient, c'est que le vendeur aient abandonne aussi la Halle, s'est mis a découvert il a continué d'autant plus (f° 27 r°) volontiers que dans les tems de pluies, l'humidité a fait gonfler le grain et lui a produit un excedent de Mesure, cependant très préjudiciable au grain.

Un autre inconvenient qui est en faveur de la *Halle ronde,* c'est que les plus forts marchez sont toujours dans les jours courts; sous la *Halle quarrée longue* le jour y dure très peu, au contraire sous la *Halle ronde* la clarté s'y conserve beaucoup plus longtems.

Pour connoitre effectivement le mauvais effet des *Halles quarrées longues* il paroitroit à propos de donner des ordres à des architectes de se transporter dans quelques unes, d'en vérifier par eux memes l'incommodité et d'en faire leur Rapport.

Il ne pourroit resulter qu'un grand bien d'avoir une *Halle haute,* cela donnerait lieu de placer un treuil pour la facilité de charger et décharger les voitures, comme cela se pratique à la Halle de Nanteuil Haudoin; cette Halle est nouvellement construite et est sujette à moins d'inconveniens que les autres.

Malisset

II

«Description des réjouissances données à la nouvelle halle le dimanche 14 décembre 1783 à l'occasion de la paix».

Bibliothèque historique de la ville de Paris.
Ms Cp 4823.

Ce manuscrit anonyme de deux feuillets fait partie d'un dossier, consacré à la coupole et charpente de la halle au blé, ayant appartenu à Legrand et Molinos. Il accompagne une esquisse à la sanguine représentant le décor intérieur de l'édifice lors de la fête de la Fédération (1790).

La coupole de la halle vient d'être achevée depuis peu lorsque le Prévôt des marchands décide de donner en ce lieu une fête célébrant le traité de Versailles (voir, chap. IV et ill. p. 129). Cette fête, de toutes celles tenues dans la halle, est restée inégalée. C'est pourquoi la présente description revêt une valeur particulière, et ce d'autant plus qu'elle s'attarde sur le comportement des participants.

(f° 1 r°)
Lundi 15 decembre 1783

La fête donnée au peuple dans l'enceinte et sous la coupole de la nouvelle halle a presenté au public plusieurs nouveautés et un spectacle digne a la fois de la noblesse qui s'y est rassemblée et des magistrats qui l'on ordonnée. Le sentiment d'etonnement et d'admiration qu'elle a produit dans l'ame de tous les spectateurs a été générale. et la joye vraie du peuple s'est manifestée dans l'interieur de ce monument par tout ce qui peut la caracteriser pleinement. cette fête doit certainement faire epoque parmi toutes celles dont les descriptions connues nous donnent l'idée, ou nous conservent le souvenir. elle rappelle même la magnificence usitée chés les anciens pour de semblables occasions. on sait que les grecs et les romains n'epargnoient rien de tout ce qui pouvait rendre leurs fêtes augustes et brillantes. les consuls les dictateurs joignoient aux honneurs du triomphe celui de donner la fête la plus magnifique. et les magistrats chargés d'offrir ce spectacle a la nation s'immortalisoient par la grandeur le faste et les nouveautés picquantes qu'ils s'efforcoient à l'envie d'y introduire. les applaudissements qu'ils recevoient du peuple reuni devenait leur recompense et qu'ils ne croyaient point l'acheter trop par des depenses enormes et si multipliées que nous les traiterions avec justice de profusion sous un autre gouvernement et des loix differentes.

La ville de paris et le magistrat qui veille avec tout le zele et l'ardeur qui est necessaire a cette capitale se sont reunis pour que rien ne manquat a cette nouvelle fête. L'immensité du lieu a eté donnée, sa belle forme et sa regularité la maniere simple et noble dont il etoit decoré l'éclat la legereté du dessin formé par les lumieres et surtout le concours prodigieux des (vº) (raturé: citoyens) du peuple qui s'y est rendu de toutes parts et dont la joye n'a eté troublée par aucun incident aucune inquietude sont tous les moyens reunis qui ont été donné à la noblesse francoise placée dans les galleries de ce monument le spectacle le plus imposant et le plus nouveau pour elle. (Raturé: jamais elle n'avoit pu voir en france ou dans d'autre royaume tant de citoyens rassemblés dans une salle emule du Pantheon de Rome et plus propre que lui a donner une fête). on sait que ce monument circulaire a cent vingt pieds de diametre sur cent de hauteur.

Le peuple en voyant les preparatifs de cette fete avoit peine a se figurer qu'on lui en laissa la libre entrée il ignorait que sans lui ce n'eut eté qu'un vaste et brillant desert, que la joye seule qu'il y manifesterait en ferait tout le charme ce qui a eté prouvé par la constance qu'il a gardé en y entrant a cinq heures du soir un instant après les portes ouvertes la salle dont le bas peut contenir environ sept a huit mille personnes a eté remplie en un instant et l'etonnement a fixé près d'un quart d'heure cette foule empressée. un seul lustre, nouveauté d'une couronne en verres de couleur composant ensemble plus de cinq cent lumieres eclairait alors cette vaste enceinte de la maniere la plus imposante. les cris de joye ont bientot succedé a ce silence d'admiration un tres nombreux orchestre placé au centre a réglé les mouvements et les cris de cette masse joyeuse. Il etoit circulaire de vingt quatre pieds de diametre et composé de deux rangs de gradins elevés à 7 pieds de hauteur sur lesquels soixante musiciens se detachaient devant un tres fort groupe de lauriers. Les distributions de vins et des autres provisions on attirés un partie du peuple au quatre points des (?) et des buffets richement decorés et placés cimetriquement a la circonference et ont formé successivement les grouppes les (fº 2 rº) plus pittoresques et les plus variés ces besoins satisfaits on a vu circuler sans fin sous mille formes differentes la gaité qui nait de l'abondance. des chaines de sauteurs fendoient la foule formaient des danses et rapelloient ce culte de baccus et ces orgies si souvent celebrées par les partes et dont aucun grand exemple n'avoit encore frappé nos yeux.

a 7 heures toutes les bougies placées a la circonférence et distribuées de maniere a faire valoir l'architecture furent allumées le peuple secondait lui même l'activité des ouvriers et dressait avec eux les echelles il est difficile de decrire l'éclat et la noblesse de cet ensemble regulier. la fraicheur du monument relevée par des Drapperies aux arcades et aux appuis des croisées, l'elegance de la coupole eclairée seulement pour le reflet de toutes les lumieres la presenterent alors sous un nouvel aspect et dans effet tout opposé à celui du jour. cet effet extraordinaire s'annonçait meme au dehors, d'ou les cotes et la lanterne paraissoient tres lumineuses.

nous terminerons en disant que ce spectacle a ete generalement applaudi particulierement des amateurs et des artistes qui tous auraient voulu pouvoir le fixer sur la toile ou sur le papier.

Mr Moreau architecte du Roy et chevalier de son ordre qui par sa place a le droit exclusif d'ordonner toutes les fêtes de la ville n'a pas voulu priver Mr Molinos et legrand du plaisir de decorer leur ouvrage. Il a au contraire eté au devant de tout ce qui pouvait les flatter en leur procurant les (v°) moyens et les entrepreneurs que la ville emploie ordinairement et il a prouvé dans cette occasion que les artistes qui possedent de vrais talens s'empressent toujours a faire valoir ceux des autres ainsi Mr Legrand et Molinos ont-ils porté tous leurs soins pour repondre comme ils le devaient à cette confiance dont il est peu d'exemples et qui a eté pleinement justifiée par la satisfaction des spectateurs.

III

«Lettre adressée à Monsieur Molinos architecte rue des greniers Saint-Lazare» 12 août 1783.

Bibliothèque Historique de la Ville de Paris, Ms Cp 4823.

Le maître-charpentier Albouy écrit à Molinos au sujet d'un différend portant sur les frais à engager pour la démolition du principal échafaudage ayant servi à la construction de la coupole en charpente.

La nature de la démarche, le style de la lettre comme la réponse de Molinos, témoignent des rapports parfois difficiles entre l'architecte et ses entrepreneurs, mais aussi, dans le cas présent, de l'opposition de deux cultures (sur le chantier, voir *supra*, pp. 176-177).

Monsieur

Il Nest pas Mal Esé de faire demolir tout lechafaud du haut, me quand au grand il faud un Maitre En tete, qui connesse Bien son Etat, Et quil sache Bien Commandé son monde, sans quoy sa semblera a un troupeau sans Bergé, que les moutons vont se jete a la gulle du loup, et jay les hommes que vous pourres y Mettre sils Ne sont pas bien Commandé par quelqu'un quil lentende Bien, il se jeteront dans le pressicipe, Et se tueront et ils Casseront tout, vous Ne faite gueire de Cas des hommes a talen, puisque vous voules le Recompensé cy mal, il Nest pas la penne de ce tant apliqué comme jay fait, pour Etre cy mal Recompensé, Cependant vous saves Bien que je vous ay Eté Bien hutile, et qu'un autre que moy vous aurét lesse faire des fautes, Et Enfin faite Ce que vous voudré, je Nay pas voulu vous dire jusqua present, que Nous avions parlé de sa avec Mr Roubo, Et Cest luy meme quil ma dit, que sa vallet au moins vingt sol par jour par Chaque Compagnon, Et Nous Etions Bien du meme sentimant Ensemble, puis que je le gagne au moins, des ouvriers que joccupe dans mes autres ouvrages ordineres, Et Celle Cy qui Est Extraordinere vous me le Refusé, C'est une grande injustice que vous voules me faire, je ne Croix pas avoir merité sa de votre pard, jay eu l'honneur de vous dire ma derniere parolle, quoy que sa ne face pas le Compte quil faudret, je la tiendre Cy vous voules, j'ay lhonneur detre avec un tres humble Respect

     Monsieur   votre tres humble et tres
                  obeissant serviteur

a paris le
12 aoust 1783   Albouy

Extrait de la réponse de Molinos:
«(...) Je n'entends pas trop ce que vous voulez me dire par votre Berger vos moutons, etc... mais je puis vous assurer que nous ne donnerons pas un denier de plus de 1200 livres pour cette besogne. (...)»

IV

«Note des Différentes observations qui nous ont été faites Par les amateurs et artistes qui ont examiné le Modèle de la couverture de la halle aux Bleds de Paris»

Bibliothèque Historique de la Ville de Paris, Ms Cp 4823

Préalablement à la mise en chantier de la coupole de Legrand et Molinos, un modèle fut soumis à l'examen de divers spécialistes parmi lesquels Clérisseau, Paris, Moreau-Desproux et – il faut le noter – Le Camus de Mézières. Leurs observations sont donc d'un intérêt certain et l'on doit, en particulier, retenir l'idée de Mauduit de terminer le dôme de Sainte-Geneviève selon le procédé de charpente expérimenté à la halle (sur la réception de l'ouvrage de Legrand et Molinos, voir *supra*, pp. 179-181).

Mrs
Clairisseau
1er architecte de
l'imperatrice de Russie
        nous a observé qu'il faudroit tacher Par un moyen quelconque de Detacher Davantage le socle d'avec la voute soit Par Plus de saillie ou une moulure en forme de Tablette. De plus qu'il Desireroit que les cotes se Tournassent quarrément au lieu de le faire angulairement. il a D'ailleurs eté fort content Du moyen et Des Proportions.

Paris
architecte et
Dessinateur du cabinet
du Roy
        a trouvé que le Parti De cotes a Jour etoit absolument Neuf et qu'il falloit craindre de ne pas avoir un suffrage general que cependant il avouoit qu'il se representoit cette Execution et qu'il ne voyait Nullement Desagreable mais que Plusieurs Personne Desireroient A leur Place des caissons ainsi qu'au Pantheon a rome meme observation que

la Precedente sur la terminaison des cotes a Jour
(v°) ce que nous avons Refuté Par la meme Raison que les Precedente
ce qui a Paru absolument le convaincre il a Dailleur Paru satisfait des
Proportions il a aplaudit avec plaisir aux moyens Dexecution.

Mr Moreau
architecte du roi et
de la ville

croit qu'un cercle de fer en bas des cotes seroit necessaire qu'il faut indis-
pensablement faire le chenau en plomb mettre tous les chassis a verre
en fer et que pour la sureté de l'administration il est necessaire d'exe-
cuter le projet par Entreprise.
Il est du reste content du projet et trouve que ceux dont il a connaissance
pour le même objet ne meritent point la preference sur celui ci.

Mr Le camus de Meziere
et Duborterf

ces Messieurs n'ont reconnu aucun inconvenient qui puisse faire douter
de la Bonte de cette methode le prix seul a parut les Etonner il nous ont
fait plusieurs observations (v°) sur Nos Jours qu'ils trouvent trop consi-
derables ils Desireroient que nous les racoursissions par le haut environ
d'un tiers et substituer a la Place du tiers que nous suprimerions Des
yeux De Boeufs.

Mr Dumas fils
mecanicien

étoit convaincu de la tres grande force des bois employés de cette
maniere pense même que les liernes pourroient etre en beaucoup moins
grande quantité. assure qu'il ne peut ne faire aucun autre mouvement
qu'un petit gonflement a l'angle de quarante cinq degrés dans le cas ou
le haut seroit assés chargé pour baisser un peu. qu'il est tres possible de
suspendre au haut des courbes un echafaut pour poser la lanterne sans
que ce surcroit de poids soit a craindre, que si d'autres raisons ne nous
engageroient a scier les planches de nos cercles a la longueur de 4 pieds
elles pourroient etre du double sans que leur force fut alteré. en general
fort content de l'ensemble du projet en particulier de l'ajustement des
bois de la lanterne.

Mr
Mauduit
architecte du Roy et
Professeur de Mathematique et de (?)
a l'académie Royale d'architecture

a Desiré Pour la perfection de cet ouvrage que nous tirissions la Partie
Du Bas un peu Plus forte que celle du haut c'est a dire mettre plus de
largeur Dans les planches. et il a vu avec plaisir le projet et en a Desiré
l'Execution comme une chose utile au gouvernement et aux arts surtout

pour l'Economie que cela mettroit dans les Batiments en General.
Il a ajouté que le projet etoit assés considerable pour qu'on couvrit cette
calotte en cuivre au lieu de plomb ou d'ardoise. et a encore desiré qu'on
se servit du même procedé pour la construction Du dôme de Ste gene-
vieve.

Vandremak
inspecteur des carrieres
nous a observé qu'il y auroit peut a craindre que les cotes par leurs grandes longueurs ne vinssent a se coucher Par coté il a Dailleurs reconnu
dans ce Projet une Grande solidité et une facile Execution.

(r°)
Mr de chesi
Inspecteur general des
Ponts et chaussées
a desiré que missions deux coins minces au lieu d'un afin que les planches ne pussent pas echaper par dessous le coin. ou la faire plus epais.
prendre du bois neuf au lieu de dechirage faire passer quelques liernes
dans les cotes pour les lier et suprimer le cercle de fer a cause de la dilatation qu'il pourroit eprouver par la chaleur.
reduire le nombre des cotes dans le haut pour mettre equilibre entre les
vuides du haut et ceux du bas il a dailleurs ete satisfait de la grandeur
du projet et des moyens d'execution.

V

«Le promeneur solitaire, ou remarque d'un citoyen, ami de la raison» (s.l.n.d.) British Library, Londres

Ce pamphlet anonyme de 1790 dénonce la présence à la halle au blé
d'un buste en médaillon du lieutenant de police Lenoir et d'une inscription l'accompagnant. Celle-ci devait être, peu après, remplacée
par une plaque en l'honneur de Legrand et Molinos. On touche ici,
avec cet épisode de l'iconoclasme révolutionnaire, au problème capital des rapports entre l'art et la politique durant cette période (sur les
médaillons et inscriptions à la Halle, voir *supra*, p. 183).

LE PROMENEUR SOLITAIRE
ou
REMARQUE D'UN CITOYEN, AMI DE LA RAISON

La raison est de l'homme et le guide et l'appui.
Volt.

MONUMENT D'ORGEUIL ET D'INJUSTICE.

La marche ferme & invariable de l'Assemblée Nationale, au milieu des clameurs
intéressées & des obstacles de toute espèce, ses travaux infatigables, l'esprit de
sagesse qu'on ne peut plus méconnoitre dans les décrets émanés de son sein, l'opinion publique qui les a, pour ainsi dire, préparés; tout enfin nous annonce que
bientôt la Nation sera régénérée; que les abus vont disparoitre; que le rétablis-

242

sement de l'ordre toujours vainement sollicité par les peuples; mais aujourd'hui sincerement désiré par le Roi, va s'effectuer, que la constitution s'achevera, & que les François jouiront par elle, du bonheur que leur destinée sembloit leur promettre.

La main invisible de la providence, qui a soutenu & protégé évidemment l'étonnante & heureuse révolution qui vient de s'opérer dans notre Gouvernement, lui prêtera son secours jusqu'à la fin, ne cessons pas un instant de l'espérer.

L'homme jouit donc à présent de tous ses droits, il peut donner un libre essor à ses réflexions & à ses pensées; c'est même un devoir de sa part envers la société dont il est membre, de les communiquer quand elles ont pour objet ou un abus à réformer, ou un bien à procurer.

L'esprit plein de ces idées, je me promenois hier, dans le quartier de Saint-Eustache, le hazard me conduisît à la Halle aux Farines, dans l'intérieur de la quelle j'entrai pour la première fois; je fûs frappé de la beauté de l'Edifice, & sur-tout de la hardiesse de la magnifique coupole qui le couronne. Je marrêtai, & en contemplant ce chef-d'oeuvre; les reflexions qui naissent si naturellement a la vue des beaux ouvrages, s'emparerent de ma pensée, j'admirois l'étendue & les lumieres de l'esprit humain, cependant je mesurois avec une sorte de chagrin la distance qui est souvent énorme entre un homme & son semblable; dans l'un je ne voyais qu'élévation & grandeur, dans l'autre que bassesse & qu'abjection.

Du haut de la coupole mes regards déscendirent & se promenerent autour de l'édifice; j'apperçus quatre bustes en médaillons, dont deux étoient accompagnés d'inscriptions; je m'empressai de lire celle qui se presentoit avec le plus d'éclat, elle est gravée en lettres d'or sur un marbre noir, & conçue en ces termes:

Du régne de Louis XVI

»Messire Jean Charles Pierre Le noir, Conseiller-d'état, lieutenant général de police, convaincu de la nécessité de couvrir le nouvelle halle, accueillit avec zéle le projet de cette coupole & en ordonna l'exécution. l'ouvrage fut commencé le 10 Septembre 1782. terminé le 20 Septembre 1783.

»Messire Amelot étant sécrétaire d'état.

»Messire D'ormesson, Controleur général des Finances.

»Messire de Caumartin, prévot des Marchands.

Au-dessus ce cette inscription est le buste du lieutenant de police en médaillon entouré d'une guirlande dorée & sur lequel est une légende qui le nomme.

O honte! me suis-je écrié, quoi! l'inscription que je lis, le tableau que je vois, ont été faits, sont placés ici, pour indiquer aux curieux & aux voyageurs le nom & le portrait d'un lieutenant de police! & s'ils y cherchent autre chose, qu'y trouveront-ils? encore les noms stériles d'un secrétaire d'état, d'un controleur des Finances, & d'un prevôt des marchands!... & l'inscription dérobera à la génération présente & aux races futures le nom du seul homme digne en ce lieu de nos hommages, celui de l'artiste dont le genie sublime a créé & exécuté cette merveille!...

Avant de porter plus loin mes plaintes, je courus vers les trois autres bustes, l'un est celui du Roi regnant, un autre celui de Louis XV, tous deux sans inscription ni legende; le dernier représente Philibert Delorme, & au dessous du buste on lit l'inscription suivante gravée sur la pierre:

»Philibert Delorme, conseiller & aumônier du Roi Henri II. Gouverneur & architecte du château des Tuilleries, Abbé de saint Eloi de Noyon & de saint serge d'Angers &, conçut l'an 1540 l'idée d'une charpente en planches; sa méthode longtemps négligée à Paris fût employée pour la première fois a la construction de cette coupole, l'an 1782.

A Dieu ne plaise que je blame l'idée que l'on a eu en plaçant dans un édifice fait pour honorer le regne de Louis XVI, l'effigie de ce Roi citoyen le véritable ami du peuple; & en rappellant la mémoire d'un homme célébre, mort depuis plus de 200 ans; mais qu'il s'en faut, que j'aye été consolé de la premiere inscription; je voulûs la relire l'étonnement & l'indignation qui m'avoient saisi à la première lecture ne fûrent pas affoiblis, je ne pouvois la concevoir au moment que j'écris, j'ai peine encore à me persuader qu'elle existe; je goûte au moins le plaisir de penser qu'elle ne subsistera pas longtemps... non, non, le temps des injustices est passé; je vous dénonce celle-ci, ô mes concitoyens, avec toute l'amertume dont elle m'a pénétré après avoir brisé les fers de la servitude, & ramené courageusement la liberté sur cette terre où on ne la connoissoit plus, vos coeurs généreux ne formeront bien-tôt qu'un voeu dans les sections, & la municipalité s'empressera d'effacer *ce monument d'orgueil & d'injustice.* Vous y substituerez une inscription civique digne du temps où nous vivons, & qui gravera dans notre mémoire & dans nos coeurs plus profondément que sur le marbre, le nom de l'immortel génie qui a honoré sa patrie & qu'on vouloit nous faire oublier. Ainsi, vous réparerez une injure grave qui a été le fruit d'une stupidité orgueilleuse, on commencera à comprendre que les vrais talens & la vertu méritent seuls des statues, vous avertirez qu'on ne les prostituera plus au vice-puissant, & que si la basse flatterie ou un zèle aveugle parvenoient encore à élever des monumens de ce genre, il se trouvera toujours dans une nation libre, des ames d'une trempe assez forte pour exciter contr'eux la publique indignation.

Que l'homme en place desire, ambitionne d'apprendre à la postérité qu'il a mis sa gloire à protéger les talens, à accueillir les projets utiles & à les appuyer de son crédit, c'est un sentiment naturel, il est bon & avantageux de l'entretenir; mais qu'un sot orgueil porte cet homme en place à vouloir faire disparaître devant son nom celui du citoyen utile & laborieux, qui par des chefs-d'oeuvres, ou de grands travaux, a bien mérité de la société; c'est une bassesse, c'est un offense publique, c'est un crime de lèze-humanité, que la société, reconnoissante & juste doit se hâter de punir: & même alors, le faste dont il a cru rehausser le monument qu'il s'est fait ériger, ajoute au mécontentement général, & disons-le, l'espece de magnificence qui accompagne le buste du lieutenaut de police, est véritablement indécente.

Jusqu'à présent je n'avois connu M. Lenoir que par des libelles, j'étois loin d'ajouter foi à dés faits qui n'étoient point éclaircis pour moi ; *l'ami de la raison* ne croit rien légerement, il est perpétuellement en garde contre les entreprises de l'envie & de la malignité ; mais des faits connus, publics, évidens, & dont tout le monde peut se convaincre, ce sont ceux là que l'homme impartial consulte pour les faire servir de bases à ses jugemens.

Entreprendre de livrer à la censure publique tout ce que l'on découvriroit être contraire à la liberté & à la dignité de l'homme, ce seroit s'ouvrir un champ vaste, qu'il seroit digne d'un observateur philosophe de parcourir ; il sauroit unir à la sagesse & à la circonspection nécessaires pour ne blesser personne sans motif, le courage & la fermeté qu'exigent l'intérêt public & le bien général, qui ne veulent pas de serviles ménagemens. On ne peut ouvrir les yeux sur tous les abus qui existent, on ne peut les détruire tous à la fois, mais à mesure qu'ils seront connus, ayons la confiance qu'ils disparoîtront sans obstacle & sans convulsion.

VI

Lettre adressée par Bélanger à L. Bruyère, Directeur des travaux publics de Paris, le 4 juillet 1813

Archives nationales, F ¹³ 1165

Bélanger décrit à Bruyère la fête organisée par le personnel de la halle en l'honneur des ouvriers, une fois la coupole métallique terminée. Evocation de la vie des chantiers, ce document témoigne, une fois de plus, de l'intérêt que portait le public aux grands travaux. Une liesse comparable avait salué le retrait des échafaudages de la première coupole en 1783 (sur l'achèvement de la coupole de Bélanger, voir *supra*, p. 195).

Paris, ce 4 juillet 1813

A Monsieur Le Chevalier de l'Empire,
Membre de la Légion d'honneur,
Maître des Requêtes, Directeur des travaux
publics de Paris

Bélanger Architecte de la Coupole

Monsieur

Les échauffadages qui ont servi à la construction de la coupole sont entièrement démolis ; demain au soir tous les bois seront enlevés.

hier samedy jour de grand marché les factrices voulant donner aux ouvriers charpentiers qui ne doivent plus reparaître un témoignage de leur satisfaction pour les

245

soins et les précautions qu'ils avaient apportés à prévenir tout espèce d'incident, les Dames leur avait fait préparer au milieu de la cour circulaire, des rafraichissemens – a sep (sic) heures, les ouvriers se sont mis à table les femmes les ont servies et accompagnés des orgues de barbarie et entourés des *forts* et de nombreux spectateurs ces ouvriers ont portés les santés de Sa Majesté l'Empereur et Roi de Sa Majesté le Roi de Rome de Sa Majesté L'Impératrice Régente et Reine de Son Excellence Le Ministre de l'Intérieur, la vôtre, Monsieur, a été également portée.

à dix heures du soir les ouvriers se sont retirés sans bruit ils ont été applaudis par le peuple qui avait assisté à cette petite fête populaire.

J'ai informé son Excellence de tous ces détails parcequ'il m'a paru que ce petit *Gala* avait été offert par la reconnaissance sans avoir été suscité par aucun motif que la satisfaction d'être enfin abrité.

> J'ai l'honneur d'être avec respect,
> Monsieur, Votre très humble et très obéissant
> Serviteur
>
> Bélanger

VII

Discours de M. Poubelle, Préfet de la Seine
dans *Inauguration de la Bourse de Commerce de Paris, le 24 septembre 1889,* Paris – Impr. réunies, 1889

Dans le discours qu'il prononce à l'ouverture de la nouvelle Bourse, le préfet Poubelle se montre particulièrement averti de la continuité historique entre l'édifice moderne et l'ancienne halle du dix-huitième siècle. On rejoint ici le problème d'une actualité du néo-classicisme français à la fin du dix-neuvième siècle (sur la transformation de la Halle en bourse, voir *supra*, pp. 216-222).

«Les monuments, comme les institutions, ont leurs vicissitudes et leurs progrès. Cet édifice, brillant de fraîcheur et d'éclat, c'est notre vieille et sombre Halle aux blés, maintenant élevée à la dignité de Bourse de Commerce, inondée de lumière et merveilleusement décorée. Mais, sous sa nouvelle parure, il est facile de retrouver les traits essentiels de sa forme, et je puis dire de sa beauté primitive. Voilà ces murs, ces pilastres, ces arceaux dessinés et élevés par Le Camus de Mézières, de 1763 à 1772. Voilà sa coupole, d'abord à ciel ouvert, puis abritée par une charpente; incendiée en 1802, puis reconstruite en 1811, avec des fermes de fer coulé – suivant le procédé de Philibert Delorme, et telle, à peu près, que nous la voyons maintenant (...)

Les lettres patentes de 1755 portant acquisition par la Ville au prix de 28.000 livres, des terrains de notre Halle, nous apprennent qu'elle s'éleva sur l'emplacement de l'Hôtel de Soissons. (...)

Lors de sa démolition, vers 1749, un amateur Petit de Bachaumont, acheta l'observatoire de Catherine de Médicis pour le donner à la Ville; et c'est ainsi qu'aujourd'hui dans la muraille de cette enceinte, où l'électricité et la vapeur vous apportent heure par heure les nouvelles et les prévisions du monde entier, on voit encore, enchaînée, la haute colonne où une reine montait interroger de plus près la conjonction des astres sur la durée de sa vie et sur les destinées de la race des Valois. Entre ces deux époques d'un si vif contraste, il s'est écoulé à peine plus de trois siècles. On ne saurait nier que le monde ait marché.

Au contraire, par une similitude singulière, la construction de la Halle aux blés fut en 1762, l'occasion d'une opération de voirie tout à fait analogue à celle qui a accompagné de nos jours sa transformation.

Les Lettres patentes de Louis XV portent ceci: (...) Art. 14 – «il sera par le maître général des bâtiments de la Ville, tracé de nouvelles rues pour les abords et au pourtour de ladite Halle».

Ce «maître général des bâtiments de la Ville», nous le connaissons tous: c'est aujourd'hui M. Alphand (Bravos); mais il fait plus grand qu'en 1762 et la rue du Louvre est une percée autrement magnifique que les rues Babille, Oblin ou Sartine, et même que la rue de Viarmes, qui fut trouvée avec raison fort belle. (...)

Il est probable qu'en 1762 l'opération de voirie retarda la construction de la Halle, puisque l'on mit dix années à la terminer. L'opération de voirie de 1885 a aussi compliqué un peu les délibérations relatives à l'appropriation de la Bourse des marchandises; mais, en tenant compte de tout, il faut reconnaître qu'elle en a singulièrement amélioré l'exécution.

Vous la désiriez depuis longtemps, Messieurs: vos bons cousins de la rue Vivienne étaient devenus si importants qu'ils vous avaient à peu près réduits au péristyle de leur temple; et encore vos moments y étaient comptés, si bien que les affaires commerciales se traitaient un peu partout: le matin rue Berger, à midi au Cercle du Louvre, à trois heures rue de Viarmes, dont M. le Président du Syndicat Général parlait ces jours-ci avec un peu de rancune: «une rue étroite, boueuse, toujours encombrée de voitures...» Je conviens volontiers que c'est seulement aujourd'hui que vous avez une installation digne de vous. (Applaudissements).

Il était vraiment étrange, en effet, qu'une cité comme Paris, où les capitaux et les affaires sont centralisés, où passe et aboutit le réseau des voies ferrées et fluviales, qui est à la fois un énorme marché de consommation et le centre de transactions internationales avec l'univers entier, fût absolument déshéritée en comparaison de Londres, Anvers, Liverpool, Stockholm, Cologne, Hambourg, et après tout moins bien pourvue que des ports comme Marseille, Bordeaux, Le Havre et Nantes, ou des villes industrielles telles que Rouen et Lille.

Ces mauvais jours sont finis, et vous pouvez à présent recevoir ici les étrangers qui viennent traiter avec vous, sans souffrir de votre fierté de négociants et de Français; vous n'avez plus personne à envier. (Bravos répétés)

Cette heureuse transformation est due aux efforts de tous (...)

De leur côté, l'architecte, les entrepreneurs, les artistes, tous les ouvriers de cette belle oeuvre ont opéré des merveilles. En vingt mois à peine, comme au coup de baguette des magiciens, de vastes annexes se sont élevées autour de notre vieille Halle rajeunie et transfigurée ; la rue du Louvre percée et bâtie en est devenue la magnifique avenue. Proche voisine de l'Hôtel central des postes et télégraphes, de la Banque de France, du Tribunal de Commerce, des principaux établissements de crédit, la Bourse occupe vraiment une situation privilégiée ; et je crois volontiers, comme on me l'assure, que, par la puissante originalité de son architecture, la beauté de sa décoration, la convenance de ses aménagements et les facilités de toute sorte qui y sont jointes, notre nouvel établissement est hors de pair.

Ce palais enchanteur ne sera pas celui de la Belle au Bois dormant. Déjà, messieurs, vous y avez apporté l'âme et la vie. (Applaudissements).

Tous les organes du commerce disséminés dans Paris s'y trouvent dès à présent réunis : chambres syndicales, courtiers assermentés, grands négociants sont installés. Tout le rez-de-chaussée est occupé. Bientôt les retardataires trouveront la place prise. (...)

Creusement du sous-sol de la Bourse destiné aux installations de chauffage et de ventilation, (*BHVP, Coll. Godefroy*). Les progrès techniques imposèrent un curetage de l'ancienne rotonde.

LIEUX DE CONSERVATION DES MANUSCRITS, ESTAMPES ET DOCUMENTS FIGURES

Académie des Sciences, Belles-Lettres et Arts de Lyon
Archives de la Préfecture de Police de Paris
Archives de la Seine
Archives départementales de l'Orne
Archives municipales de Bordeaux
Archives nationales
Bibliothèque de l'Arsenal

Bibliothèque historique de la ville de Paris
Bibliothèque de l'Ecole nationale des Beaux-Arts
Bibliothèque de l'Ecole nationale des Ponts et Chaussées
Bibliothèque de l'Institut
Bibliothèque de l'Institut d'art et d'archéologie de Paris

Bibliothèque de l'Union centrale des Arts décoratifs
British Library à Londres
Musée Carnavalet, Cabinet des Estampes
Musée de Picardie à Amiens
Musée des Beaux-Arts de Lille
Musée des Beaux-Arts de Marseille
Wallraf-Richartz Museum à Cologne

TABLE DES ABREVIATIONS

AN: Archives nationales

BHVP: *Bibliothèque historique de la Ville de Paris*

BN: Bibliothèque nationale

BSHAF: *Bulletin de la Société de l'histoire de l'art français*

CNMHS: Caisse nationale des monuments historiques et sites

ENSBA: Ecole nationale supérieure des Beaux-arts

GBA: *Gazette des Beaux-arts*

JSAH: *Journal of the Society of Architectural Historians*

NAAF: *Nouvelles archives de l'art français*

BIBLIOGRAPHIE

SOURCES

André, Antoine-Charles
Mémoire sur la reconstruction de la coupole des petites écuries à Versailles, exécutée en l'an XII, suivant le système de charpenterie de Philibert Delorme, Paris, H. Agasse, 1804.

Archives parlementaires de 1787 à 1860, sous la direction de M.J. Madival et M.E. Laurent, Première série, 1787 à 1799, Paris, P. Dupont, 1895. 82 vol.

Bachaumont, Louis Petit de.
Mémoires secrets pour servir à l'histoire de la république des lettres en France depuis 1762 jusqu'à nos jours (...), Londres, J. Adamson, 1777-1789. 36 tomes en 31 vol.

Bivort, Charles
Cent ans. La halle au blé en 1789 – La bourse du commerce en 1889, Paris, Impr. des Halles, 1889.

Blondel, Jacques-François.
Cours d'architecture ou Traité de la décoration, distribution et construction des bâtiments (...), Paris, Desaint, 1771-1777. 9 vol.

Boullée, Etienne-Louis
Architecture. Essai sur l'art, J.M. Pérouse de Montclos, éd., Paris, Hermann, 1968.

Bourdelois,
Essai d'inscriptions pour différens monumens de la Ville de Paris, Londres, Paris, Royer, 1787.

Boyd, Julian P. (éd)
The papers of Thomas Jefferson, Princeton (N.J.), Princeton University Press, 1950-1975, 19 vol.

Brunet, François
Dimension des fers qui doivent former la coupole de la halle aux grains, calculées pour l'exécution du projet de M. Bélanger, Paris, Firmin Didot, 1809.

Bruyère, Louis
Etudes relatives à l'art des constructions, Paris, Bance, 1823. 2 vol.

Cointeraux, François
Application de la charpente incombustible, de Cointeraux, à la couverture de la halle au blé de Paris, Paris, l'auteur, 1806.

Collection des prix que la ci-devant Académie d'Architecture proposait et couronnait tous les ans... Tome premier, (période 1773-1789) gravé et publié par A.P. Prieur et P.L. Van Cléemputte, s.d. (ca : 1789).

Collin de Plancy, Jacques-Auguste-Simon
Voyages de Paul Béranger dans Paris après quarante-cinq ans d'absence, Paris, Lerouge, 1819. 2 vol.

De L'Orme, Philibert
Architecture de Philibert de l'Orme(...) avec une belle invention pour bien bastir et à petits frais, Rouen, D. Ferrand, 1648.

Des Essarts, Nicolas-Toursaint Le Moyne, dit.
Dictionnaire universel de Police, Paris, Moutard, 1786-1787. 7 vol.

Détail de l'horrible incendie qui vient de consumer une partie de la Halle aux Blés. (Paris, 1802).

Dézaillier d'Argenville, Antoine-Nicolas
Voyage pittoresque de Paris..., Paris, De Bure (6e éd.), 1778.

Duhamel du Monceau, Henri-Louis.
Traité de la conservation des grains, Paris, H.L. Guérin, 1754.

Durand, Jean-Nicolas-Louis
Précis des leçons d'architecture données à l'école polytechnique, Paris, l'auteur, 1809.2 vol.

Dussausoy, Maille
Le citoyen désintéressé ou Diverses idées patriotiques concernant quelques établissemens et embellissemens utiles à la Ville de Paris(...), Paris, Gueffier, 1767-1768.

Duval, Amaury Pineu
Les fontaines de Paris anciennes et nouvelles, Paris, Les éditeurs, 1812.

Emy, Armand Rose
Traité de l'art de la charpenterie, Paris, Carilian-Gœury, 1837-1841, 4 vol.

Encyclopédie ou Dictionnaire raisonné des sciences, des arts et des métiers, Lausanne-Berne, Sociétés typographiques, 1778-1782.

Fête nationale qui sera célébrée aujourd'hui au Champ-de-Mars, aux Champs-Elysées, à la Halle, et sur la place de la Bastille, s.d. (1790)

Gilly, David
Ueber Erfindung, Construction und Vortheile der Bohlen-Dächer, Berlin, F. Vieweg, 1797.

Giraud, Pierre
Projet d'une coupole pour la halle au blé de Paris, Paris, l'auteur et Mequignon, s.d. (1805).

Goret, Charles
La lanterne sourde, accompagnée de notes lumineuses, Paris, J. Grand, 1791.

Gresset, Jean-Baptiste-Louis
Epitre à monsieur de Tournehem(...) sur la Colonne de l'Hostel de Soissons, Paris, 1752.

Guérin, François-Nicolas
Deambulatio pœtica sive Lutetia, Paris, Thiboust, 1768.

Hébert, *Almanach pittoresque, historique, alphabétique des riches monumens de Paris pour 1779(...),* Paris, l'auteur, 1779. 2 vol.

Hurtaut, Pierre-Thomas-Nicolas
Dictionnaire historique de la ville de Paris et de ses environs(...), Paris, Moutard, 1779, 4 vol.

Jaillot, Jean-Baptiste-Michel Renou de Chevigné, dit.
Recherches critiques, historiques et topographiques sur la ville de Paris(...), Paris, A.M. Lottin, 1772-1775. 5 vol.

Krafft, Jean-Charles
Plans, coupes et élévations de diverses productions de l'art de la charpente(...), Paris, l'auteur, 1805.

Lacroix, Sigismond-Julien-Adolphe (éd.)
Actes de la Commune de Paris pendant la Révolution, Paris, 1894-1914. 15 vol.

Landon, Charles-Paul
Annales du Musée et de l'Ecole moderne des Beaux-Arts, Recueil de gravures au trait(...), Paris, Landon, 1800-1809. 20 vol.

Laugier, Abbé Marc-Antoine
Essai sur l'architecture, Paris, Duchesne, 1755.

——— *Observations sur l'architecture,* La Haye, 1765.

Lavergne, Gérard
«La bourse de commerce à Paris», *Le génie civil,* XIII, 1888, 202-205.

Le Camus de Mézières
Le génie de l'architecture ou l'analogie de cet art avec nos sensations, Paris, l'auteur et B. Morin, 1780.

——— *Le Guide de Ceux qui veulent bâtir,* Paris, l'auteur et B. Morin, 1787.

——— (s.n.) *Mémoire sur la manière de rendre incombustible toute Salle de Spectacle,* B. Morin.

——— *Recueil des différens plans et dessins concernant la nouvelle halle aux grains située au lieu et place de l'ancien hôtel de Soissons,* Paris, 1769.

Ledoux, Claude-Nicolas
L'architecture considérée sous le rapport de l'art, des mœurs et de la législation, Paris, l'auteur, 1804.

Legrand, Jacques-Guillaume et Landon, Charles-Paul
Description de Paris et de ses édifices(...), Paris, Landon, 1808-1809. 2 vol.

——— *Essai sur l'histoire générale de l'architecture(...),* Paris, Soyer, nlle éd. 1809.

Le Rouge, Georges-Louis
Curiosités de Paris, de Versailles, Marly, Vincennes, Saint-Cloud et ses environs(...), Paris, Libraires associés, 1771. 2 vol.

Lubersac de Livron, Abbé Charles-François
Discours sur les monuments publics de tous les âges et de tous les peuples connus, Paris, Imp. royale, 1775.

Mercier, Louis-Sébastien
Tableau de Paris, Amsterdam, 1782-1788. 12 vol.

Narjoux, Félix
Architecture communale, Paris, Morel, 1870. 3 vol.

Nécessité d'une bourse de commerce à Paris. Projet d'appropriation de la halle au blé en bourse de commerce, Paris, Wattier, 1880.

Necker, Jacques
Sur la législation et le commerce des grains, Paris, Pissot, 1775.

Neufforge, Jean-François de
Recueil élémentaire d'architecture, Paris, l'auteur, 1757-1780. 6 vol. et 2 vol. de suppl.

Ordre du cortège et des cérémonies qui auront lieu le 10 messidor de l'an VI à la halle aux bleds(...) pour la fête de l'agriculture, Paris, Ballard, 1798.

Patte, Pierre
Monumens érigés en France à la gloire de Louis XV, Paris, Desaint, 1765.

Petity, Abbé Jean-Raymond de
Etrennes françoises dédiées à la Ville de Paris pour l'année jubilaire du règne de Louis le Bien-Aimé, Paris, P.G. Simon, 1766.

Piganiol de la Force, Jean-Aymar
Description historique de la ville de Paris et de ses environs, Paris, Les libraires associées, 1765. 10 vol.

Pingré, Abbé Alexandre-Gui
Mémoire sur la Colonne de la Halle aux Bleds et sur le cadran cylindrique que l'on construit au haut de cette colonne, Paris, Barrois, 1764.

TRAVAUX HISTORIQUES

Adhémar, Jean
«La coupole en charpente de la halle au blé et l'influence de Philibert Delorme au XVIIIᵉ siècle», *L'Architecture,* XLVI, 1933, 249-252.

Barthélémy, Anatole de
«La colonne de Catherine de Médicis à la halle au blé», *Mémoires de la Société de l'Histoire de Paris et de l'Ile de France,* VI, 1879, 180-199.

Bondois, Paul
«Les difficultés du ravitaillement parisien. Les projets de nouvelles halles de 1663 à 1718», *Revue d'histoire moderne,* XI, 1936, 295-322.

Boudon, Françoise
«La salubrité du grenier de l'abondance à la fin du siècle», *Dix-huitième siècle,* IX, 1977, 170-180.

—— Chastel, André; Couzy, Hélène; Hamon, Françoise

Procès-verbaux de l'Académie royale d'architecture, 1761-1793, publiés par H. Lemonnier, Paris, J. Schmit, 1911-1929. 10 vol.

(Le) promeneur solitaire ou remarque d'un citoyen, ami de la raison s.l.n.d. (Paris, 1790).

Quatremère de Quincy, Antoine-Chrysostome
Encyclopédie méthodique. Architecture, Paris, Panckoucke, Agasse, 1787-1825. 3 vol.

—— *Suite du Recueil de notices historiques lues dans les séances publiques de l'Académie Royale des Beaux-Arts à l'Institut,* Paris, Le Clère, 1837.

Recueil des principales loix relatives au commerce des grains avec les Arrêts, Arrêtés et Remontrances du Parlement sur cet objet et le Procès-verbal de l'Assemblée générale de Police tenue à Paris le 28 novembre 1768, (Paris), 1769.

Rivoalen, E.
«La bourse de commerce à Paris», *La construction moderne,* V, 1889, 123.

Rondelet, Jean
Mémoire sur la construction de la coupole de la halle au bled de Paris, l'auteur, 1803.

Système de l'architecture urbaine, Le quartier des Halles à Paris, Paris, C.N.R.S., 1977. 2

—— «Urbanisme et spéculation à Paris au XVIIIᵉ siècle: le terrain de l'hôtel de Soissons», *Journal of the Society of Architectural Historians,* XXXII, 1973, 267-307.

Bouleau-Rabaud, Wanda
«L'académie d'architecture à la fin du XVIIIᵉ siècle», *Gazette des Beaux Arts,* 1966, 355-364.

Braham, Allan
The architecture of the French Enlightenment, Londres, Thames and Hudson, 1980.

Canovetti, C.
«Charpente métallique de l'ancienne halle au blé. Bourse de commerce à Paris», *Le Génie civil,* XIII, 1888, 242-244.

Darnton, Robert
«Le lieutenant de police J. Ch. P. Lenoir, la

Saint-Victor, Jacques-Maximilien-Benjamin Bins de.
Tableau historique et pittoresque de Paris(...), Paris, H. Nicolle, 1808-1811 – 2ᵉ éd. 4 t. en 8 vol. 1822-1827.

Terrasson, Antoine
Histoire de l'emplacement de l'ancien hôtel de Soissons, Paris, Simon, 1762.

Thiery, Luc-Vincent
Almanach du voyageur à Paris(...), Paris, Hardouin et Gattey, 1787.

—— *Guide des amateurs et des étrangers voyageurs à Paris(...),* Hardouin et Gattey, 1787. 2 vol.

Viel, Charles-François
Dissertations sur les projets de coupoles de la halle au blé de Paris(...), Paris, Gauvy et Villiard, 1809.

Viel de Saint-Maux, Jean-Louis
Lettres sur l'architecture des anciens et celle des modernes(...) Paris 1787.

Volkmann, Johann Jacob
Neueste Reisen durch Frankreich(...), Leipzig, C. Fritsch, 1787.

Young, Arthur
Travels during the Years 1787, 1788 and 1789(...), Bury St Edmund's, J. Rackham, 1792.

guerre des farines et l'approvisionnement de Paris à la veille de la Révolution», *Revue d'histoire moderne et contemporaine,* XVI, 1969, 611-624.

Deming, Mark K.
«La halle au blé de Le Camus de Mézières: typologie, rotondité et esthétique urbaine» dans «Monuments civiques et édilitaires à Paris à la fin de l'Ancien Régime (1763-1792)», *Revue de l'art,* nᵒ 52, 1981, 55-57.

Duthoy, Jean-Jacques
«Un architecte néo-classique: François Verly, Lille, Anvers, Bruxelles; Contribution à l'étude de l'architecture «révolutionnaire», *Revue Belge d'Archéologie et d'Histoire de l'Art,* XLI, 119-150.

Etlin, Richard
«L'air dans l'urbanisme des Lumières», *Dix-huitième siècle,* IX, 1977, 123-134.

Féron, L.
«Le cadran solaire de la colonne de Médicis à l'ancienne halle au blé», *Bulletin de la Société historique et archéologique du premier et deuxième arrondissements de Paris,* 1923, n° 14, 271-276.

Foucault, Michel; Barret Kriegel, Blandine ; Thalamy, Anne; Béguin, François; Fortier, Bruno.
Les machines à guérir. Aux origines de l'hôpital moderne, Bruxelles, P. Mardaga, 1979.

Gallet, Michel
Paris Domestic Architecture of the XVIIIth Century, Londres, Barrie and Jenkins, 1972.

Genoux, Denise
«Travaux de sculpture exécutés par Roland», *Bulletin de la Société de l'Histoire de l'Art Français,* 1966, 189-198.

Gille, Bertrand
«Devis pour la coupole de la Halle aux blés de Paris», *Revue d'histoire de la sidérurgie,* VIII, 1967, 105-112.

Groupe de recherche de l'Université de Paris sous la direction d'André Chastel, «L'aménagement du marché central de Paris de la «Réformation des Halles» du XVIe siècle à celle du XIXe siècle», *Bulletin monumental,* CXXVII, 1969, 7-26 et 70-106.

Gruber, Alain-Charles
Les grandes fêtes et leurs décors à l'époque de Louis XVI, Genève, Droz, 1972.

Hautecœur, Louis
Histoire de l'architecture classique en France, Paris, A. et J. Picard, 1950-1953, t. III-IV-V.

Hermann, Wolfgang
Laugier and Eighteenth Century French Theory, Londres, A. Zwemmer, 1962.

Kaplan, Steven Laurence
Bread, Politics and Political Economy in the Reign of Louis XV, Archives internationales d'histoire des idées, 86, La Haye, M. Nighoff, 1976. 2 vol.

—— *Le complot de famine: histoire d'une rumeur au XVIIIe siècle,* Paris, A. Colin, 1982.

Kaufmann, Emil
Architecture in the Age of Reason. Baroque and Post-Baroque in England, Italy and France, Cambridge (Mass.), Harvard University Press, 1955.

Leclère, Adhémar
Histoire des deux halles. La Halle aux Toiles, la Halle au Blé, Alençon, 1914.

Leprévost, Rosine
«Une allégorie de la Ville de Paris peinte à l'occasion de l'année jubilaire du règne de Louis XV», *Bulletin du Musée Carnavalet,* 1977, n° 2, 21-26.

Ljublinski, Vladimir Sergueevitch
La guerre des farines, trad. fr., Grenoble, Presses Universitaires de Grenoble, 1979.

Lemoine, Bertrand
Les Halles de Paris, Paris, L'équerre, 1980.

Martineau, Jean
Les Halles de Paris, de l'origine à 1789. Evolution matérielle, juridique et économique, Paris, Montchrestien, 1960.

Meuvret, Jean
«Le commerce des grains et des farines à Paris et les marchands parisiens à l'époque de Louis XIV», *Revue d'histoire moderne et contemporaine,* 1956, 169-203.

Mosser, Monique et Rabreau, Daniel
Charles De Wailly, peintre architecte dans l'Europe des Lumières, (Catalogue de l'exposition, Paris 1979) Préface de M. Gallet, Paris, CNMHS, 1979.

Norton, Paul F.
«Latrobe's Ceiling for the Hall of Representatives», *Journal of the Society of Architectural Historians,* X, 1951, 5-10.

—— «Thomas Jefferson and the Planning of the National Capitol» dans *Jefferson and the Arts: an Extended View,* W.H. Adams, (éd.), Washington, 1976, pp. 186-232.

Pérouse de Montclos, Jean-Marie
Etienne-Louis Boullée, 1728-1799, de l'architecture classique à l'architecture révolutionnaire, Paris, Arts et Métiers graphiques, 1969.

Pevsner, Nikolaus
A History of Building Types, Princeton (N.J.), Princeton University Press, 1976.

Piton, Camille
Comment Paris s'est transformé. Histoire de Paris. Topographie, mœurs, usages, origines de la haute bourgeoisie parisienne. Le quartier des Halles, Paris, J. Rothschild, 1891.

Pronteau, Jeanne
Le numérotage des maisons de Paris du XVe siècle à nos jours, Paris, 1966.

Rabreau, Daniel
«Architecture et fête dans la nouvelle Rome», *Les fêtes de la Révolution,* Actes du Colloque de Clermont-Ferrand (juin 1974), Paris, Société des Etudes Roberpierristes, 1977, pp. 335-375.

—— «La halle aux blés de Le Camus de Mézières», *Bulletin Monumental,* CXXXII, 1974, 303-307.

—— «Des scènes figurées à la mise en scène du monument urbain», *Piranèse et les Français,* Actes du Colloque (1976) Rome, Ed. dell' Elefante, 1978, pp. 443-474.

—— et Steinhauser, Monika
«Le théâtre de l'Odéon de Charles De Wailly et Marie-Joseph Peyre, 1767-1782», *Revue de l'Art,* 1973, n° 19,9 - 49.

Rice, Howard Crosby Jr.
Thomas Jefferson's Paris, Princeton (N.J.), Princeton University Press, 1976.

Rosenau, Helen
«Antoine Petit und seine Zentralplan für das Hotel-Dieu in Paris, ein Betrag zur Architektur Typologie», *Zeitschrifft für Kunstgeschichte,* XXVII, 1964, 228-237.

Saisselin, Remy G.
«Architecture and Language: the Sensationalism of Le Camus de Mézières», *British Journal of Aesthetic,* 1975, XV, 239-253.

Stern, Jean
A l'ombre de Sophie Arnould, François-Joseph Bélanger, architecte des Menus Plaisirs, Premier architecte du Comte d'Artois, Paris, Plon, 1930. 2 vol.

Vauthier, Gabriel
«La halle au blé, 1758-1811», *Bulletin de la Société de l'Histoire de Paris et de l'Ile de France,* LIII, 1926, 62-68.

Vigoureux, Charles
«Le commerce des grains à Paris au temps jadis. Le centre de Paris», *Bulletin de la Société Historique et Archéologique des 1er et 2e arrondissements de Paris,* II, 1932, 285-392.

Vogt, Adolf-Max
Boullées Newton Denkmal, Sakralbau und Kugelidee, Bâle, Birkäuser, 1969.

Wiebenson, Dora
«The two domes of the Halle au Blé in Paris», *The Art Bulletin,* LV, 1973, 262-279.

TABLE DES MATIERES

CREDITS PHOTOGRAPHIQUES:

Conception et réalisation: Brigitte Buyssens, Maurice Culot, Marie Demanet, Marc Gierst.

Achevé d'imprimer en décembre
mil neuf cent quatre-vingt-quatre
sur les presses de Solédi à Liège.

Editions:
Archives d'Architecture Moderne
Rue Defacqz 14, 1050 Bruxelles
Imprimé en Belgique
Dépôt légal: D/1984/1802/3
I.S.B.N. 2.87143.003.9